驱散增长的迷雾

——新常态下的新动能

徐宪平　杜　平　张新红　著

中国财富出版社

图书在版编目（CIP）数据

驱散增长的迷雾：新常态下的新动能／徐宪平，杜平，张新红著 . —北京：中国财富出版社，2017.9（2018.1 重印）

ISBN 978 - 7 - 5047 - 6600 - 7

Ⅰ.①驱⋯　Ⅱ.①徐⋯ ②杜⋯ ③张⋯　Ⅲ.①世界经济—经济发展—研究报告　Ⅳ.①F113.4

中国版本图书馆 CIP 数据核字（2017）第 248199 号

策划编辑	刘　晗	责任编辑	齐惠民　史义伟	
责任印制	石　雷	责任校对	孙会香　卓闪闪	责任发行　董　倩

出版发行	中国财富出版社
社　　址	北京市丰台区南四环西路 188 号 5 区20 楼　　邮政编码　100070
电　　话	010 - 52227588 转 2048/2028（发行部）　010 - 52227588 转 307（总编室）
	010 - 68589540（读者服务部）　　　　　010 - 52227588 转 305（质检部）
网　　址	http://www.cfpress.com.cn
经　　销	新华书店
印　　刷	北京京都六环印刷厂
书　　号	ISBN 978 - 7 - 5047 - 6600 - 7/F・2822
开　　本	710mm×1000mm　1/16　　版　　次　2017 年 10 月第 1 版
印　　张	19.5　　　　　　　　　　　　　印　　次　2018 年 1 月第 3 次印刷
字　　数	329 千字　　　　　　　　　　　定　　价　68.00 元

前　言

秋天是收获的季节。去年的秋天，接受国务院参事室委托的课题，拟定计划，组建团队，开始紧张地工作；今年的秋天，研究的成果已经形成一部书稿，摆在案头，就要面世。

记得刚刚接到任务时，我找到国家信息中心党委书记、常务副主任杜平同志，希望一起合作，他欣然答应，让信息化部主任张新红同志率众参与，我又邀请北京大学光华管理学院邱凌云副教授、梁宇博士加入，于是，我们这支精干的队伍，围绕培育壮大经济发展新动能的主题，从东到西，由南至北，对京津冀、上海、广东、安徽、四川、武汉、西安、沈阳等8个全面创新改革试验区及浙江开展重点调研，召开13次专题座谈会，与170个部门和企业面对面交流讨论，实地考察65家创新型企业。历时3个多月的调研，我们深切感受到新旧产业迭代升级、新旧动能融合转换的强劲趋势，感受到在"房地产很疯狂，制造业很迷茫"的现象下"老企业很艰难，新经济很灿烂"的两重境地。

习近平总书记在2015年底召开的中央经济工作会议上指出："新常态的三大特点就是速度变化、结构优化、动力转换。"他强调："加快培育新的发展动能，改造提升传统比较优势，增强持续增长动力"①。李克强总理谈到："当传统动能由强变弱时，需要新动能异军突起。"② "要让新动能挑起大梁、旧动能焕发生机。"③ 可以说，寻找新动力，培育新动能，是经济进入新常态下的应对之策，是供给侧结构性改革的应有之义。

什么是新动能？在调研中，各地提法不一。有"三新说"、"四新说"、

---

① 习近平总书记在2016年召开的中央经济工作会议上的讲话。
② 2015年李克强总理所作的《政府工作报告》。
③ 2016年10月13日在广东省考察时的讲话。

"五新说"，包括新理念、新技术、新产业、新业态、新模式、新消费、新主体、新制度等。我们在实践中感悟，在碰撞中争论，在交流中探讨，形成如下共识：

> 新理念——最重要的是理念创新先行。
>
> 新技术——最核心的是技术创新引领。
>
> 新模式——最活跃的是模式创新催化。
>
> 新制度——最紧迫的是制度创新突破。

新理念就是要把握新一轮科技产业革命发展的趋势，认清创新驱动发展是首位战略，把创新作为发展第一理念、第一动力。正如海涅所说："思想走在行动之前，就像闪电出现在雷鸣之前"，也如同王阳明"知行合一"学说所言："知是行的主意，行是知的功夫"。新技术就是要运用新一代信息技术、人工智能技术、生物技术、低碳技术等具有划时代意义的前瞻性技术，催生新产业、新业态，创造新供给、新需求。新模式就是要运用互联网平台，集聚分散的、海量的资源，推动开放共享、融合重组，实现供需精准匹配，提高要素配置效率。新制度就是要营造公平竞争的市场环境，简政放权，强化激励，容许试错，宽容失败，推动大众创业、万众创新。

"四新"相互影响、相互作用，形成组合拳，以顶天立地的理念创新思维、以翻天覆地的技术创新能量、以铺天盖地的模式创新智慧、以震天撼地的制度创新勇气，构建起一个全新的创新生态体系，接续升级旧动能，培育壮大新动能，为经济稳中求进、爬坡过坎、加快增长方式转变、实现两个一百年目标提供源源不断的动力。

书稿形成之前，课题组向国务院参事室陆续报送八份调研报告：《对培育壮大经济发展新动能的基本认识、问题诊断与政策建议》、《从地方政府权力清单、"全创改"试验区改革清单看简政放权面临的问题和政策建议》、《改革传统监管审批模式、加快生物医药产业创新发展》、《推动科研设备开放共享、打造公共创新服务平台的政策建议》、《完善海外高层次人才来华发展环境的思考与建议》、《优化发展众创空间、为"有梦青年"营造更好的创新生态》、《加强知识产权保护、完善知识产权体系的若干建议》、《从陕西"一院一所"模式看国有资产管理创新改革》。上述报告，得到国务院领导多次批示，提出的问题和建议已批转有关部门研究。

　　此书取名为《驱散增长的迷雾——新常态下的新动能》，是受威廉·伊斯特利所著《经济增长的迷雾》的启发。他在书中引用著名经济学家马歇尔的一句话：探索经济增长是"经济学最迷人的领域"，他认为，中国的经验给世界带来了希望，它以其内生的力量获得了成功。目前，快速发展壮大的新动能，虽然还不足以弥补传统动能的衰减，在经济总量中占比还不到三分之一，但正处于爆发的风口，它集聚的能量，显露的曙光，让我们对驱散增长的迷雾充满信心。

徐宪平

2017 年 9 月

目 录
CONTENTS

第一章

新动能：山重水复与柳暗花明

2008 年，源于美国次贷危机的全球性金融危机爆发，包括中国在内，世界经济增长进入一个大调整、大变革、大转折时期。一方面，原有的经济动能不断弱化甚至是消退，表现为传统产业及其传统商业模式步履维艰，全球投资和贸易经济的持续低迷，经济增长恢复缓慢并且表现出不确定性；另一方面，新一代网络和信息技术创新应用，特别是与产业发展、空间开发、商业业态、社会治理等领域相互促进和融合，引发的新一轮科技产业革命，以云计算、大数据、移动互联网、物联网、人工智能、5G 通信、网络安全等技术广泛深度应用为动力，推动了网络强国战略、国家大数据战略、"中国制造2025"行动计划、"互联网＋"行动计划、分享经济等新战略新理念新行动新业态的形成与实践，为我国实现创新发展、协调发展、绿色发展、开放发展、共享发展提供了新的动能，也为培育壮大经济发展新动能提供了历史性机遇和广阔空间。显然，在中国经济发展进入速度变化、结构优化、动能转换的"新常态"的大背景下，应有效推进全面创新改革成为积聚和发展新动能的战略选择。

一、山重水复：旧动能不行了

金融危机后的全球经济面临"冰火两重天"的局面，新常态下的中国经济处于新旧动能交替之机。

1. 全球经济复苏乏力

随着时间的推移，大家看得越来越清楚了——2008 年的金融危机只是一个导火索，世界经济出现衰退更深层次的原因是内生动力不足。工业革命的力道已经是强弩之末，难以为继，基于要素投入的大规模、标准化生产带来越来越多的问题。同时，适应工业经济大发展而建立起来的金融体系、贸易体系、治理体系也不灵了，失去了前行的动力。全球经济增速变化如图1-1所示。

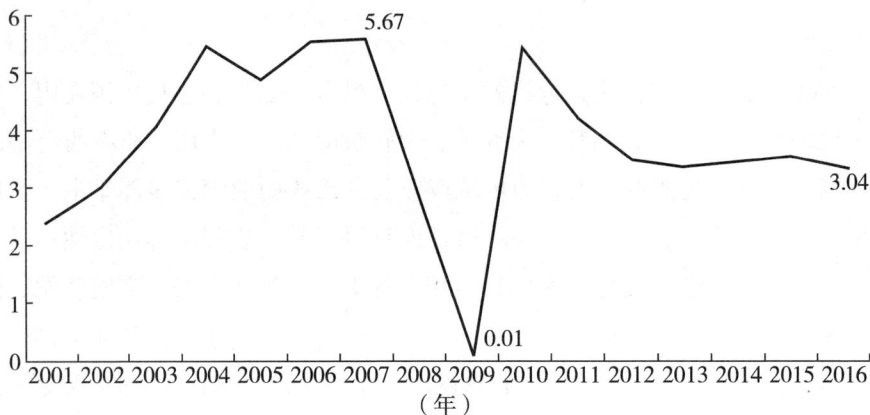

图1-1 2001—2016年全球经济增速变化

出路何在？动力何在？世界各国都在探索和寻找。答案就在新一轮的科技和产业革命中。

2. 中国经济进入新常态

全球化背景下，面对世界经济的迷失，中国经济很难独善其身。为应对国际金融危机，中国采取了一系列刺激经济增长的政策，虽然取得了一定成效，但也带来了不良后果。21世纪头十年中国经济经历了年均10.48%的超高速增长后，从2011年起经济增速一路下滑，2011—2016年增速分别为9.5%、7.9%、7.8%、7.3%、6.9%、6.7%（见图1-2）。党的十八大后，中央对当前和今后一段时间经济发展阶段性特征进行了分析，提出了"三期叠加"的论断，即经济增速换挡期、结构调整阵痛期、前期刺激政策消化期重叠，在此基础上作出了更为科学准确的经济发展进入"新常态"的重大判断。

可以说，以新常态为背景的"大逻辑"是一种新的认识论，一种新的发展观，也是一个新的经济发展策略体系，其核心就是要寻找新动力，培育新

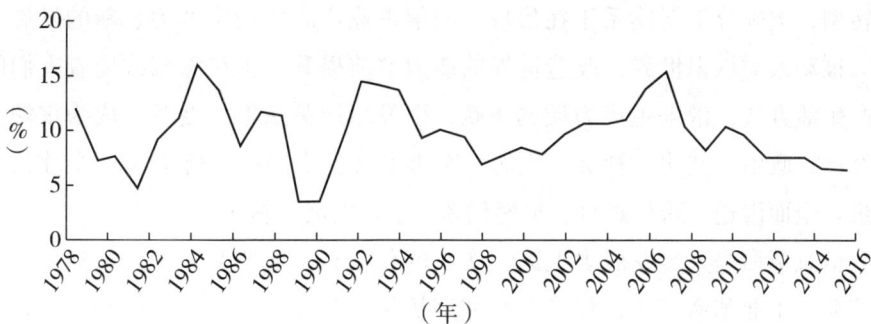

图 1－2　1978—2016 年中国 GDP（国内生产总值）增长速度变化

动能。此后中央陆续提出的三大发展战略（"一带一路"战略、京津冀协同发展战略、长江经济带发展战略）、创新驱动发展战略、"全创改"试验、"五大发展理念"、供给侧结构性改革策略等均与此息息相关。

二、柳暗花明：新动能在生长

相当长一段时间，世界范围内的传统产业结构转型困难，工业升级乏力，工业化社会面临发展困境，全球经济仍然处于低迷状态，使信息革命与工业革命融合步伐和工业化社会向信息化转型的速度明显加快，以网络与信息技术的广泛深度应用为动力，极大地推动和促进了产业结构调整升级、新型城镇化建设、电子商务及居民数字化生活、政府管理和社会治理现代化，促使新常态下经济增长的新动能加快形成。

1. 信息革命积聚新动能

2016 年 7 月，《国家信息化发展战略纲要》正式发布，其中有这样一段描述："人类社会经历了农业革命、工业革命，正在经历信息革命。当前，以信息技术为代表的新一轮科技革命方兴未艾，互联网日益成为创新驱动发展的先导力量。信息技术与生物技术、新能源技术、新材料技术等交叉融合，正在引发以绿色、智能、泛在为特征的群体性技术突破。信息、资本、技术、人才在全球范围内加速流动，互联网推动产业变革，促进工业经济向信息经济转型，国际分工新体系正在形成。网信事业代表新的生产力、新的发展方向，推动人类认识世界、改造世界的能力空前提升，正在深刻改变着人们的生产生活方式，带来生产力质的飞跃，引发生产关系重大变革，成为重塑国际经济、政治、文化、社会、生态、军事发展新格局的主导力量。全球信息化进入全面渗透、跨界融合、加速创新、引领发展的新阶段。"

信息革命是人类发展史上第三次大的科技和产业革命，与之前经历的农业革命、工业革命相比，信息革命速度更快、范围更广、力量更强，也更加影响深远，正在推动人类从工业社会、工业文明走向信息社会、信息文明。也正是在2008年金融危机之后，一系列信息技术及其创新应用如雨后春笋般冒出，云计算、物联网、移动互联网、产业互联网、大数据、人工智能、3D打印、虚拟现实和增强现实、无人驾驶汽车等开始显示出巨大威力。无论从全球还是从中国实践看，信息化的驱动和引领作用都日渐显著，信息革命为全人类更为中国带来了前所未有的历史性机遇。

信息革命带来的新动能，最集中的体现是信息通信技术产业（ICT）和信息服务产业（IT）的大发展，催生了互联网经济、数字经济、信息经济等新的技术应用形态和商业范式及其业态。我们可以从工业时代的代表性产业（汽车业）与信息时代的代表性产业（互联网产业）对比中看到信息革命推动新经济迅猛发展。2012年全球汽车业50强总市值约7000亿美元，大约只有互联网产业50强总市值的1/3。汽车厂商丰田的市值约1700亿美元，远不抵亚马逊（Amazon）和脸书（Facebook）的近4000亿美元。这几年两者之间的市值差距还在进一步扩大。2017年1月，全球前十大汽车公司总市值约为7000亿美元，不到全球前十大互联网公司总市值3.2万亿美元的1/4，仅略高于苹果公司的6500亿美元市值。可以预期，这一趋势还会继续下去，未来的想象空间会更大更丰富。

2. 传统动能续航效应

正像工业革命不会让农业消失但会让农业现代化内涵更加丰富一样，信息革命也不会让工业消失，但工业现代化的内容会被彻底改变。从动能转化的角度看，信息革命对传统动能的转化和续航效应将十分显著。

我们仍以汽车业为例，如果说1970年以前是电机化的汽车1.0时代，那么1970—2010年可以看作电子化的汽车2.0时代，2010年前后特斯拉（Tesla）则带头迈向了数字化的汽车3.0时代，自动驾驶、车联网、汽车分享、电动极速赛车、语音助理、智能导航、智能时尚内装等汽车科技快速发展，汽车业发展的驱动力已经发生了根本性改变。也有人预测，自动驾驶将会向自动分享方向挺进——也许用不了多久，你只要对着手机说一声，你希望的汽车就会自己跑到你眼前来，然后自动带你去任何想去的地方。也就是说，新常态下汽车业仍将有很好的发展空间，而信息化将是主要驱动力。

作者调研中考察的两家汽车企业都在信息化方面取得了明显成效。长安汽车制定了"654"智能化战略——打造六大体系平台，攻克五大核心技术，分四个阶段逐步实现汽车从单一智能到全自动驾驶。目前，长安汽车已掌握智能互联、智能交互、智能驾驶三大类60余项智能化技术，特别是结构化道路无人驾驶技术已通过2000多千米的实车性技术验证，这创造了中国智能汽车无人驾驶行程最长的测试纪录，全面展示了长安汽车在汽车智能化、无人驾驶等方面的综合实力，使长安汽车一跃成为中国首家进行长距离无人驾驶、全球第二家实现无人驾驶的汽车企业。

华晨宝马铁西工厂受益于"工业4.0"，数字化、智能化、模块化使铁西工厂的生产效率直线上升。比如"Power Wall"技术大大提高了生产线的灵活性，可以轻松应对多个车型并线生产的复杂流程，大批量和小批量的生产可以同时兼顾，可以根据用户的不同需求为其量身定制，使得每一台宝马汽车都是唯一的；虚拟现实智能终端，可随时与中央数据系统连接，帮助技术人员高效解决生产过程中的各种问题；大数据系统分析可以精确计算能源消耗，为节能环保提供保障。

从汽车业来看，信息技术在汽车的设计、生产、销售、服务、应用等所有环节都发挥着越来越重要的作用。汽车原本是一个代步工具，现在已经越来越像是一个移动的网络终端和信息平台。

汽车业如此，整个制造业如此，甚至农业和服务业也如此。

更为重要的是，信息化的续航效应并不仅仅表现在产业发展方面，对生活、就业、学习以及对外开放等社会发展领域的影响也日益凸显。

三、揭开面纱：认识新动能

新动能是与旧动能相对应的一个概念，强调的是在不同的历史发展阶段，经济发展的动力来源不一样。

1. 新动能定义

动能（kinetic energy）原本是物理学上的一个概念，指的是物体由于运动而具有的能量，计算公式为：$Ek = mv^2/2$（其中 m 为物体的质量，v 为运动的速度）。

将动能引申到经济发展领域，就有了经济动能的说法，指的是经济发展具有的能量，也特指经济发展动力。从能量的经典公式可以看出，经济体量越大、成长速度越快，经济发展动能就越强大。

从根本上讲，经济发展的核心动能是科技进步及其引发的产业革命。在每一个大的历史发展阶段，会有若干关键技术在一定时期内发挥主导作用，如工业革命进程中的机械化、电气化、自动化等，信息革命进程中的计算机、互联网、移动互联网、物联网等。在经济发展的实践中，影响动能集聚和发挥的要素还有很多，比如经济体制、发展战略、发展模式等。

我们现在谈到的所谓新动能，即经济发展新动能，就是指在新一轮科技和产业革命中出现的新的动能或新的动力源，包括新理念、新技术、新模式、新制度等。

2. 新动能特征

显而易见，新动能是一个与旧动能相比较而产生的动态概念——在不同的历史发展阶段会有不同的新动能出现，一个时期的新动能到了下一个时期就会退身为旧动能或落后动能。比如，在农业时代，犁是新动能；但在工业时代，相对机械化后，犁就变成了落后动能；工业时代的大规模标准化工厂生产是新动能，但到了信息时代，个性化定制出现后，传统的大规模生产也将成为落后动能。

就目前发展阶段而言，新动能就是指基于信息革命产生的动能，与其相对的旧动能是指传统工业化过程中的动能。与传统工业动能比较，信息时代的新动能有一些明显的特征：

（1）技术特征：从工业化到信息化

以计算、网络、通信为代表的信息技术在经济社会发展各领域、各环节的深化应用被称为信息化，主要体现为数字化、网络化、智能化进程的快速发展。经济发展的创新驱动源于信息技术的推广利用及其与新能源、新材料、低碳技术、生物技术交叉融合。

（2）经济特征：从工业经济到信息经济

信息经济对 GDP 增长的贡献度越来越大，产品与产业也需要重新理解和定义，比如汽车会成为移动信息终端，马桶盖会成为健康平台入口，冰箱会成为饮食健康管理中心等。与工业经济的大规模标准化追求不同，信息经济更关注于小微化、个性化、柔性化。

（3）社会特征：从工业社会到服务社会

新动能体现了信息社会的需求，将推动人类社会从工业社会向信息社会加速转型。一个以人为本、包容发展、可持续发展的新型社会正在到来。

（4）文化特征：从工业文明到信息文明

互联网拥有的开放、平等、协同、共享等文化特质在新动能形成并发挥作用的过程中得到充分体现。

（5）要素特征：从物质资源到数据资源

数据、信息、知识成为最重要的战略资源。用数据说话，靠数据决策，依数据行动成为"数据驱动一切"的基本诠释。

（6）模式特征：从价值链到生态圈

价值创造不再依靠每个环节的成本节约和产出比，而是通过资源配置的有效性和精准服务来实现，互联网成为资源配置的主要渠道，"网络配置一切"成为可能。

（7）目标特征：从价值追求到意义追求

农业社会强调功能，工业社会强调价值，信息社会强调意义。新动能通过解决问题去实现新的价值创造，强调对社会发展的积极意义。

（8）效果特征：从产销规模第一到用户体验第一

新技术的应用使得产品生产和服务变得越来越简单、高效、便捷，越来越省钱、省力、省心。

四、吹尽黄沙：寻找新动能

伴随实践的快速发展，新动能的表现越来越充分。调研中我们也看到了大量的创新实践案例，这些案例充分证明了在我国新动能确实存在，而且新动能已经产生实效，新动能值得期待。当然，新动能还需要进一步研究，比如什么是新动能？如何定位？如何评价？现在还没有完全形成共识。各地的提法不一，有"三新说""四新说""五新说"等，包括新理念、新技术、新产业、新业态、新模式、新消费、新主体、新制度等。

结合技术革命演进、经济社会发展阶段和创新实践基础，我们认为转型期中国经济发展的新动能主要体现为四个方面：新理念、新技术、新模式、新制度。"四新"相互影响、相互作用，形成组合拳，以顶天立地的理念创新思维、以翻天覆地的技术创新能量、以铺天盖地的模式创新智慧、以震天撼地的制度创新勇气，构建起一个全新的、优良的创新生态体系，接续升级传统优势，培育壮大新动能，为经济稳中求进、爬坡过坎、加快增长方式转变提供源源不断的动力。

1. 新理念：最重要的是理念创新先行

新理念就是树立适应信息革命和信息社会的发展理念，把握新一轮科技产业革命发展的趋势，认清创新驱动发展是首位战略，把创新作为发展的第一理念、第一动力。

理念创新是培育壮大新动能的首要前提。上海市摒弃传统思维和旧有观念，提出了"三转四宽"的创新发展理念。"三转"即从抓大企业大项目向扶持小微、草根企业转变，从强调有形资产投资向更加注重研发、人力资本等无形资产投入转变，从偏好给予优惠政策向注重营造良好营商环境转变；"四宽"即宽广的视野、宽松的管制、宽容的氛围、宽心的体制环境。在调研中，我们看到的大多数创新型企业具有"小企业、轻资产、高科技、年轻人"的特征；遇到了许多"双创"时代的"有梦青年"：心中有火，充满激情；眼中有光，充满智慧；手中有料，充满技艺。他们是新动能发展的生力军，是各级政府应该关注和扶持的重点。

西安光机所是中科院在西北地区最大的研究所之一，建所50多年来，他们在高速摄像、现代光学、光电子学等研究领域取得了举世瞩目的成果。自2007年起该所提出了"拆除围墙、开放办所"的理念，建成"众创空间＋创业苗圃＋孵化器＋加速器（产业基地）"的全链条孵化体系，构建"研究机构＋天使基金＋孵化器＋创业培训"的贴身孵化软环境。到2016年，他们成功孵化了100多家高新技术企业，吸引社会投资7亿元，引进14名国家"千人计划"人才、35名"百人计划"人才、30多个海外创新创业团队，走出了一条"产学研用"深度融合的新路子。

2. 新技术：最核心的是技术创新引领

新技术就是要运用新一代信息技术、智能制造技术、生物技术、低碳技术等具有划时代意义的前瞻性技术，催生新产业、新业态，创造新供给、新需求。

技术创新是培育壮大新动能的核心支撑。一项核心技术，往往可以集聚一批人才，打造一个品牌，成就一个企业，形成一个产业。在杭州，我们看到海康卫视、大华科技、宇视科技等视频安防技术领先全球。2015年三家企业营业收入分别为253亿元、100亿元、16亿元，市场份额占比在全球分别排第1、第2、第8位，享有"世界安防看中国、中国安防看杭州"的美誉。在深圳，几个从英国帝国理工大学、法国国家信息与自动化研究所等留学归来30岁出头的年轻人，在2015年创立深圳进化动力数码科技有限公司，向高通、英伟达、安霸等全球芯片巨头提供VR（虚拟现实）和AR（增强现实）全流程解决方案、人工智能和计算机视觉领域芯片级算法技术（被誉为"芯片的芯片"），目前他们拥有具有全球领先水平的专利技术22项。

我们调研发现，每一项重大技术创新背后都有一个高层次人才团队作为强有力的支撑。例如，武汉光谷以肖国华为代表的海归团队，实现了胶囊胃镜技术突破；沈阳拓荆公司以姜谦为代表的国家"千人计划"专家团队，成功研发了国内首台PECVD（集成电路装备核心设备）；合肥中科院普瑞昇公司以刘青松为代表的 5 名哈佛大学博士后团队，重点研发肿瘤新型靶向药物和临床精准用药技术等。

3. 新模式：最活跃的是模式创新催化

新模式就是要运用互联网平台，集聚分散的、海量的资源，推动开放共享、融合重组，实现供需精准匹配，提高要素配置效率。

模式创新是培育壮大新动能的普遍抓手。互联网作为一种创新要素、创新工具，以其巨大的创造空间、市场能量和低成本、便利化的服务，成为改造传统产业、催化新兴业态的基础平台。例如，"找钢网"是全国最大的钢铁现货电商平台，帮助传统钢厂实现从"以产定销"到"以销定产"销售模式的转变，实现"批发转零售"的电商模式。他们通过海量真实、可靠、全面的交易数据，进行大数据分析，提高钢厂库存周转率、资金回笼率，推动钢铁行业转型升级。2016 年，"找钢网"平台的钢铁总交易量为 3600 多万吨，总交易额超过了 980 亿元，占全国钢铁流通总量的比例接近 10%。

广州达安基因公司围绕大生物医药产业创立孵化平台"达安创谷"，形成"三不三无"的创新生态圈，即"不控股、不派董监高、不分红，没有围墙、没有园区、没有专职导师"。他们通过线上线下服务平台聚合、链接，近两年孵化生物医药企业 180 余家，其中 120 多个孵化项目复合增长率达到 45%，2016 年销售额达到 100 亿元。

4. 新制度：最紧迫的是制度创新突破

新制度就是要营造公平竞争的市场环境，简政放权，强化激励，容许试错，宽容失败，推动"大众创业、万众创新"。

制度创新是培育壮大新动能的根本保障，是激发市场经济活力与拓展"双创"空间的助推器。全国各地依托全面创新改革试验积极探索，形成了一批可复制、可推广的经验。例如，京津冀大力推进区域知识产权联动服务，开展药品上市许可持有人制度试点和跨地区研产分离，支持战略性新兴产业和"双创"孵化产业发行债券，高校科研机构成果转化收益可按 70% 及以上划归科技人员享有，科技型中小微企业享受企业所得税减免优惠等五项创新改革措施；北京市先期开展放宽外商投资人才中介机构股权比例政策试点，允许在京高校的外国学生实施兼职创业活动。

天津市摒弃传统市场监管模式，推动市场监管5个转变，即监管理念由"以批代管"向"管服并重"转变、监管资源由信息封闭向开放共享转变、监管力量由"各自为政"向"联合协作"转变、监管方式由人为确定检查对象和检查人员向"双随机"抽取转变、监管机制由"运动式"突击检查向"制度＋科技"长效常态转变。上海市构建覆盖全市的多层次科技创新服务体系，研发公共服务平台集聚了1226家服务机构，包括117家实验室，232家市级工程技术研究中心，128家专业技术服务平台，8414套大型仪器，平台累计访问量5.03亿人次，注册用户65.9万人。

我们欣喜地看到，以新理念、新技术、新模式、新制度为代表的中国经济发展新动能正迎来爆发的风口。2016年，全国战略性新兴产业增加值比上年增长10.5%，增速比规模以上工业高4.5个百分点；网上零售额超过5.1万亿元，比上年增长25.6%，比社会消费品零售总额高约15.2个百分点；分享经济市场交易规模超过3.45万亿元，增速约50%。调研的12省市，2016年战略性新兴产业、高新技术产业增速普遍在10%～25%，大幅超过规模以上工业增速。新产业、新业态创造了大量新的创业就业机会。2016年，中关村平均每天诞生的科技型企业达到45家，湖北省平均每天新注册企业约2000家，滴滴打车平台创造了1750万个灵活就业机会，重庆"猪八戒"网集聚了国内1100万名工程师、设计师等创新创意人才。

第二章

创新潮：全球大势面面观

为了应对金融危机后全球增长乏力的挑战，相聚于"人间天堂"杭州的世界各大国的领袖就创新和增长达成了一些共识：以科技创新为核心，推动新工业革命，释放数字经济潜力，实行结构性改革等。这些共识不仅仅是一种理念，也是许多发达国家自金融危机以来一贯的应对策略。

一、新一轮科技产业革命不期而至

进入新千年后，新一轮全球技术革命的大潮正在汹涌而来，层出不穷、无所不包的新技术、新应用，特别是表征新技术的新概念、新名词让人眼花缭乱，应接不暇。各国政要、商界领袖和专家学者纷纷以预言家的姿态宣称，技术创新既让人欢喜，也让人悲伤，既充满可预见性，也充满巨大的不确定性。如果要用一个主题词来概括，那就是熊彼特所说的"创造性毁灭"——旧技术、旧产品、旧组织、旧制度面临死亡，新技术、新产品、新组织、新制度将在前者的废墟上浴火重生。"创造性毁灭"的范围大到一个国家和制度，小到一个企业和产品。

新一轮全球技术革命的大潮中，信息网络、生物科技、清洁能源、新材料与先进制造等是发达国家和跨国公司研发投入最集中、最前沿的技术领域，正孕育着一批具有重大产业变革前景的颠覆性技术。量子计算机与量子通信、干细胞与再生医学、合成生物和"人造叶绿体"、纳米科技和量子点技术、石墨烯材料等，已展现出诱人的产业化应用前景。迅速崛起的智能制造正在向结构功能一体化、材料器件一体化方向发展。人机共融的智能制造模式将推动大批量集中式生产向定制化分布式生产转变，引领"数字世界物质化"和"物质世界智能化"。这些新技术极具颠覆性，将不断创造新产品、新业态、新需求,为经济社会发展提供新动能,推动经济格局和产业形态深刻调整。

新技术不再冰冷、神秘、远离大众的日常生活,而是越来越人性化,越来越以人为本。美丽山河、长寿健康、智慧智能成为新技术发展的重点方向,创新的着力点越来越致力于解决与人类社会发展息息相关的重大问题。换言之,新一轮技术创新不仅要使人们更加富有,更要大幅度地提高人们的生活质量。因此,技术创新将更加重视生态环境保护与修复,致力于研发低能耗、高效能的绿色技术与产品。

以分子模块设计育种、加速光合作用、智能技术等研发应用为重点,绿色农业将创造农业生物新品种,提高农产品产量和品质,保障粮食和食品安全。基因测序、干细胞与再生医学、分子靶向治疗、远程医疗等技术大规模应用,医学模式将进入个性化精准诊治和低成本普惠医疗的新阶段。智能化成为继机械化、电气化、自动化之后的新"工业革命",工业生产向更绿色、更轻便、更高效的方向发展。服务机器人、自动驾驶汽车、快递无人机、智能穿戴设备等的普及,将持续提升人类生活质量,不断解放人类的双手。技术创新将极大地满足人类不断增长的个性化、多样化需求,增进人类福祉。

在技术创新大潮中,信息技术创新成为活蹦乱跳、千变万化的领舞者,新概念、新技术、新产品、新应用如滔滔江水,绵延不绝。继蒸汽机、电力之后,信息技术成为新的通用技术,向经济和社会发展各领域渗透、扩散、融合,无处不在。新一代信息技术发展和无线传输、无线充电等技术实用化,为实现人与人、人与物、物与物、人与服务的互联提供了高效的工具与平台。大数据技术的加速普及,推动人类活动全面数据化。云计算技术的推广,为数据的大规模生产、分享和应用提供了基础。工业互联网、能源互联网、车联网、物联网、太空互联网等新网络形态不断涌现,智慧地球、智慧城市、智慧物流、智能生活等创新应用不断拓展,将形成无时不在、无处不在的信息网络环境,对人们的通信、教育、交通、医疗、物流、金融等各种工作和生活需求做出全方位及时的智能响应,推动人类的生产方式、生活方式、商业模式、学习和思维方式等发生深刻变革。继农业社会和工业社会之后,新一代信息技术正在加速推动人类迈向信息社会。

经济全球化和创新是全球发展的两大发动机。现在,这两大发动机正在加速融合，互促互进，促使各种创新要素跨越民族国家的藩篱，以不可阻挡之势在全球范围内加速流动。无论是资本、技术、产品、信息，还是人才等，创新要素流动的速度、范围和规模都是前所未有的。其中，人才要素是最重要，也是竞争最激烈的创新要素，其全球化流动尤其值得关注。发达国家通过放宽技术移民政策，设立合作研究项目，提供丰厚待遇等方式，进一步扩大其对全球科技人才的吸引力。新兴国家也纷纷推出各种优惠政策，积极参与科技资源和优秀人才的全球竞争。技术创新资源的加速流动也在重塑全球技术创新格局，以中日韩为代表的东亚国家在新一轮技术创新浪潮中的影响越来越大，美国、欧盟、东亚三足鼎立的新格局正呼之欲出。

二、美国再工业化战略

2008 年，由次贷危机所引发的金融危机，使美国经济陷入了 1929 年大萧条以来最为严重的困境。为走出困境，奥巴马政府提出了"再工业化"和"重振美国制造业"的战略，而由通用等公司发起和推动的工业互联网项目，则是对美国政府再工业化战略的一种响应，也是再工业化战略的一个重要路径。

1. 再工业化战略的缘起

追根溯源，美国再工业化战略与第二次世界大战后美国经济的服务化或制造业的空心化高度相关。第二次世界大战后随着劳动力成本的持续飙升，美国等发达国家的制造业逐渐转型，发展重点转向产业链中的高附加价值环节——设计研发、供应链和市场营销等，而把附加值低并处于中间环节的制造业转移到发展中国家，这导致美国制造业逐步衰落，也被称为制造业的空心化。进入 20 世纪 80 年代，美国经济加速从制造业向知识产权和服务业转移，制造业不断萎缩。据统计，20 世纪 50 年代初，美国制造业增加值占世界总和的近 40%，到 2002 年这一比例下降至 30%，2012 年更是跌至 17.4%。1998 年美国的全球高科技出口份额为 22%，到 2012 年则下降到 15% 左右。

与经济服务化和制造业大幅萎缩相伴随的是美国越来越繁荣、越来越富裕。但是这一切却被 2008 年的金融危机打破了，并在美国政、商、学三界引发广泛的反思。这一反思不仅针对引发危机的直接原因——房地产投机泡沫的破裂以及金融监管不力，也针对引发危机的深层原因，即过度的金融创新导致资源进入投机性很强的非实体经济领域，从而导致经济严重的"空心化"、债务驱动型的经济增长以及贸易和财政双赤字的巨大压力。面对金融危机带来的惨痛教训，奥巴马政府开始谋求美国经济转型，从过度依赖金融和虚拟经济转向以制造业为中心的实体经济，而实体经济的发展重点就是复兴美国的制造业，即推行"再工业化"战略，寻找能够支撑未来经济增长的高端产业和先进制造业，通过产业升级化解高成本压力，以实现经济的复苏，重塑美国在制造业领域的竞争优势。

在推动"再工业化"战略方面，奥巴马政府的"组合拳"如下。

（1）加强实体经济与虚拟经济的协调发展

再工业化战略首先要解决的是如何协调虚拟经济和实体经济的关系，纠正长期以来过分依赖虚拟经济的弊端。由于金融危机重创了以金融业、房地产业为代表的虚拟经济，并使整个美国经济在危机之后陷入持续的低迷，以先进制造业为代表的实体经济的作用重新凸显，将制造业视之为"夕阳产业"的偏见也随之改变。先进制造业与福特式的传统制造业大为不同，它包括精益生产、准时生产、清洁生产、柔性制造、敏捷制造、计算机集成制造、虚拟制造、绿色制造等众多先进模式，不仅能推动产业结构转型升级和产业发展，而且能提高经济抵抗金融风险的能力，扭转美国虚拟经济与实体经济严重倒挂的现象。对制造业认识的转变对美国政府的政策制定产生了重大影响。2012 年 2 月，美国总统行政办公室和国家科技委员会发布《先进制造业国家战略计划》，提出了五大目标：加大先进制造业技术的投资；加强工人技能培训；强化官产研合作；推进跨政府部门的合作；增加先进制造业研发的总投资。

（2）强化美国在全球前沿技术领域的领头羊地位

金融危机发生后，美国的研发投入不降反增，在国会《2009 年美国恢复和再投资法案》中，科技投入增加了 133 亿美元。其中研究和开发 99 亿美元，研究和开发设施设备 34 亿美元。在具有国家战略价值的新兴产业等领域，美国借助税收补贴等手段，利用杠杆效应撬动巨大的社会资本向这些领域投资。美国还采取了一系列措施，如设立民用空间项目计划，组建公私合营企业探索清洁煤技术的商业化模式，鼓励私人投资进入宽带服务领域等，意在推动民间参与科技开发和利用，以保持美国的创新活力和经济增长。

（3）扶持中小企业发展

美国把中小企业视为实施"再工业化"战略的一支重要力量，给予鼓励和支持。2009 年 3 月，奥巴马宣布从 7870 亿美元经济刺激方案中划拨约 7.3 亿美元，解决中小企业贷款难问题。当年 10 月，奥巴马宣布一项支持小企业发展的信贷援助计划。12 月，奥巴马政府将 7000 亿美元不良资产处置计划（TARP）的剩余资金用于扶持小企业。另外，奥巴马政府还要求国会对其进行修正，放宽施加给小企业贷款机构的薪资限制及其他限制。美国政府还多次敦促美国银行为那些有可能增加就业机会的小企业提供更多贷款。

（4）重视官产学研商一体化

先进制造业发展涉及政府、企业、大学和科研院所以及金融商业支撑机构，没有官产学研商的一体化，就很难在研发、试验、产业化和市场推广方面形成协同效应。2012 年，奥巴马政府出台了与企业、大学、社区共同建立全国制造业创新研究网络的倡议，提出由联邦政府出资 10 亿美元，在 10 年内创建 15 个制造业创新研究所（IMI）。每个创新制造研究所将由一个非营利性组织独立运行，组成公私伙伴关系，旨在充分利用现有资源，促进产业界、大学和政府机构之间的合作投资。制造业创新研究所的目标是开发、展示和商业化新产品和新工艺，以及为提升国内制造能力培训各种技能型制造业工人。其活动包括应用研究和示范项目，以减少商业化新技术的成本和风险。2013 年根据形势发展，奥巴马政府又提出了 10 年内创建 45 个制造业创新研究所的倡议。截至 2015 年，奥巴马政府已经启动了 5 个制造业创新研究所。

2. 工业互联网战略

从奥巴马到特朗普所推行的再工业化战略，不是传统制造业的简单复兴，也不是制造业占比的简单提升，而是制造业生产和技术体系的全面升级。互联网技术作为当代最重要的新技术应用，带来了制造业生产方式、营销方式的革命性变化，如分散化生产、个性化定制、柔性制造、智能制造等，无疑成为再工业化和建立先进制造业体系的基础和工具。没有互联网技术革命作催化剂，就不可能出现再工业化。通过再工业化，使信息技术革命的效果最大化，这是"互联网+工业"的最大目标。

工业互联网在美国的兴起与GE（通用电器公司）有关，GE不仅成为美国工业互联网的探路者、实践者，而且在推动工业互联网作为国家战略方面也发挥了重要作用。

2011年GE总裁伊梅尔特提出了"工业互联网"的概念，并在硅谷建立了全球软件研发中心，启动了工业互联网的开发，包括平台、应用以及数据分析。2012年11月，GE发布《工业互联网——冲破思维与机器的边界》报告，将工业互联网称为200年来的"第三波"创新与变革。2013年，GE宣布将在未来3年投入15亿美元开发工业互联网，并于同年发布《工业互联网@工作》报告，对工业互联网项目要开展的工作进行了细化。2014年3月，GE与AT&T（美国电话电报公司）、思科、IBM（国际商业机器公司）和英特尔共同发起成立了工业互联网产业联盟。2014年年末，GE发布了《2015工业互联网观察报告》，报告强调了大数据分析在工业互联网中的作用，并且针对网络空间安全、数据孤岛和系统集成等挑战提出了解决思路和行动指南。

GE公司认为，"工业互联网"是两大革命——工业革命（机器、设施与网络）和互联网革命（计算、信息与通信）的结合，是数字世界与机器世界的深度融合。工业互联网将人、数据和机器连接起来，形成开放而全球化的工业网络，其内涵已经大大超越制造过程以及制造业本身，跨越产品生命周期的整个价值链，覆盖航空、能源、交通、医疗等广泛领域。"智能"是工业互联网的关键，并且在GE的核心业务之一——飞机发动机的应用上得到最好的诠释。飞机发动机上的传感器会收集发动机在空中飞行时的各种数据，这些数据传输到地面后，经过智能软件系统分析，可以精确检测发动机运行状况，甚至预测故障，提示进行预先维修等，以提升飞行安全性以及延长发动机使用寿命。

由GE所率先倡导的工业互联网包括以下四个核心因素：

（1）信息数据链。一系列数据和信息，包括设计参数、物料供应、机器运行、控制决策、服务信息等，在全生命周期各环节间的顺畅流动。

（2）工业互联网络（CPS）。包括工厂内的信息网络和与外部大系统连接的信息网络。

（3）软件定义机器（SDM）。对工业系统底层单元的软硬件智能化改造，实现可基于软件定义机器功能、灵活调整机器设备运转参数和生产线组织方式。

（4）软件应用和平台。包括控制智能机器的操作系统，基于工业大数据的处理、建模和高级开发的软件控制应用，以及集成化的统一平台。

在《工业互联网：突破智能和机器的界限》报告中，GE 公司描绘出了工业互联网的前景，并且预测和分析了工业互联网即将带来的巨大价值：如果工业互联网能够使生产率每年提高 1%～1.5%，那么未来 20 年，它将使美国人的平均收入比当前提高 25%～40%；如果世界其他地区能确保实现美国生产率增长的一半，那么工业互联网在此期间会为全球 GDP 增加 10 万亿～15 万亿美元。这份报告还对工业互联网对中国的价值进行了预测，到 2030 年，工业互联网将可能为中国经济带来累计 3 万亿美元的 GDP 增量。

工业互联网将成为制造业的一个基础性平台，这一平台将会把上游和下游、供应链和分销渠道、集成商和分包商、研发、制造、物流，甚至金融服务等制造业全流程汇集于这一平台，并跨越国境成为名副其实的全球制造网络。因此，工业互联网平台也可以看成是一种制造业标准，一个进入全球制造网络的门户，其价值不止于 GE，也不止于美国，其影响将是全球性的。这一平台必然会重构全球制造业分工体系，激发生产率，让全球制造更快捷、更安全、更清洁、更经济。但同时也应看到，由于美国的工商业巨头在其中的主导地位，产业互联网更有利于实现美国的再工业化战略以及"让制造业回归美国"的目标，但对其他国家而言可能是一种挑战。

三、欧盟单一数字市场

2017 年 3 月，欧盟委员会发布了《2016 年数字经济和社会指数》评估报告。该报告指出，欧盟作为一个整体，需要显著提升数字化水平才能在全球舞台上处于领先地位。事实上，在全球数字经济日益激烈的"三极"竞争中，相比于美国为一极，日韩和中国等东亚国家为一极，作为第三极的欧盟在数字经济和数字化方面发展缓慢，其市场大多被美国的数字高科技企业（包括微软、谷歌、脸书等）所主导，这使得欧盟一直有着很强的危机感。面对这一严酷的现实，欧盟决心奋起直追，相继围绕数字经济推出了一系列战略、政策和行动计划，以期推动欧洲的经济增长和就业扩大，分享数字技术革命所带来的数字红利。

1. 欧洲数字计划

2008 年，源自美国次贷危机的金融危机使欧洲成为重灾区，欧洲经济衰退、增长乏力。在应对危机的刺激方案中，数字基础设施成为欧盟投资重点，连续在 2009 年和 2010 年的财政预算中增拨 60 亿欧元，其中 50 亿欧元用于泛欧能源网络和宽带基础设施建设，10 亿欧元用于网络的升级改造。在欧盟的带动下，各成员国也积极跟进，加大数字基础设施的投入。

2010 年 5 月，欧盟发布《欧洲数字计划》，旨在通过数字经济发展助力整个欧盟的经济增长。该计划是"欧洲 2020 年战略"的重要组成部分，提出了欧盟建立信息社会和发展数字经济明确的发展目标。另外，《欧洲数字计划》还提出了 7 大发展重点：

（1）建立一个统一的数字市场，以实现数字时代的便利和好处。重点是打破欧盟网络市场的内部障碍和各自为政的状态，破除电子商务发展的壁垒。

（2）建立更好的信息化标准，提高网络互用性。

（3）增强网络安全和人们对网络的信任，严惩网络犯罪行为，加强个人信息的保护，加强网络运营商向用户及时通报网络安全方面的信息。

（4）提高互联网接入速度。

（5）增加在信息通信领域研究与开发投资。为此，欧盟将通过欧洲地区基金和增加研究基金等方式，来鼓励私营部门增加信息通信领域的研究与开发投资。

（6）提高人们的数字技能，让更多的人学会使用网络。

（7）充分发挥信息通信技术的潜力，让全社会受益。欧盟希望通过信息通信技术以应对气候变化、人口老龄化、医疗服务等社会问题。

2. 单一数字市场

欧盟是国家间联合体的一个典范，这也是欧盟最引以为豪的地方。但是，它也面临着诸多烦恼，从英国脱欧所产生的危机到无时不在的法规和政策的协调。就数字经济发展而言，20 余个国家间在数字经济发展的制度、法律、政策方面壁垒丛生，导致市场七零八碎，既难以产生微软、苹果、谷歌、脸书这样的全球数字霸主，也难以产生欧洲自己的阿里巴巴、腾讯和百度。如何促进欧盟单一数字市场的形成和培育，成为欧盟数字经济战略落地生根的大难题。

2013 年欧盟峰会在布鲁塞尔举行，就"单一数字市场"等议题达成了积极的共识。2015 年 5 月，欧盟委员会发布了《数字化单一市场战略》，宣布将通过政策改革、版权法、消费者保护、云服务等一系列措施，推动欧盟跨境数字贸易，计划在 2016 年年底完成，每年为欧洲公民节约 110 亿欧元的开支。《数字化单一市场战略》的发布在受到全球关注的同时也引发了争议，争议声最大的是美国业界。美国认为欧盟的战略存在着严重的地区保护主义倾向，抑制欧盟数字市场的开放和竞争，从而会影响美国等非欧盟国家互联网企业在欧盟市场的活动。尽管如此，单一数字市场对欧盟的好处不言而喻。据欧洲政策研究中心估计，若在欧盟范围内能实现统一数字市场，未来 10 年将带动 5000 亿欧元（约合 6890 亿美元）的经济增长，也将对就业增长起到极大的带动作用。

欧盟《数字化单一市场战略》提出了单一数字市场的三大支柱以及相应的实施措施，具体如下：

第一大支柱——为个人和企业提供更好的数字产品和服务。措施包括制定新的规则使跨境电子商务更容易实现，调整网购过程中的合同规则和保护消费者的规则，以刺激跨境消费；审核《关于消费者保护机构间合作的规定》，持续快速地制定保护消费者的规则；提供更高效且优惠的快递服务；禁止地域屏蔽；明确影响欧盟电子商务市场的潜在竞争顾虑；制定更现代化的、更适合欧盟环境的版权保护法律；重新审核卫星通信指令，以评估其是否应涵盖网络传播者，并探寻如何加速欧盟内部的跨境传播的实现；减少企业的行政性税收负担。

第二大支柱——创造有利于数字网络和服务繁荣发展的有利环境。措施包括全面改革欧盟电信领域的法律规章；重新审查视听媒体组织框架以适应时代需求；全方位分析评估搜索引擎、社交媒体、应用商店等在线平台的作用；加强数字化服务领域的安全管理，尤其是个人数据等。

第三大支柱——最大化实现数字经济的增长潜力。其中包括提出"欧洲数据自由流动计划"，推动欧盟范围的数据资源自由流动；在电子医疗、交通规划等与单一数字市场发展至关重要的领域，推动建立统一的标准和互联互通功能；建成一个包容性的数字化社会，使民众能抓住互联网发展带来的机遇和就业机会。

从《欧洲数字计划》到《数字化单一市场战略》，欧盟的数字经济战略有两方面经验值得关注：

一是欧盟高度注重数字经济战略执行情况的评估。自2010年发布《欧洲数字计划》以来，欧盟有关部门每年都会公开发布评估报告，报告对欧洲数字计划的年度进展状况、目标完成情况、存在的问题和原因，以及下一步战略和政策的调整进行全面评估。这种评估已经高度制度化，不仅有利于欧盟各成员国了解数字化进程情况，推动数字化战略措施的落地生根，而且也有利于建立战略实施的问责机制。

二是欧盟的数字战略高度重视立法问题。数字经济发展涉及广泛的立法问题，包括电信法、数字版权法、网络安全法以及反垄断法等。在欧盟指定的与数字经济有关的战略中，往往将旧法律的修订和新法律的制定列为优先事项，并予以重点考虑。

四、德国工业4.0

德国制造是全球制造业领域高品质、高效率和创新的金字招牌。一提到德国制造，人们马上就会与以下的公司和品牌联系在一起：汽车业的戴姆勒—奔驰、宝马和大众，电子和电气装备业的西门子、菲尼克斯，化工制药领域的巴斯夫、拜耳、默克等。在一批强大的企业和品牌的支撑下，德国制造业成为全球最具竞争力的制造业之一。为了应对新的技术和产业革命的挑战，维持并强化在全球制造业中的领先和优势地位，在德国政府、科学界和企业界的通力合作下，工业4.0闪亮登场了。

1. 工业 4.0 的缘起

互联网、物联网、智能化等信息技术与制造业的融合，在全球范围掀起了智能制造的大潮。除了美国版的工业互联网之外，德国的工业 4.0 也是另一个全球热捧的对象。工业 4.0 寓意着历史上的四次工业革命：工业 1.0 是指 17—18 世纪的蒸汽机及机械革命，实现了机械对手工劳动的替代；工业 2.0 是指 19 世纪下半叶至 20 世纪上半叶的电力革命，福特公司的流水线是其代表；工业 3.0 是指 20 世纪后半叶的信息技术革命，依靠电子和信息技术实现了工业生产过程的自动控制；到了工业 4.0，则是利用信息物理系统（Cyber – Physical System，CPS）将生产中的供应、制造、销售信息数据化、智慧化，以实现快速、有效、个性化的产品供应。

德国在工业 4.0 方面的探索可以追溯到 2005 年，德国人工智能研究中心（DFKI）启动了公私合作的"智能工厂 KL"技术计划。该计划是工业 4.0 关键技术落地的先锋，通过模块化的试验工厂，相关技术和前沿研究结果得以实施和评估。2009 年，40 余家企业、研究机构和协会的代表共同制定了"嵌入式系统国家路线图"，进一步发展嵌入式系统技术，涵盖汽车、自动化技术、机械与装备制造等领域。按照这一路线图，嵌入式系统发展的下一阶段就是信息物理系统。德国国家科学与工程院为此领导了"CPS 综合研究议程"计划，确认了 2025 年前的四个重大研究领域：能源、移动性、健康和工业。

有了前面的研究基础，工业 4.0 的提出也就水到渠成了。2011 年，50 余家科研机构和企业联合给德国政府提交了一份报告，首次提出了工业 4.0 的概念。此后，来自行业协会、企业、政府和研究机构等方面的代表组成了"工业 4.0"工作组，开展进一步研究。2013 年 4 月，该工作组向德国政府提交了名为《保障德国制造业的未来：关于实施"工业 4.0"战略的建议》的报告，得到德国政府的高度认可。同年，在汉诺威工业博览会上，"工业 4.0"正式登场亮相，关于德国制造业未来的美好愿景呈现在世人面前。之后，在德国政府推出的《高技术战略 2020》中，"工业 4.0"被列为十大未来项目之一，其重要性和战略地位得到进一步认可。

2. 工业4.0战略实施路线图

德国人素来以思维严谨、逻辑缜密而闻名，这一点也体现在工业4.0战略中。工业4.0实施的路线图可以概括为"123458"。

"1"——立足一套系统，即资源、信息、物品和人相互关联的信息物理系统，并将其作为智能制造的核心技术和基础技术。

"2"——聚焦两大主题，即打造"智能工厂"和"智能生产"，以推进工厂智能化，创造新产品、提高生产效率、解决社会问题。智能工厂的重点是研究智能化生产系统及过程，以及网络化分布式生产设施的实现；智能生产主要涉及整个企业的生产物流管理、人机互动以及3D打印技术在工业生产过程中的应用等。

"3"——实现三大转变，即实现生产由集中向分散的转变、产品由趋同向个性的转变、服务由客户导向向客户全程参与的转变。

"4"——达成四类目标，即开发智能化生产新方法，优化自动化新技术，满足劳动力变化新需求，形成工业生产新模式。

"5"——推进五大任务，即建成制造过程融合化和网络化的生产系统，强化生产制造中信息通信技术的创新和应用，构建标准化和规范化的模式，构建基于人机交互的新型企业组织模式，加强安全性和专有技术的研发和推广。

"8"——采取八项行动：

• 建立标准化的技术体系。在同一价值链（价值网）的不同企业，应当加强合作，制定一套公开的技术标准，而后进行智能化软硬件的建设。

• 掌握复杂系统的管理技术。企业需要建立一套从研发设计一直到客户服务的"全覆盖式"系统，并同时管理大量的产品线。

• 建设工业宽带网络基础设施。企业必须拥有传输能力强大、满足各类通信需求的宽带网络，还要能与德国以外的地区高速连通。

• 确保生产安全与信息安全。需要建立整体化的安全保障体系，防止网络入侵、信息盗用，保证自动化生产设施的安全稳定运行。

• 重新设计工作岗位与内容。机器替代部分人工劳动后，需要对企业的岗位职责进行重新设计，提升劳动的层次，确保员工工作与生活之间的平衡，产生社会效益。

- 持续进行专业技能培训。由于工作内容的转变，需要加强在岗培训，使员工适应以信息技术为操作手段，完成生产制造任务。
- 建立相应的法规和监管机制。在新的生产方式下，需要加强对企业数据、个人数据的保护，并与其他国家协商产品（文件）加密的机制。
- 资源的高效利用。

3. 得天独厚的实施基础

一个好的战略不仅需要一个好的设计和脚本，更重要的是战略必须很好地考虑其实施基础，如同植物落地生根和成长必须有合适的土壤、肥料、光照、气候和栽培技术等条件一样，德国工业4.0战略就有着很好的实施基础。

一是工业4.0战略充分地考虑到德国所拥有的强大的智能制造工业基础。德国不仅拥有健全的工业体系和产品链条，也拥有强大的创新能力和市场能力，这些特点在机械装备、电气工程、自动化以及信息通信技术（ICT）等四个领域最为显著。像西门子、博世这样的多元化工业集团，在上述四个领域都具备较强的实力，能够提出集成的行业解决方案。同时，德国也拥有SAP、库卡、FESTO、哈挺、DMG、Belden、凤凰CONTACT、LAPP、proALPHA、WITTENSTEIN等专业化的软硬件系统供应商，加之弗劳恩霍夫研究所、德国人工智能研究中心、亚琛工业大学这样世界领先的研究机构和大学，以及像戴姆勒、蒂森克虏伯、MTU发动机等终端产品制造商，使德国具备全面研发与应用工业4.0的实力与环境。总而言之，德国是工业大国和工业强国，智能制造的工业基础健全且强劲，核心技术和部件基本都可以自主研发制造，拥有独立发展智能制造的完整生态系统。

二是工业4.0战略对智能制造的定位清晰明确。德国提出的工业4.0被认为是"智能制造"概念的一个代名词，包含了信息物理系统（CPS）、物联网与服务网、机—机通信（M2M）这样前沿的技术领域。对于智能制造来说，工业4.0的意义在于通过充分利用嵌入式控制系统，实现创新交互式生产技术的联网并且相互通信（即CPS），将制造业向智能化转型。在工业4.0理念中，产品本身就是生产过程中的一个具有能动性的元素，在这些产品中包含有全部必需的生产信息。通过CPS，企业不仅可以清晰地识别、定位产品，还可以全面掌握产品的生产过程、当前状态以及至目标状态的可选路径，实现数字世界和物理世界无缝融合。

在工业4.0理念下的智能制造中，机器、存储系统和生产手段构成了一个相互交织的网络，信息在这个网络中实时交互、校准。同时，CPS还能给出各种可行方案，再根据预先设定的优化准则，将它们进行比对、评估，以选择最佳方案。这一切都是嵌入式系统的发展所带来的，德国在软件密集型嵌入式系统方面处于世界领先地位，工业4.0强调的其实就是要将其功效发挥到极致。德国认为嵌入式系统的发展将跨越联网嵌入式系统、CPS这两个阶段，最终成为物联网、数据域服务互联网。

三是工业4.0战略的实施特别注重官产学的通力合作。德国政府对智能制造的支持不遗余力，不仅在国内积极宣传，而且也积极向全球其他国家进行推介。同时，政府将工业4.0计划作为重点任务之一，列入耗资上百亿欧元的"德国创新—高技术新战略"中，在资金投入上给予大力支持；德国国家科学与工程院、德国科学研究联盟发挥政府与企业、研究机构之间的桥梁作用，积极推动工业4.0战略的研究、推广，提出智能制造相关计划和项目，动员企业参与；德国人工智能研究中心（DFKI）和弗劳恩霍夫研究所利用其自身优势和设施为智能制造发展提供关键的知识储备、试验环境和合作平台，工业4.0平台、"东威斯特法伦—利普"智能技术系统尖端研究组等区域组织和行业协会成为智能制造概念探索和技术发展的有力推动者；以西门子、博世为代表的企业则将工业4.0落地实施，并依靠其全球网络将工业4.0扩展到了其他国家。

五、日本机器人新战略

2014年6月，日本软件银行集团董事长孙正义带着他的新"宠物"——一个被称为"Pepper"的机器人亮相新闻发布会，引发轰动。这个新宠物酷似人形，相当于普通成人身高的一半，有着圆润的外形、尖锐的声调，音色与男孩相仿，一举一动十分可爱。按照孙正义的设想，不断升级的"Pepper"具备学习和情感表达能力，将批量化投放市场，为用户提供保姆、护理、急救等服务。在日本对机器人喜爱的不止孙正义一人，而是举国皆然。在日本电影《我的机器人女友》以及《铁臂阿童木》《哆啦A梦》《超级机器人大战》等数量众多的动画片中，都透出日本国民深深的机器人情结。正是这种情结，使得日本将机器人以及人工智能作为国家创新战略的一个重要领域。

1. 《机器人新战略》的缘起

2015年1月，日本政府发布了《机器人新战略》。除发自肺腑的机器人情结之外，这一战略的推出还有着多方面背景，涵盖经济、社会、老龄化、国际竞争等多个方面。

一是提高各个产业的劳动生产率。在工业生产领域，智能化机器人既可节省原材料，保证产品质量稳定，还可以适应极度恶劣的生产环境。在许多情况下机器人可以取代人力，既经济实惠，又能大大提高全员劳动生产率。日本的服务业占GDP和就业人数的比例均为70%左右。在服务业领域扩大机器人的应用，既能提高生产率，也能解决劳动力不足问题。比如，家庭用服务机器人的发展和普及，不仅可以减轻烦扰工薪阶层的家务劳动，而且也可以将广大的家庭主妇解放出来，加入产业劳动者队伍。再比如，在物流、批发零售等行业，机器人的应用对于提高相关产业的劳动生产率，改进服务质量都会产生很好的效果。另外，在临床诊断、治疗和病人护理等方面，机器人也可大显身手。

二是促进经济增长。机器人的发展将极大地刺激设备投资和工业产品出口，从而对经济增长作出贡献。日本经济产业省近畿经济产业局通过对日本机器人相关企业和机构的采访调查后得出结论：机器人产业带动关联产业部门的"间接波及效果"相当于机器人产业的"直接波及效果"的2.38倍，高于一般制造业的波及效果倍数（大约为2）。这意味着，机器人产业不仅以其本身发展为经济增长作出贡献，而且还通过刺激关联产业为经济增长作出贡献。

三是缓解出生率低和人口老龄化带来的经济和社会问题。人口老龄化是发达国家的一个共同现象，日本的老龄化、人口减少、出生率低等问题表现得更为突出。据统计，2013年日本65岁以上老年人口超过3190万人，占总人口的25.1%，在全球都处于前列。这一状况还在进一步加剧，据预测，到2050年日本65岁以上老年人口占总人口的比例将可能达到40%。低出生率、老龄化导致劳动人口减少、劳动力成本过高、社会保障支出过大等问题，这些问题又进一步导致日本工业的国际竞争力下降，并被认为是日本经济萎靡不振的主要原因之一。因此，发展机器人被认为是解决人口结构所带来的一系列经济社会问题的一个重要途径。比如，机器人可以在很大程度上替代人力，用于老年人的护理、陪伴和从事家务劳动。

四是促进产业技术水平提升和产业结构转型升级。通过开发人、机器人与信息系统这三者相互融合的技术以及"人工小脑功能"器件，可以提高机器人的人工智能水平，促进机器人与互联网的融合。而运用基于互联网的云计算、大数据，可极大地增强机器人的认知和"思考"能力，并使之适应"多品种小批量"生产线的要求，从而促进产业技术水平全面提升和产业转型升级，即从单品种大批量生产转向多品种小批量生产，从"生产决定消费"型生产转向"量体裁衣"型的个性化定制生产。

五是支持防灾救灾、基础设施建设与重建。日本是发生自然灾害，尤其是地震灾害最为频繁的国家之一。据统计，世界范围内发生的地震约有1/10发生在日本，其中里氏6级以上的地震大约有1/5发生在日本。为了应对多发的地震威胁，发展可用于防灾救灾的机器人至为重要。此外，日本在高速增长时期集中建设了大量的公路、桥梁、隧道以及排水等基础设施，其中许多年久失修，急需翻新改造，利用机器人既可解决经费和人手紧张问题，还可提高基础设施维修管理的效率和水平。

六是基于维持日本在机器人领域的领先地位。日本一直是全球机器人产业大国和机器人技术领域的领先者。自从20世纪60年代末日本从美国引进机器人技术后，很快就成为机器人第一大生产国，并且形成了浓厚的机器人文化。根据日本产经省统计，2013年日本工业机器人产业总产值达到3611.84亿日元，年度产量为99858台，供应全球50%以上的工业机器人产品。2016年日本工业机器人产业总产值达到7033.87亿日元，年度产量为17.46万台。机器人的主要零部件，包括机器人精密减速机、伺服电机、重力传感器等，日本占据90%以上的全球市场份额。

2.《机器人新战略》的路线图

概而言之，《机器人新战略》包括四方面的内容：一是对机器人未来发展大势的研判；二是日本机器人未来发展的战略目标；三是战略的主要举措；四是五年实施计划。

☀ 专栏 2-1

日本《机器人新战略》的路线图

（1）发展大势研判

技术发展趋势。自主化、信息化和网络化是未来机器人的三大发展趋势。

应用发展趋势。随着传感器、人工智能等技术的进步，汽车、家电、手机、住宅等也将机器人化；从工厂到日常生活，机器人将得到广泛应用。

机器人发展方向。一是易用性，在通用平台下，能够满足多种需求的模块化机器人将被大规模应用。二是在现有的机器人应用领域，要发展能够满足柔性制造、不频繁切换工作部件的简便的机器人。三是强化机器人供应商、系统集成商和用户之间的伙伴关系。四是研制世界领先的自主化、信息化和网络化的机器人。五是顺应机器人概念的变化。

（2）战略目标

一是使日本成为世界机器人创新基地。

二是使日本的机器人应用广度世界第一。

三是使日本领先迈向全球机器人新时代。

（3）主要措施

一是推进创新环境一体化建设。成立"机器人革命促进会"，负责官产学合作、相关信息的采集与发布；制定管理制度改革提案和数据安全规则；建设各种机器人前沿技术的实验环境，为未来创新创造条件；与日本科技创新推进小组合作制定科技创新整体战略。

二是加强人才队伍建设。通过系统集成商牵头，培育机器人系统集成、软件等技术人才；加大培养机器人生产线设计和应用人才；立足于中长期，制定大学和研究机构相关人才的培育；通过初、中等教育以及科技馆等社会设施，广泛普及机器人知识。

三是关注下一代技术和标准。一方面，推进人工智能、模式识别、机构、驱动、控制、操作系统和中间件等方面的下一代技术研发；另一方面，积极争取国际标准，并以此为依据推进技术的实用化。

四是制定机器人应用领域的战略规划。面向制造业、服务业、医疗护理、基础设施、自然灾害应对、工程建设和农业等机器人应用领域，制定面向2020年的发展重点和目标，并逐项落实。此外，针对娱乐和宇航等潜在应用领域，制订相关行动计划。

五是推进机器人的应用。以系统集成为主，推进机器人的安装应用；鼓励各类企业参与到机器人产业之中；改革与机器人广泛应用相关的社会管理制度，由"机器人革命促进会"与日本制度改革推进小组合作，制定人与机器人协同工作所需的新规则。

六是确定数据驱动型社会的竞争策略。未来机器人将成为获取数据的关键设备，实现日本机器人随处可见，搭建从现实社会获取数据的平台，使日本获取大数据时代的全球化竞争优势。

六、韩国信息产业复兴

1997年，亚洲金融危机爆发，曾经创造亚洲经济奇迹的韩国遭受重创，延续近30年的高速经济增长戛然而止。危机前后韩国的GDP增长判若云泥。危机之前，韩国GDP年平均增速为7.9%，危机之后年平均增速剧降为3.9%。面对严峻的形势，时任韩国总统的金大中提出，21世纪韩国的立国之本是高新技术和文化产业。在高新技术及其相关产业中，信息产业是规模最大、创新最活跃也最具代表性的产业，因此，金大中的高新技术立国也被人们解读为信息产业立国。事实上，信息产业的快速发展不仅使韩国顺利地度过了1997年的亚洲金融危机，而且也使韩国平稳地度过了2008年全球金融危机。正是由于信息产业在韩国经济发展中的重要地位，历届韩国政府都将之视为战略重点，给予高度重视。

1. 半导体大国成长史

韩国的经济高增长开始于20世纪60年代，在80年代后开始出现工资水平的大幅增长，导致劳动力成本优势和劳动密集型产业优势逐渐丧失，于是韩国开始发展技术密集型高科技产业，提升产业结构。其中，半导体产业被韩国政府视为重点发展行业，并力争使其成为世界市场上有竞争力的产业，予以大力扶持。同时，以替代劳动力和提高产品质量为主的自动化、信息化生产设备也开始加速进入韩国传统制造业企业。

进入20世纪90年代后，韩国针对新产业发展制定了一系列政策规划，包括《尖端产业五年发展计划1990—1994年》《信息通信技术开发计划1990—2000年》，并在韩国第七个"五年计划"（1992—1996年）中将计算机硬件和软件产业作为发展重点。1993年韩国政府制定了《信息产业育成计划》，将信息产业发展作为一项基本国策予以推动。随着互联网大规模商用化和全球化，韩国在1999年提出了《网络韩国21世纪计划》。在这一时期，韩国信息产业的复合平均增长率接近两位数，对GDP增长率的贡献不断增大。1994年，信息产业对韩国实际GDP增长的贡献率为12.1%，至2000年已高达50.5%。与此同时，至20世纪末，韩国已成为排名美国、日本、德国之后的世界第四大电子产品制造国，并成为动态随机存取存储器、半导体和LED（发光二极管）的主要生产国。

进入21世纪后，韩国的信息产业继续保持较快发展，并成为半导体存储芯片、显示面板、智能手机等产品的生产大国。2011年，韩国存储芯片和液晶面板的产量超过世界的一半，同时电视机和移动电话的市场占有率分别为36.9%和27.6%。

2. 从IT战略到九大国家战略项目

在信息产业领域，韩国面临着三类国际竞争对手的挤压：第一类是美国、日本、欧洲等发达国家和地区；第二类是以"低成本"制造为代表的中国；第三类是以信息技术服务业为主的印度。2008年7月，韩国未来企划委员会发布《IT韩国未来战略》报告。该报告将信息整合、软件、信息内容、广播通信、互联网5个领域确定为韩国信息核心战略领域，并提出要促进信息产业与汽车、造船、航空等产业的融合，建立大企业和中小风险企业一起成长的产业链。为此，战略决定5年内投资189.3万亿韩元发展核心信息战略产业。除了五大信息核心战略领域，韩国政府还把信息技术整合效果显著的汽车、造船、医疗、纤维、机械、航空、建筑、国防、能源、机器人等行业确定为十大战略行业，并制定了在半导体、显示器、手机三个主要信息产品领域保持全球市场占有率第一的目标。

2016 年 8 月 10 日，韩国政府召开国家科技战略会议，敲定了对韩国创新发展至关重要的九大国家战略项目。这九大国家战略项目旨在发掘新增长动力和提升国民生活质量，并紧紧围绕新一代信息通信技术、绿色低碳技术和生命技术等前沿技术和重大应用领域进行布局，主要包括人工智能、无人驾驶技术、轻型材料、智慧城市、虚拟现实（VR）、粉尘（FINE DUST）、碳资源、精密医疗和新型配药学。根据该次会议确定的目标，未来 10 年间，韩国未来创造科学部将投入 22152 亿韩元推进上述九大国家战略项目。

在涉及发掘新增长动力的五大项目中，人工智能最引人关注。韩国政府计划在 2026 年前，将人工智能领域的专业企业数量提升至 1000 家，培养 3600 名专业人才，争取韩国人工智能技术水平在 10 年后赶超发达国家。为了扶持虚拟现实和增强现实产业，韩国政府提出到 2020 年掌握表情及动作识别、传感器零部件等相关原创技术。韩国还计划在 2019 年前开发无人驾驶汽车的核心零部件，并研发相关新技术。

在涉及提升国民生活质量的四大项目中，韩国政府计划对个人诊疗信息和遗传信息等大数据进行分析并提供量身定制型医疗服务，同时将研发用于治疗癌症等四大重症疾病的新药。

七、国际经验带来的启示

他山之石，可以攻玉。在新一轮信息技术和产业革命带来的机遇和挑战并存的情况下，西方发达国家的应对战略虽然五花八门，其战略出发点、战略定位、发展重点、政策措施各有侧重，但也有规律可循，都具有重要的借鉴和启示意义。

1. 创新战略成为国家战略

创新能力成为全球新一轮竞争的战略制高点，创新战略普遍成为一种国家战略。新一轮技术革命浪潮与以经济活动为主导的全球化浪潮互为表里，互动互促，使得国家创新能力成为全球新一轮竞争的战略制高点，全球性战略博弈的主战场，体现国家意志和战略思维的大舞台。

在全球技术和创新浪潮中，信息技术创新是迭代最快、范围最广、活力最强、潜能最大的一个领域，引领着新一轮技术、经济和社会变革。物联网、云计算、大数据、人工智能、5G、机器深度学习、区块链等新一代信息技术创新层出不穷，驱动传统经济向信息经济和数字经济转变，驱动工业社会加速向信息社会转变。

为了加速上述转型过程，发达国家纷纷出台相应的战略。欧盟在 2005 年推出了信息社会五年战略计划——"i2010 战略"，这一战略明确将信息社会建设作为欧盟的一项战略目标。2010 年 5 月，欧盟发布《欧洲数字计划》，该计划是更为宏大的"欧洲 2020 年战略"的重要组成部分，旨在通过数字经济发展助力整个欧盟稳定、持续和全面的经济增长。日本继 2009 年发布《i-Japan 战略 2015》计划后，2012 年又发布了《面向 2020 年的 ICT 综合战略》，提出了实现"活跃在 ICT（信息通信技术）领域的日本"的目标，设置了五个重点领域，并制定了相应的五大战略和具体措施。最近几年，智能制造、机器人和人工智能成为发达国家竞争的一个重点领域，美国推出了工业互联网战略，并发布《为未来人工智能做好准备》，提出了美国人工智能的发展路线和策略。德国提出了工业 4.0 战略，韩国提出了工业 3.0 战略，日本提出了新机器人战略，并且将人工智能也作为日本推进第四次工业革命的发展重点。

2. 抢占智能制造高地

振兴以制造业为核心的实体经济，促进经济增长和国内就业，是全球金融和经济危机之后美、德、日等发达国家的一项共识。其核心就是通过互联网、物联网、大数据、人工智能、3D 打印等信息技术与工业生产和自动化技术的融合，为日趋没落的制造业提供新动能，智能制造成为各国抢占的制高点。美、德、日等国家在推进智能制造和机器人发展时，并非千篇一律，而是从问题导向入手，依托本国在技术、产业、人力资源和法规制度等方面的优势，确定本国的发展重点和发展路径。

美国工业互联网战略的推出，就是从再工业化和振兴已经"空心化"了的制造业入手，依托在互联网技术、生产性服务业方面的强大优势，推动互联网、生产性服务业与制造业的结合。在实施路径上，美国是一种自下而上、市场主导的驱动方式。

德国工业4.0战略的提出，主要是为了保持和强化德国在汽车、机械、装备和化学工业等制造业领域的优势，依托的是德国工业大国和强国地位，强大完整的智能制造工业基础，核心技术和部件的自主研发和制造能力，以及独立发展智能制造的生态系统。在实施路径上，德国遵从自上而下、政府推动的发展方式，并将重点放在生产和制造过程的智能化方面。

日本的战略侧重于机器人和人工智能，目的是应对日本低出生率和老龄化所带来的经济持续疲软、劳动力严重短缺、养老压力巨大等经济和社会问题。日本的优势在于其全球机器人产业第一大国的地位，以及在机器人核心部件如精密减速机、伺服电机、重力传感器等方面高达90%的全球市场占有率。在实施策略上，日本提出了包括政策环境、人才培养、技术和标准研发、重点应用领域在内的一整套措施。

3. 技术创新与制度创新并重

创新、变革、融合已成为发达国家创新发展战略的主旋律，技术创新和制度创新是国家创新能力之双轮，要齐头并进。发达国家的创新战略既强调技术创新，也强调理念创新、组织和商业模式创新，尤其是制度创新。只有技术、理念、模式和制度等各种创新方式之间环环相扣、互为支撑，才能最大限度地释放创新发展的潜力。

在创新战略中，技术创新是整个创新战略的原动力，而且在国际前沿技术和产业领域的竞争中，重大关键核心技术的创新能力更是创新制高点中的制高点。因此，在发达国家发布的各种创新战略中，都会积极地瞄准前沿技术和产业领域，布局重大关键核心技术研发领域，并千方百计加大整个国家对研发投入的力度。要使技术创新的成果落地生根，最大限度发挥技术创新的潜力，就必须推动理念、组织和商业模式以及制度创新，破除新技术应用的制度障碍。

发达国家的主要做法：一是放松管制、鼓励竞争，解除对新技术、新产业、新业态、新产品的各种束缚，开放其市场准入；二是清理不适应新技术、新产业、新业态发展的法律法规，并根据新的环境加快新法的立法进程；三是实行以普惠制减税、国家研发补贴、中小企业扶植、产学研一体化等为主的产业政策。

4. 创新人才竞争全球化

新一轮技术创新以及所引发的产品、业态、产业、商业模式等的创新活动，本质上是高度知识密集型和智力密集型活动，因而，各种类型的创新人才是创新活动的基础，也必然成为各国创新战略的一个关注重点。同时，无论是技术创新还是商业模式创新都日益国际化，因而，如何吸引国际创新人才也就成为各国创新战略的应有之义。在国际创新人才的竞争中，发达国家非常善于利用自身的优势，诸如给予技术移民许可、提供丰厚待遇、提供优越的创新生态环境等。

2015 年版《美国创新战略》就高度重视人才，特别是科技人才的培养。科学、技术、工程和数学（英文缩写为 STEM）一直被美国视为创新的核心学科，该战略提出，要推进高质量的 STEM 教育，投资培养明天的工程师、科学家以支撑未来的经济竞争力。通过改善 STEM 教育，以满足未来美国对 STEM 人才的需求，提高美国学生数学和科学学习能力的世界排名，应对"逆向人才流失"。针对国际人才，该战略提出要改进移民制度，通过向高技术人才颁发绿卡，以方便高技术工人、毕业生、企业家的引进，发挥外来移民在美国创新发展中的作用。韩国提出的"新经济计划"中，除了加强国内创新人才的培养外，还瞄准了国际人才的引进，提出新设"韩国研究奖学金"，为海外优秀的年轻研究者提供支持，同时积极吸引全世界最优秀的 300 名科学研究者，大幅提升大学的研究力量。

第三章

理念的力量

在新一轮信息技术革命背景下涌现的各种新业态、新模式，使知识、信息等要素在经济发展中的作用更加凸显，我们关于经济发展内在规律、动力机制等的认识也必须发生根本改变。新旧经济动能转换是一个长期而复杂的过程，随着新业态、新模式的出现和发展壮大，生产要素、产业链、生产组织方式和管理模式等都将发生革命性变化，能否准确认识、把握和引领这些变化，直接决定着实践中各项政策的科学性和有效性。因此，理念创新将是培育经济发展新动能的首要前提和重要来源：既包括技术应用方面的新理念，也包括政府管理的新理念。

一、走出认识误区

过去几年，在有关部门采取的一系列政策措施的引导和推动下，我国在全面推进创新改革、培育经济增长新动能方面取得了一定的成效，对经济增长的贡献日益突出。但不可否认的是，实践中也出现了不少的问题，如制度创新步伐明显滞后于实践需求、政策落实不到位等。出现这些问题，究其根源，就在于当前对于培育新动能仍存在一些认识误区。

1. 误区一：新动能对经济增长的贡献度小

这一误区的体现是，认为新动能的提升不足以弥补旧动能的减弱，新兴产业产值小、贡献小，新生的企业实力弱、利税少；同时新业态领域出现的不规范甚至是违法违规事件，更加剧了有些部门对于各种模式创新的抵触心理，将其看作是搅乱市场秩序的破坏性力量。

出现上述认识误区的根源，有制度方面的原因，如长期以来形成的以

GDP 为核心的考核导向，更重要的还是对人类社会正在经历的信息革命带来的新变化缺乏正确认识。就中国经济表现来看，新动能的作用不容忽视。国家统计局数据显示，2017 年上半年，规模以上工业战略性新兴产业、高技术产业增加值同比分别增长 10.8%、13.1%；信息传输、软件和信息技术服务业增加值同比增长 21.0%；在快递服务的带动下，邮政业增加值同比增长 31.9%；租赁和商务服务业增加值同比增长 9.8%；全国网上零售额同比增长 33.4%……这些行业均表现强势，增速显著高于整体增速。无论是工业领域还是服务业，近年来新动能都有着不俗的表现。在工业领域，工业机器人、民用无人机、城市轨道车辆、集成电路、光缆、光电子器件等新兴工业产品保持快速增长。服务业中，2016 年，全社会电子商务交易规模达到 26.1 万亿元，交易额是 2013 年的 2.5 倍，年均增长 36.4%；分享经济蓬勃兴起，2013—2016 年，互联网分享平台所属的规模以上数据处理和存储服务业企业营业收入年均增长 38.4%。这些数据充分反映了正在快速崛起的新动能及其对经济增长的重要贡献。

面向未来看，新动能对于中国经济发展至关重要，其带来的不仅仅是单纯的经济增长，还有新生产力的涌现、经济结构的转型升级。现代信息技术的广泛应用和深度渗透，不仅改造了土地、资本、劳动力等传统生产要素，还催生出数据这一新生产要素，并且日益改变着这些要素的组织方式，重构社会分工体系和产业竞争格局。这个过程中，新兴产业与新业态发展壮大的趋势不可逆转，主动迎接新一轮产业变革是顺应历史发展趋势的战略选择，也是当前全面推进供给侧结构性改革的现实需要。

2. 误区二：把培育新动能等同于加大投资

这种观点简单地认为培育新动能必须加大投资，实践中热衷于用拉投资、上项目、建园区的模式来培育壮大新动能，打着"互联网＋""双创"等旗号建房地产、造空心城、搞形象工程等。一些地方谈到发展大数据、云计算就是要建大数据园区、云计算园区，造成了许多园区空置的现象。

事实上，在国家要求拓展经济新业态，转换发展新动能的背景下，全国多个省市开始走出以加大投资培育新动能的模式，主动调结构、转变经济增长方式。新动能对 GDP 的影响力持续提高，例如，北京和上海的固定资产投资占

GDP 的比重在 30% 以下，从经济增长方式而言，第三产业已经成为经济增长的主要贡献来源，投资拉动效应出现递减。2017 年上半年，北京市第三产业增加值达到了 10198.2 亿元，占该市 GDP 比重超过了 82%；上海市第三产业增加值为 9713.77 亿元，占该市 GDP 比重达到 69.9%。

另外，培育新动能，不仅是技术创新、产业应用创新，更是体制与制度创新，这符合生产力变化推动生产关系发生相应变化的历史唯物主义原理。新技术应用不断改变着企业营运和管理模式，政府的管理与服务模式也必须与之相适应。如何走出误区，充分释放制度与体制创新的红利，是培育新动能过程中需要做好的大文章。

3. 误区三：认为新业态和新模式需要"严管"

新一轮科技与产业的发展推动了新业态、新模式不断涌现，而各级政府以什么态度对待新业态、新模式关系到新动能的培育壮大。客观地看，新业态、新模式仍然处于探索发展阶段，面临着诸多成长中的烦恼。一方面，一部分新业态、新模式在个别地区出现竞争失序的苗头，以电子商务为例，线下不规范问题在线上容易被快速复制放大，不正当竞争行为容易在互联网上快速扩散，侵犯注册商标时有发生，损害竞争对手商业信誉行为屡有显现。再以网络借贷为例，一些民间高利贷、非法集资等穿上互联网金融的马甲，具有很强的隐蔽性与迷惑性，问题平台、跑路平台的出现也放大了金融风险。另一方面，一部分新业态、新模式的发展在局部地区对传统产业与就业产生了不同程度的冲击，带来了一定的社会稳定隐患，如电子商务的发展对传统的线下商贸企业、销售人员带来了不利影响，网约车的发展使出租车行业感受了巨大压力，一些出租车司机的接单量降低、收入减少。

面对新业态、新模式在快速发展中出现的种种问题，一些政府部门习惯于照搬原有的监管思路、监管模式、监管工具来监管新业态、新模式，对新业态、新模式暴露出来的问题也倾向于从严监管、着力规范。实际上，正确对待新业态、新模式首先要认识种种问题是局部的，也是暂时的，归根结底是发展过程中的"试错"，是创新过程中的"不确定性"。新业态、新模式的发展不是严管出来的，而是在不断探索、尝试、纠错中实现的，在坚持底线思维的基础上，需要各级政府鼓励创新、包容审慎，为新业态、新模式健康发展营造宽松环境。

4. 误区四：把新动能与传统动能对立和割裂

实践中新业态和新模式的发展对既有利益格局造成了冲击和影响，因此不少人将新动能与传统动能简单地对立起来，看作是非此即彼、此消彼长的对立关系。

事实上，传统动能发展到一定阶段出现减弱是规律，这个时候就会有新动能异军突起，来适应产业革命的趋势。很多国家尤其是发达国家，都走过这样的路，有很多先例可循。如果新动能和传统动能提升改造结合起来，还可以形成作用更大的混合动能，所以新动能对传统动能的改造提升具有重要意义，如现在要推动去产能，就涉及重化工企业，这些企业需要把过去富余的员工转岗，而新动能发展起来就可以提供更多的就业岗位，这也有助于我们以较大力度进一步推动去产能。

二、树立新的理念

走出上述误区，全面推进创新改革，培育经济增长新动能，首先就要树立新的理念。

1. 新理念之一：质量比速度更重要

在过去的二十多年里，中国经济增长的速度在世界上名列前茅，但过度追求 GDP 高增速而带来的不良后果大家已有目共睹。传统的 GDP 核算方法，决定了该指标对经济发展中诸如经济增长方式及为此所付出的代价、经济增长的效益和质量、社会财富的集聚和社会分配、社会公正等诸多方面的情况，都无法进行科学的测算和衡量。从全球范围内看尤其是从发达国家的发展历程看，片面追求 GDP 所引发的资源短缺、环境污染等问题日益引起各国高度重视，以经济增长为核心的传统发展观逐渐被以人类发展为核心的科学发展观所取代。

全球金融危机以来，世界经济进入新一轮调整期，全球经济进入大调整和大变革阶段，我国经济转型升级发展面临巨大压力，经济发展进入"新常态"。在这种形势下，培育发展新动能必须树立"以质量为中心"的发展理念，只有主动适应外部变化，加速转变经济发展方式，我们才能在新一轮国际竞争中抢得优势。深化经济结构调整的关键在于创新，在于深化新技术应用。通过科学技术创新应用，加快从要素驱动向创新驱动发展转变，推动我国经济结构战略性调整，从中低端水平向中高端水平迈进。通过创新解决制约发展的资源能源、生态环境等瓶颈问题，推动经济有质量、有效益、可持续地发展。与此同时，随着新业态新模式的快速发展，产生了大量非货币交易，给 GDP 核算带来了严峻挑战，已经造成了规模漏统的问题。如许多互联网网站向居民提供大量免费或者价格低廉的服务，其主要是通过在线广告从企业获得收入，并不是从居民享受者那里获得收入，从而居民关于互联网服务的最终消费被忽略或者被严重低估。另外，分享经济的发展对 GDP 核算中如何划分消费品和投资品、如何处理居民关于闲置日用品交换等问题都带来了不小的挑战。

2. 新理念之二：从硬投入转向软投入

传统经济增长模式下，投资尤其是固定资产投资是实现经济增长的重要动力之一。随着我国经济发展进入新常态，单纯依靠投资拉动经济增长的弊端日益凸显。培育新动能过程中要树立"从硬投入转向软投入"的理念，要高度重视人力资本等"高能要素"的投入，重视制度创新等"软环境"的建设。高能要素由于自身聚集了超高能量，因而具备以极小投入换取极大收益的属性特征。例如，只有 50 人的研发阿尔法狗的公司，却让谷歌报出 4 亿英镑收购价。国产系列动画片《熊出没》80% 的工作都是在一张桌子上完成的，却实现超过 30 亿元的产值。

☀ 专栏 3 - 1

深圳市：创新驱动发展的"软投入"

近年来，创新型经济成为深圳市经济发展的"主引擎"。深圳市生物、互联网、新能源、新材料、文化创意和新一代信息技术等战略性新兴产业年均增长 20% 以上，为同期 GDP 增速的 2 倍，战略性新兴产业占 GDP 比重由

2010 年的 28.2% 提高至 2015 年的 40%，对经济增长贡献率超过 50%。2017 年上半年，新兴产业产值增长 12.1%，高新技术产业产值增长 10.8%。其中一条重要经验就是：坚持开放式创新路径，努力在更大范围配置创新资源、整合创新链条、提升创新能级。具体做法是：

（1）开放式引进培养创新人才。深圳市将引进海外人才的"孔雀计划"专项资金从 5 亿元增加到 10 亿元，累计引进"珠江人才计划""孔雀计划"创新团队 95 个，其中孔雀团队 76 个。他们还推动深圳大学、南方科技大学加快建设高水平大学，中山大学·深圳、深圳北理莫斯科大学获批筹建，清华—伯克利深圳学院、天大—佐治亚理工深圳学院等一批国际化、开放式特色学院建设加快。

（2）面向全球布局研发网络。深圳市与芬兰等 9 个国家签署科技合作协议，积极参与国际基因组、欧盟"地平线 2020"等国际大科技计划，推动筹建深圳—密歇根贸易、投资和创新合作中心，推动比亚迪公司、南方科技大学、中科院深圳先进技术研究院、前沿科技产业管理有限公司、深圳智能机器人研究院、深圳市大数据研究院、密歇根大学等与深圳—密歇根贸易、投资和创新中心开展合作。过去 5 年，深圳企业在境外新设投资 1000 万元以上的研发机构 255 家，技术贸易额增长了 2.4 倍，主导或参与研制国际标准、国家标准、行业标准 2083 项。

（3）改革科技创新体制机制。首先，深化科技投入方式改革。实施无偿与有偿并行、事前与事后结合的多元投入方式。通过科技金融计划，引导、放大政府财政科技资金的杠杆作用。其次，完善成果转化激励机制。会同市财政委制定《深圳市科技计划项目相关经费预算编制指引》《关于科技成果许可、作价投资、转让和收益权有关问题的通知》，将财政资金支持形成的不涉及国防、国家安全、国家利益、重大社会公共利益的科技成果使用、处置和收益权，下放给符合条件的项目承担单位；允许市属高等院校和科研机构将职务发明转让收益奖励科研负责人、骨干技术人员等重要贡献人员和团队的收益比例提高到 70% 以上。

3. 新理念之三：开放创新

互联网时代，一切都是开放的，传统依靠企业内部自我创新的方式，不但成本过高，而且很难适应市场的快速变化，自我封闭的创新方式甚至会成为发展的障碍。开放创新的关键是要打通创新链条上的体制机制关卡，加强高科技创新创业的生态体系和生态环境建设，充分释放科技资源的潜力并将其转化为创新发展的新动能。

专栏 3-2

西安光机所：拆除围墙、开放办所

西安光机所是中科院在西北地区最大的研究所之一，建所 50 多年来，在高速摄像、现代光学、光电子学等研究领域取得了举世瞩目的成果。自 2007 年开始，西安光机所就正式提出了"拆除围墙、开放办所"的理念，在改革中逐步形成了"开放办所、专业孵化、择机退出、创业生态"的发展模式。

（1）开放办所。立足科研，面向国民经济主战场，依托国有院所资质创建"人才特区"，聚集国内外优秀人才，促进人才双向流动；接轨国际先进科研方法和管理模式，探索研究所与社会的深度融合。

（2）专业孵化。建设专业化众创空间，为创业团队提供专业知识、专业技术、专业导师、专业装备、专业团队、专项基金等全生命周期的服务支撑。

（3）择机退出。秉承"参股不控股、寓监管于服务"的理念，将研究所打造成孵化高科技企业的航母。在参股企业规模化可持续时，将股权重新转化为资本，反哺科研或接力孵化。

（4）创业生态。依托自身基础，建成"众创空间＋创业苗圃＋孵化器＋加速器（产业基地）"的全链条孵化体系，构建"研究机构＋天使基金＋孵化器＋创业培训"的贴身孵化软环境，实现集科技创业者、投资人、工程师、创业服务者为一体的可持续发展的"热带雨林"科技创业生态。

到 2016 年，西安光机所成功孵化了 100 家高新技术企业，吸引社会投资 7 亿元，累计引进 14 名国家"千人计划"人才、35 名"百人计划"人才、30 多个海外创新创业团队，走出了一条"产学研用"深度融合的新路子。

4. 新理念之四：重视创新型小微企业

小微企业数量大、分布广、类型多、活力强，是国民经济的重要组成部分。尤其是近两年，随着"互联网＋"的全面推进，小微企业日益成为"大众创业、万众创新"的重要平台和载体，日益成为促进就业、改善民生、稳定社会、发展经济、推动创新的基础力量。另外，尽管当前歧视小微企业的观念已经有明显转变，但传统的"抓大放小"的惯性思维仍然存在，小微企业在融资等方面仍面临诸多问题，其生存发展的外部环境有待进一步完善。

☀ **专栏 3−3**

深圳市：引导扶持"双创"

为全面贯彻落实国家《关于深化体制机制改革 加快实施创新驱动发展战略的若干意见》和《国务院关于大力推进大众创业万众创新若干政策措施的意见》等相关文件精神，深圳市先后设立了民营中小企业发展资金、创客资金等支持创新创业的专项资金，全力推动、落实全市"大众创业、万众创新"。

促进创客快速发展，打造深圳国际创客中心。根据市政府《支持创客发展的若干政策措施》，2015 年深圳市财政安排 2 亿元创客资金，主要用于支持众创空间、研发创客项目、提供创客资源共享平台、举办创客活动、培育创客群体等方向，取得了良好效果。2016 年创客资金规模增加到 5 亿元。

扶持初创期、早中期企业成长，优化创新创业环境。深圳市着力做好企业发展的服务平台、引导产业合理布局，帮助企业缓解经营压力、增强后续发展能力，推动企业逐步做大做强。其中，设立民营中小企业发展资金，支持企业在国内市场开拓、信息化建设、改制上市培育、管理咨询、产业紧缺人才培训、公关服务平台网络建设和公共服务项目等。2015 年安排资金 2 亿元，2016 年安排资金 2.9 亿元。

统筹各类资金资源，重点投向小微企业和公共服务。充分发挥科技研发资金作用，2015 年科技研发资金中安排了 6.3 亿元，支持创业资助项目、科技孵化器建设项目、科技和金融结合计划、技术开发项目。创新采用"科技创新券"方式，支持创客团队、个人或中小微企业，向高校、科研机构等服务机构购买服务，进行创新创业活动。2014 年、2015 年每年安排 2 亿元专项资金用于扶持深圳市电子商务发展，重点支持中小微企业电子商务普及应用项目、电子商务集成创新项目、电子商务企业专业人才培训项目、电子商务创新创业大赛等内容。

5. 新理念之五：政府改革"放管服"

按照 2016 年 11 月网上查询的数据，省级政府部门保留的权力清单平均高达 3700 多项，最高的有 7368 项，地市级政府保留权力清单也多达 3000 多项。实际上，在政府长长的权力清单中，行政审批事项占比不到 10%，政府权力还体现在行政处罚、强制、征收、给付、检查、确认、监督、裁决等多个方面。地方政府管得太多，行政程序又繁杂，过程又不够公开透明，加之怕担责、不作为，制度性交易成本高，所谓"一夫当关，万夫莫开"，这些都制约了新动能发展。

新业态、新模式的主体必然是市场主体，因此新动能的培育要交给市场，让市场提供动力和支撑，政府的主要职能在于营造良好的市场环境，搭建有利于创新的平台。培育新动能过程中，尤其是在发展新兴产业过程中，需要避免因为政府大包大揽而导致新产能过剩。新兴产业大都处于发展的早期阶段，普遍存在技术变革剧烈、需求有待引导等问题，产业如何顺应技术发展趋势并满足市场需求，需要充分发挥市场的调节作用，而并非政府的一纸规划所能做到的。

党的十八届三中全会明确提出，要"进一步简政放权，深化行政审批制度改革……市场机制能有效调节的经济活动，一律取消审批。政府要加强发展战略、规划、政策、标准等制定和实施，加强市场活动监管，加强各类公共服务提供。加强中央政府宏观调控职责和能力，加强地方政府公共服务、市场监管、社会管理、环境保护等职责。推广政府购买服务，凡属事务性管理服务，原则上都要引入竞争机制，通过合同、委托等方式向社会购买"。这些为政府的作用做了明确的界定，实践层面看，"放管服"改革要做好三个方面。第一，深入推进简政放权，建立健全权力清单、责任清单、负面清单管理模式，划定政府与市场、社会的权责边界。深化行政审批制度改革，最大限度减少政府对企业经营的干预，最大限度缩减政府审批范围。增强简政放权的针对性、协同性。深化商事制度改革，提供便捷便利服务。深化承担行政职能事业单位改革，大力推进政事分开。第二，提高政府监管效能，转变监管理念，加强事中事后监管。制定科学有效的市场监管规则、流程和标准，健全监管责任制，推进监管现代化。创新监管机制和监管方式，推进综合执法和大数据监管，运用市场、信用、法治等手段协同监管。全面实行随机抽取检查对象、随机抽取执法人员、检查结果公开。强化社会监督。第三，优化政府服务，创新政府服务方式，提供公开透明、高效便捷、公平可及的政务服务和公共服务。加快推进行政审批标准化建设，优化直接面向企业和群众服务项目的办事流程和服务标准。加强部门间业务协同。推广"互联网＋政务服务"，全面推进政务公开。

6. 新理念之六：审慎包容

实践层面看，必须勇于打破思维定式和既有模式，政府不能再大包大揽，主动简政放权，坚持底线思维，积极探索"负面清单"与"正面引导"相结合的管理方式。法无禁止即可为，只要在法律认可的范围内，就宜将广阔的空间留给各类市场主体，政府不要轻易出手。特别是对有些一时看不准的事物，可以先观察一段时间。对那些已经过实践证明可能造成严重不良后果的，则要严格加强监管。

分享经济等新业态的出现对传统竞争格局和利益分配格局带来极大冲击，遵循怎样的发展原则、如何监管一直是行业难题。国家发展和改革委员会（以下简称国家发改委）等八部门联合印发《关于促进分享经济发展的指导性意见》提出，要遵循"鼓励创新、包容审慎"的原则，这一总体要求将成为破除阻碍分享经济发展壁垒的利器。毕竟，分享经济总体上还处于起步阶段，根据创新扩散理论，除少数几个发展较快的领域外，大多数分享经济领域还处于发展初期，商业模式还在探索中，产品和服务的标准化、安全性、质量保障等方面也存在些许不足，甚至暴露出不少问题，分享经济还需要在试错中走向成熟。

7. 新理念之七：事中事后监管

创新政府监管是本届政府以"放管服"为主旨的简政放权改革的三大重点之一。在创新监管方式上，各部门、各地区在过去几年进行了大量探索，例如，保证公平公正执法的"双随机一公开"监管模式，旨在增进部门业务高效协同的多部门联合监管模式，以及工程项目领域的"多评合一""联合验收"等新模式。这些新型监管方式已经被实践证明行之有效，应该加快推广和普及。监管创新的另一个方面与以互联网为代表的新技术、新模式、新业态、新产业等所带来的挑战有关。这些不断涌现出来的新现象，使得诸如条块分割、各霸一方、以事前为主的传统监管方式捉襟见肘，显得既过时又低效。未来应加强针对新现象的监管创新，例如基于大数据技术的监管，从事前监管为主向事中、事后监管为主转变。

8. 新理念之八：协同治理

互联网技术带来了平台的大规模扩张，阿里巴巴、腾讯、百度、滴滴这样的平台调动的资源和活动规模非常大，政府很难对平台内部的巨量活动进行监管，很大程度上只能依赖平台基于自身法规（往往被称为网规）的内部监管（或自治）。同时，诸如中国互联网金融协会、中国互联网协会、中国消费者协会之类的社会组织，也可以以不同的方式参与到治理中来。另外，单纯依靠企业和平台、社会组织的自我治理，往往会导致行业和企业背离公共利益。例如，一个基于自我治理的个人网贷行业，很难靠自身之力清除其多发的欺诈行为和跑路事件，并可能带来系统性金融风险。因此，形成政府、平台企业、行业组织和公众多个主体广泛参与的协同监管机制是必不可少的，这意味着整个国家的治理方式应加快向网络式、平台化、生态化的监管框架转变。

新业态新模式的全面发展既对政府治理创新产生了显著的"倒逼"效应，也为构建多方参与的协同治理模式提供了经验积累、技术与数据支撑。一方面，要明确平台企业的治理主体地位及其功能与责任。在协同治理模式下，政府重点监管平台，平台作为治理主体重点监管参与其中的个体。企业内生性治理将成为社会协同治理的重要组成部分，并发挥日益重要的作用。如分享经济平台在发展过程中形成的准入制度、交易规则、质量与安全保障、风险控制、信用评价机制等自律监管体系，既保障了自身的可持续发展，也成为协同监管的重要补充。企业发展过程中形成的大数据可以为政府加强事中事后监管提供重要依据。另一方面，在新业态发展过程中，产业联盟、行业协会可以在加强产业间联系与协作、推进信息分享和标准化建设等方面发挥重要作用。

第四章

新技术催生新动能

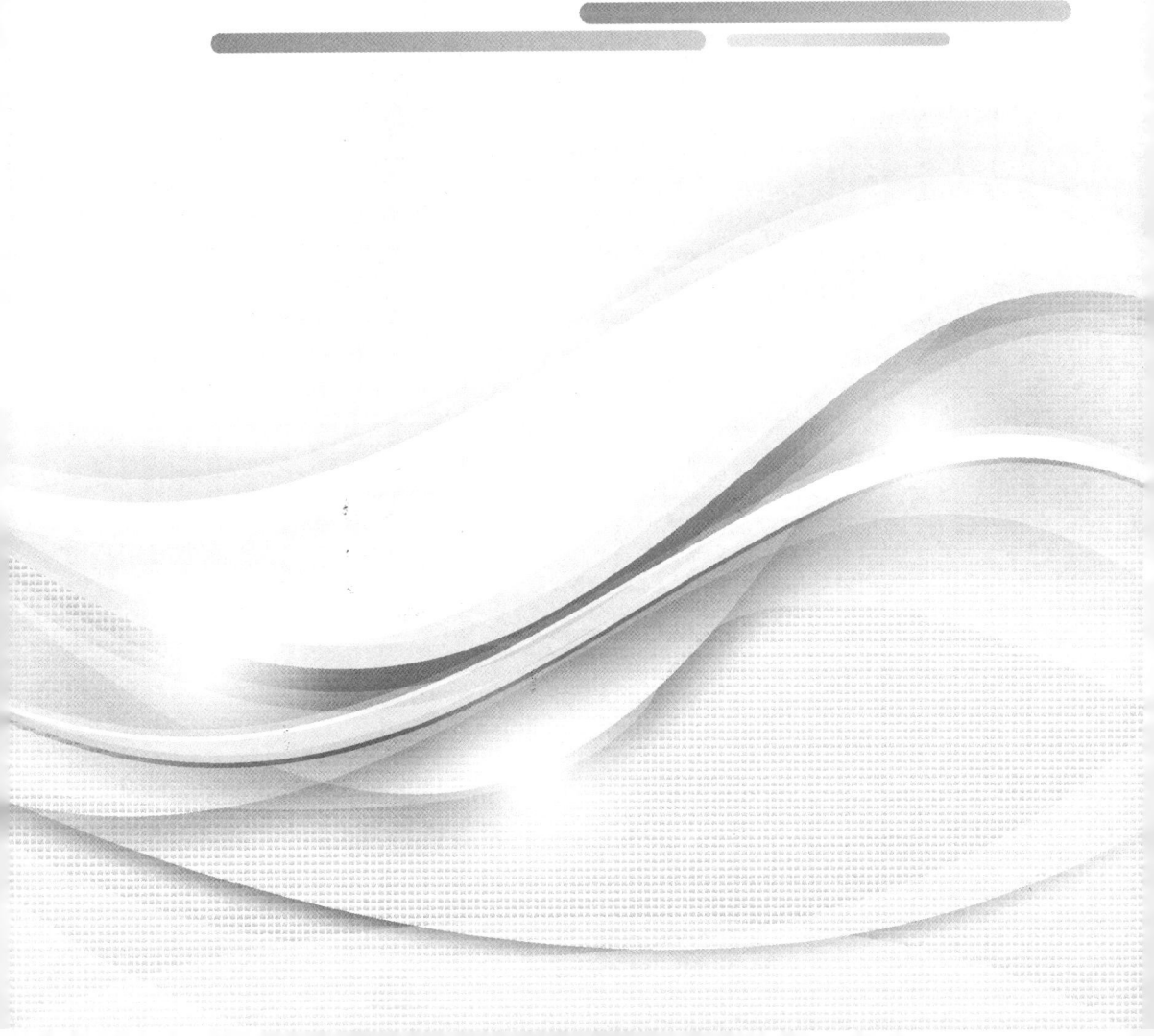

新一轮信息技术革命正在加快推进数字化进程，技术快速从生活向生产领域扩散，产业之间的相互渗透和融合也在加速，技术正在打破人、企业和万物之间的界限。行业与行业、技术与商业、工作与生活，都在融合协同，一切边界都在被打破中。新技术成为经济有质量增长的重要驱动力。

以物理联结的广泛覆盖为基础支撑，以敏捷高效的应用联结为商业驱动，以价值联结的协同创新为生态催化，以情感联结的极致体验为人性依归，新技术将重塑社会经济、商业文明以及生产方式。

一、中国引领移动互联

中国移动网络基础设施建设从 2G 窄带（下行峰值速率 30Kbps 左右）一路走过 3G 低速宽带（下行峰值速率 700Kbps 左右），随后全面步入 4G 中高速宽带（下行峰值速率 100Mbps），直至开展 5G 测试，移动互联网不断得到普及。由此带动了移动互联网创新创业此起彼伏，产业链条和生态体系不断拓展，电子商务促进了消费经济和服务经济崛起，分享经济以模式创新更为高效地配置生产资源，移动支付推动了支付习惯从现金支付快速越过刷卡消费而直接实现无现金交易，人们生活日益丰富多彩。

1. 移动互联快速普及

近年来，随着国家提出信息基础设施"提速降费"等战略要求，中国移动、中国电信和中国联通三大运营商加快了以移动宽带（3G/4G）为主要内容的建设步伐，资费水平持续下调。移动宽带用户数呈爆发式增长，从 2010年的 4705 万用户暴涨到 2016 年的 9.4 亿用户（见图 4 - 1）。2013 年年底工信部向三大运营商正式发放了第四代移动通信业务牌照，有力促进了移动宽带发展。截至 2016 年年末，中国移动宽带用户普及率达到 71.2%，超过固定宽带家庭普及率的 61.4%，移动宽带业已成为国人主要的上网工具。

图 4 - 1　2010—2016 年 3G/4G 用户发展情况

基础电信企业加快移动网络建设，支撑了移动宽带迅速普及。2010—2016 年，3G/4G 基站数快速增加，从 45.9 万个增长到 404.6 万个，增长了近 8 倍（见图 4 - 2）。特别是 2013 年年底国家发放 4G 牌照后，每年新增百万个 3G/4G 基站，移动网络覆盖范围和服务能力继续提升。

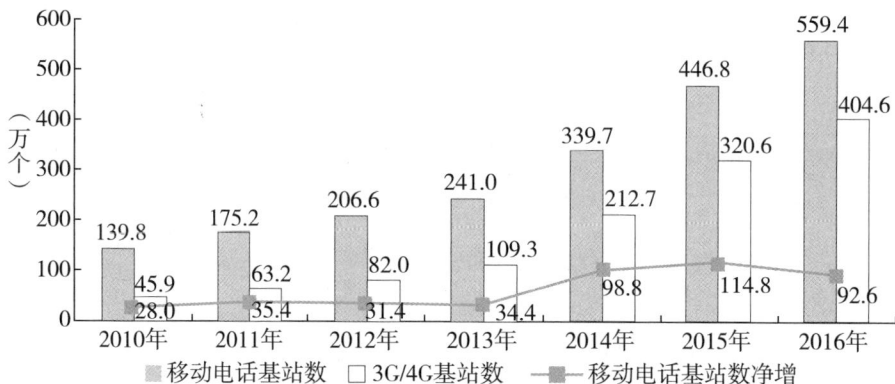

图 4 - 2　2010—2016 年移动电话基站发展情况

2. 移动宽带应用波澜壮阔

4G 网络相比于 3G 网络具有更高的数据传输速度以及质量，极大满足了人们在户外对于数据传输速度的需求。

中国经济发展进入新常态，与传统经济面临压力形成鲜明对比，3G/4G技术开启了移动互联网创新创业浪潮，移动宽带应用在神州大地风起云涌。微博、微信、手机导航、团购、移动电商、O2O（线上到线下）、网约车、短租、工作众包、共享单车、移动支付等创新应用层出不穷。更多应用蓄势待发，很难预测未来还会有哪些应用崭露头角。

可以确定的是，在进入移动互联时代后，即便在密集住宅区、办公室、体育场、地铁、快速路、高铁等具有超高流量密度、超高联结数密度、超高移动性特征的场景，人们依然可以获得超高清视频、虚拟现实、增强现实、云桌面、在线游戏等各类体验。与此同时，4G还渗透到物联网及各个行业领域，与医疗健康、农业工业、行政执法、智能家居等领域深度融合，有效满足了百姓就医、产业发展、规范执法、舒适生活等多样化需求。

移动运营商提供了便捷的移动信息高速公路，各类移动互联网创业企业奋勇拼搏，老百姓得到了实实在在的移动互联优质生活体验，这一切离不开中国通信制造业卓有成效的自主创新之路。以华为技术有限公司为例，该公司成立30年来，从一个名不见经传的小企业，辛勤耕耘成为全球通信企业的领军者。2016年华为实现销售收入5215亿元，净利润370亿元。华为的国际市场销售额占总销售额近60%，全球超过20亿人在使用它的通信设备。

3.5G 孕育突破

我们正享受着4G完善的网络覆盖、高速的移动宽带、繁多的4G终端，同时，更为通畅、便捷、智能的5G已从理想照进现实。5G是第五代移动通信网络的简称，更大的终端设备接入的承载能力、更高的数据传输速率、更低的时延、更高级的物联网通信被认为是5G技术的核心优势。我国正积极引领5G发展，计划于2017年展开5G网络第二阶段测试，2018年进行大规模试验组网，并在此基础上于2019年启动5G网络建设，三大运营商最快到2020年将正式商用5G网络。

5G将使我们真正进入万物互联的智能生活，将为更多传统产业提供机遇，"互联网+""物联网+"概念进一步强化，以催生更多周边产业，其应用将更偏向于全场景化、自动化和智能化，更贴心的服务体验和更适配的商业模式将随之而来。由美国高通公司委托第三方完成的《5G经济》研究报告称，到 2035 年，5G 相关的产品和服务将会创造 12 万亿美元的产值，几乎等同于全美消费者 2016 年的全部支出。

5G 技术将进一步推动移动通信技术和各行各业融合，乃至于无处不在，将给人类社会带来非常积极的多样性变化，大幅提升社会生产效率，带来一波新的技术红利。但这个变化具体是什么将更难预测，可能是虚拟现实，也可能是机器人应用，甚至是飞行汽车、全息影像。

从当前技术发展看，5G 将助推物联网爆发。真正意义上的智慧生活，需要实现"万物互联"，不仅仅是人与这些设备相连，还包括这些设备之间的相连。目前的 4G 网络虽然可以提供较为理想的网速，但因其容量有限，并不足以支撑"万物互联"。5G 网络容量的大幅度提升为实现"万物互联"提供了条件。有种提法是，现在的 4G 改变的是生活，而 5G 改变生活、改变社会，其应用场景不可限量。

二、万物互联的开启

我们处在一个特殊的时期，移动互联网已经发展到巅峰阶段，新的互联网形态——万物互联正在产生，这将是一个量级更大的市场，可穿戴智能终端、海量物联网设备以及车联网终端都将成为其重要组成部分。汽车会变得智能，出现无人驾驶汽车；人、车、道路互联，交通会更高效安全；智能可穿戴设备会根据你的生理数据做出健康预测；智能家居可以大大提升我们的生活品质；通过植入传感器通信模块让日常的快递成为物联网中的一环，配送环节变得更可控。重构人机交互方式，每个硬件都会是智能硬件，生活和工作模式将发生深刻变化。

1. 重要应用场景一：车联网

车联网是物联网应用场景之一，由车辆位置、速度和路线等信息构成的巨大交互网络。通过 GPS（全球定位系统）、RFID（射频识别技术）、传感器、摄像头图像处理等装置，车辆可以完成自身环境和状态信息的采集；通过互联网技术，所有的车辆可以将自身的各种信息传输会聚到中央处理器；

通过计算机技术，大量的车辆信息可以被分析和处理，从而计算出不同车辆的最佳路线、及时汇报路况和安排信号灯周期。随着5G的广泛应用，车联网将会真正落地。

车联网是横跨汽车电子、通信、卫星导航、移动互联网、现代服务等多个行业的综合体，涵盖硬件产品、服务运营、商业模式等。汽车制造业将立足产业转型升级的实际需要，通过车联网技术打造联网、智能、绿色的汽车产品，提升汽车生产制造的需求分析、设计、供应、制造、销售等全过程的智能化水平。信息通信服务业一方面会加快信息基础设施的建设，针对车联网的应用场景和需求，提供广覆盖、高可靠、低时延的信息通信手段；另一方面将加大研发和创新的力度，积极培育发展新业务、新业态和新模式，满足娱乐、导航等信息服务需求。交通运输业是车联网技术的重点应用领域，要促进车联网技术与道路交通相互融合与深度渗透，提升汽车使用的经济性、道路的利用率和交通的安全性。

在整个车联网环境中，传输的数据涉及车与车之间、车与人之间、车对基础设施信息的辨别。低时延的数据传输，成为车联网设备对于网络环境的最大诉求，同时也是车联网技术得以推进的安全前提。将百毫秒时延缩减至一毫秒的推进让5G成为智能交通领域的核心技术。

中国企业在车联网方面积极进取。以上海博泰公司为例，该公司成立于2009年，是国内较早的车联网企业，能够提供车联网完整解决方案，包括终端、V2X（车对外界的信息交换）、车联网大数据、高精度、无人驾驶等，已经掌控700余项车联网国际国内专利，不仅在国内市场获得了上汽集团、东风汽车集团等国内龙头企业的认可和订单，还成功与国际品牌DS、沃尔沃、东风雪铁龙等签订长期合同。目前已经服务9个汽车集团、10个汽车品牌与64款车型，广泛覆盖汽车豪华品牌、合资品牌与自主品牌。

2. 重要应用场景二：工业物联网

工业物联网是工业系统与互联网，以及高级计算、分析、传感技术的高度融合，也是工业生产加工过程与物联网技术的高度融合。它将制造业生产、监控、企业管理、供应链以及客户反馈等信息系统融为一体，通过数据中心对不同渠道的数据进行智能处理，从而提高生产效率、产品质量和用户满意度。

作为全面贯穿和获取企业各个环节数据，并做出智能处理的神经网络，工业物联网具有全面感知、互联传输、智能处理及自组织和自维护的特点。即利用 RFID、传感器、二维码等技术即时获取产品从生产、销售、市场等各个阶段的信息数据，通过专用网络和互联网相连的方式实现设备和网络的数据交互，利用云计算、模糊识别、神经网络等智能计算对数据进行分析并处理。同时，一个功能完善的工业物联网系统通过全方位互相接通，实现了自组织和自维护的功能。

随着制造企业生产模式从自动化向智能化的转变，生产数据信息急剧增加，工厂生产及办公应用场景更加复杂多样，对工厂的安全、可靠、高效生产提出了巨大的挑战。以华为无线工厂解决方案为例，该方案包含 eLTE 宽带集群和 NB－IoT 窄带集群，采用工业级设计，网络简单，易于维护，能为园区内不同业务的差异化要求提供完美的技术匹配，实现智能园区物联、生产作业、仓储物流和安全管控；能为各类企业建立连续、可靠、安全、不间断的无线通信网络，奠定工厂实现智能化的坚实基础。

3. 物联网前程远大

新的万物互联与智能化时代正在到来，互联网、移动无线宽带和无线传感等多网络融合迈向下一代基础设施，新终端与智能技术加速交融，都在加快推动移动互联网发展。2017 年窄带物联网将正式商用，甚至 5G 都将首先应用于智慧城市及交通领域，新兴移动终端通信网络将为多样化的终端互联提供技术支撑。目前正在兴起的无人机、虚拟现实、智能硬件等新终端平台极大地拓展了感知和交互能力，构建了更为丰富的人类社会虚拟化图景，为移动互联网提供了更为广阔的发展前景。

未来中国有四大优势发展万物互联。一是中国有着制造业供应链的优势，当今深圳已经成为硅谷创业项目寻找电子器件的首选。二是智能硬件对工程师人才需求大，而中国拥有广大的工程师人才队伍，以及低于美国和其他发达国家的工资水平。三是全球趋势为行业自动化，中国在这方面具备"天时、地利、人和"的条件，目前中国机器人采购量庞大，但密度比日本、韩国都低，未来有望继续增长。四是中国本土市场的消费潜力巨大，当前又处于消费升级的临界点，对智能硬件有着巨大需求。

三、大数据奏响华美乐章

大数据是具有规模大、种类多、生成速度快、价值巨大但密度低等特点的信息资产。通过人工智能、机器学习、交叉学科处理等方式处理大数据，人们将具有更强的决策力、洞察发现力和流程优化能力。大数据技术能够将隐藏于海量数据中的信息挖掘出来，具有广泛的应用价值，提高医疗、交通、金融、教育、体育、零售等各行各业运行效率。

大数据领域核心技术包括数据采集与预处理、数据分析与挖掘、数据存储与管理。数据采集是通过 RFID、传感器以及移动互联网等方式获得的各种类型的结构化及非结构化的海量数据，并完成对已接收数据的辨析、抽取、清洗等操作。数据分析及挖掘技术是大数据的核心技术，主要是在现有的数据上进行基于各种算法的计算，从而起到预测的效果，从而实现一些高级别数据分析的需求。大数据存储与管理技术是用存储器把采集到的数据存储起来，建立相应的数据库，并进行管理和调用，主要解决大数据可存储、可处理及有效传输等关键问题。

随着大数据政策环境和技术手段的不断完善，中国大数据产业正处于高速发展期，互联网、电信、金融等开始实际部署大数据平台并付诸实践，多种商业模式得到市场印证，新产品和服务不断推出，细分市场走向差异化竞争。

科大讯飞公司主营语音支撑软件、语音应用软件、信息工程及运维服务等业务，是我国最大的智能语音技术提供商，在中文语音产业拥有 60% 以上的整体市场份额。依靠海量实时的语音数据，其大数据技术已经在精准营销、个性化推荐和智慧城市方面得到广泛应用。在精准营销领域，讯飞最大的优势是有自己独一无二的大数据来源。

讯飞的人工智能开放平台向所有有兴趣做人工智能应用的合作伙伴开放人工智能能力，同时通过这些合作伙伴收集到了大量的用户行为数据。讯飞现在有 20 万家合作伙伴，领域从手机输入法、手机语音助手，到导航 APP（手机软件）里的语音，还有购物 APP 里的语音搜索，讯飞已经构建起一个人工智能和语音服务的生态圈。以平台上的大数据为基础，综合运用人工智能和大数据技术，从人生阶段、行业、购物偏好、媒介偏好等维度，用1700个子标签对这些用户进行区分。例如，声纹识别技术对用户的性别划分、年龄划分，等等。在个性化学习领域，利用人工智能的手段，收集真正的教育过程数据，把教育过程数据转化成为学生学习过程中有的放矢的针对性辅导。科大讯飞已经和全国百强校中的一半学校签署了战略合作协议，把个性化学习的核心技术打造成讯飞的智学网产品，供全国各地的学生使用。最初讯飞的个性化学习实验在合肥一中开展，实验效果非常好，一个学期的时间，两个实验班同学的数学平均成绩提高了10%，从全年级20多个班级中的第14名和第15名，提升到了第1名和第2名。

展望未来，中国将成为全球大数据产业发展高地，以数据流引领技术流、物质流、资金流、人才流，促进协作模式和生产方式的集约和创新。天空地海一体化大数据将集中国土资源、环境保护、海洋经济、基础设施、交通物流等多领域、多维度信息，助力建立"用数据说话、用数据决策、用数据管理、用数据创新"的管理机制，实现基于数据的科学决策和服务。

四、云计算风起云涌

工信部数据显示，"十二五"期间中国云计算产业年均增长率超过30%，是全球增速最快的市场之一，2015年市场规模达到约1500亿元。"十三五"期间，中国云计算产业将保持快速发展态势。按市场参与者类型划分，云计算服务提供者包括三部分企业，一是电信、移动、联通等运营商；二是阿里、腾讯、百度、华为、浪潮等信息产业公司；三是由原始机房业务转做云的互联网数据中心。2016年，阿里云计算收入120亿美元，第一次超过了电子商务收入，腾讯云、百度云业务收入也实现了翻番。

云计算在推动经济发展的过程中发挥了重要作用。从宏观层面来看，云计算作为新一代产业经济的重要驱动力，正渗透到经济和社会的各个领域，对经济社会发展产生更加深远的影响。从促进信息消费层面来看，云计算改变了个人用户信息消费的模式和购买习惯，用户可以随时随地获得按需定制和灵活收费的云服务，这将使市场空间持续扩大，创造消费增量市场。从资源配置的角度来看，云变得越复杂，终端的功能就变得越庞大。

从服务的内容角度看，互联网将提供更多层次的服务。与传统的软件厂商相比，从产品的开发、服务的提供到商业模式和商业形态都发生了根本的变化。从资源耗费的角度看，云计算所耗费的成本将明显降低。

曙光信息产业股份有限公司（以下简称"曙光公司"）是云计算领域的重要"玩家"。曙光公司于2006年在天津高新区注册成立，注册资本6.4亿元，是一家以国家"863计划"重大科研成果转化为目标组建的国有高新技术企业，2014年11月在上海交易所上市，市值一度超过500亿元。曙光公司是一家创新型高新企业，不断在核心业务所涉及的高性能计算、服务器、存储、信息安全、基础设施、云计算、大数据等技术与产品上加大创新投入，并在重大项目、关键技术研发上取得了卓越成绩。2016年11月，曙光亿级并发云服务器系统研制成功，首次实现全球量产。曙光云服务器是"十二五"国家"863计划"信息技术领域"亿级并发云服务器系统研制"的重大项目成果，采用了全新的国产体系架构，可有效应对亿级以上的并发访问。其正式量产标志着全球云计算基础硬件设施进入一个全新时代，通用服务器并发从"万"级步入"亿"级。

随着云计算深入发展，政府和企业越来越多地感受到将自有基础设施整合到云端的重要性，以混合云为代表的云计算俨然已经成为一个创新平台。未来云计算的发展将呈现出一些趋势。比如，云将推动认知计算的崛起。在由服务器、存储和软件所构建的混合云世界中，计算机系统开始像人一样具备理解、学习和推理能力，认知解决方案发展迅猛异常。通过云交付的认知解决方案将继续改变各个行业的体验，带动金融服务、零售、医疗保健以及航空等行业实现创新。再如，区块链将通过云让数字时代变得真实和值得信任。区块链是一个可信任的、由最先进的加密技术加密的分布式账本，是数字时代以来最安全的系统，只有一个闭合的参与者圈子有权访问，而且每个参与者只能查看他们在交易中被授权的信息。此外，无服务器云计算技术将消除应用开发的复杂性并降低成本。这种新型的"无服务器计算"技术，将让开发人员不再为预先配置基础设施之类的事情（比如服务器或系统运行）操心，只需专注于代码。这种技术通过云来实现交付，可以帮助各种规模的企业提高竞争力。

五、新一代人工智能的突进

2015 年，"人工智能"首次写入《政府工作报告》，2017 年国家制定了《新一代人工智能发展规划》，人工智能技术已经成为了中国新产业的重要发展方向。人工智能主要分为计算智能、感知智能、认知智能。计算智能，即机器"能存会算"的能力；感知智能，即机器具有"能听会说、能看会认"的能力，主要涉及语音合成、语音识别、图像识别、多语种语音处理等技术；认知智能，即机器具有"能理解会思考"的能力，主要涉及教育评测、知识服务、智能客服、机器翻译等技术。

在 Gartner（高德纳咨询公司）2017 年十大战略技术趋势列表中，将智能应用排在了第二位，通过使用先进的分析技术、复杂系统的认知接口和机器学习技术，人工智能将会为企业用户提供前所未有的强大支持。图像识别、自然语言处理技术的不断成熟，让人和机器的交互更为直接、自然。人们使用科技的门槛将大幅度降低，信息的获取更为容易。我们在面对海量信息时，需要人工智能帮助我们精准高效地获取有效信息，快速获取有价值的内容。基于人工智能的终端将通过学习用户习惯、识别行为模式和环境模式，使得消费体验更具预测性，服务提供更具场景化。制造系统的智能化将推动柔性制造和个性制造的到来，企业运营系统的智能化让 ICT 从支撑系统到生产系统并向决策系统升级。

从当前技术发展态势看，终端、网络、行业正在成为"＋智能"社会的重要内容。数字化进程将大大加速，人类感知和认知将会跃升到一个新高度，人机交互更趋人性化。这一轮以智能化为特征的全面变革，将对社会的各个领域产生巨大的影响，终端、网络、行业的智能化转型将给我们打开一个全新的世界。鉴于人工智能的这些优点，国内外大公司如百度、科大讯飞、谷歌、IBM 等已经开始布局人工智能技术，百度大脑、讯飞翻译机、谷歌无人车、脸书面部识别等技术飞速发展。

"终端＋智能"推动智能手机升级为智慧手机。随着移动互联网的爆发式发展，手机成为越来越多服务的载体，但同时对于海量信息和众多服务，人们也被选择困难症所困扰，对体验的追求需要在更短的时间内获取更精准的服务。人工智能的出现，将带来体验的颠覆性提升，智能手机将在人工智能的助力下升级为智慧手机。手机不仅具有语音、视频、手势等人性化、情感化的交互方式，人工智能更让手机能听懂、看懂、思考、对话，以类人的方式理解人的诉求，快速获取精准的信息与服务，手机将向私人助理的方向发展，时时刻刻为用户提供友好、专业、贴心的个性化服务。

"网络+智能"将打造全面云化的智能基础设施。人工智能在带来用户体验颠覆式提升的背后，是终端、芯片、云服务等核心能力的跨越式提升，它必将带来对计算性能、能效、端云协同等的更高要求，只有具备整合芯片与云的核心技术能力，才能在智能时代为用户带来更好的智慧体验。运营商网络的云化结合人工智能技术，将使网络运维的自动化和智能化逐渐成为现实。全面云化是网络智能化的前提，云时代正在到来，未来大部分硬件将会资源池化以实现资源共享，软件架构全分布化以实现弹性灵活的资源调度，业务运行将无须人工干预，实现全自动化。整体网络将转型为"以数据为中心"的架构，所有的网络功能和业务应用将运行在云数据中心上。

"行业+智能"加速企业创造新价值。工业机器人是行业智能应用的重要领域，民族品牌新松是中国机器人产业的杰出代表之一。新松是一家以机器人技术为核心，拥有全球最全的机器人产品线，包括自主研发的工业机器人、移动机器人、洁净机器人、特种机器人和服务机器人五大类70余种机器人产品。在感知、决策、作业、交互等能力方面取得重大技术进步，在力控、视觉、信息自动化、柔顺控制、复杂轨迹控制等技术方面不断完善。同时细分行业应用工艺研究，实现各种工艺开发，磨抛、焊接、喷涂、码垛等，并结合综合全面的各工艺专家系统。伴随着新松工业机器人技术的成熟与融合创新，产品结构的逐步优化，新松作为国产机器人行业代表，已逐渐成为客户推出新产品及推动智能制造升级的设备支持。

六、新能源的崛起

近年来，支撑人类工业文明高速发展的石油、煤炭和天然气等石化能源储藏量不断减少，石化能源在使用后还会产生环境污染。有一种共识正在世界范围内逐渐形成：只有在新能源技术革命中走在前面，才有可能在未来的世界经济格局中占据优势地位。不少国家的能源战略转向鼓励开发和应用新能源，太阳能、地热能、风能、海洋能、生物质能和核聚变能等新能源快速发展起来，新能源汽车等重要应用领域也在迅速形成规模。

国际金融危机爆发后，新能源产业和新能源汽车作为战略性新兴产业受到了国家高度重视，业界积极响应。经过多年努力，我国风电技术装备水平显著提高，风电规模快速扩大，适应新能源发展的智能电网及运行体系初步建立；太阳能热利用技术迅速进步，多元化的太阳能光伏光热发电市场已然形成；新一代核能技术和先进反应堆研发取得进展，核能产业有望迎来大发展。新能源应用也取得巨大进展，科技部数据显示，到 2016 年年底，中国新能源汽车的产量突破 50 万辆，保有量超过 100 万辆，在全球的占比都达到了 50%。

作为国内新能源产业的生力军，阳光电源股份有限公司（以下简称"阳光电源"）是一家专注于太阳能、风能、储能等新能源电源设备的研发、生产、销售和服务的国家重点高新技术企业。企业主要产品有光伏逆变器和控制器、风机变流器、回馈式节能负载、电力系统电源等（见图 4-3），并提供系统解决方案的设计及技术服务，是我国较大的光伏电源产品的研发生产企业，也是我国光伏和风力发电行业为数极少的掌握多项核心技术并拥有完全自主知识产权的企业之一。在国际市场方面，阳光电源的光伏逆变器产品已批量销往德国、意大利、法国、澳大利亚、美国、日本等 50 多个国家，出货量位居全球第二。在国内市场方面，产品已大批量应用于合肥、大连、六安、芜湖、杭州等多个城市电动公交、微型乘用车及物流车辆。在技术发展方面，阳光电源从光伏电站、新能源汽车切入到储能领域，积极布局光伏行业产业链后端，使其产业链进一步下移，布局智能整车控制、动力电池精确算法控制、驱动电机系统、智能汽车电网（V2G）、无人驾驶等领域，探索"新能源+电动汽车"运行新模式。

比亚迪是中国新能源汽车的重要代表。比亚迪在全球拥有 30 个工业园，占地总面积超过 1800 万平方米。2015 年比亚迪新能源汽车销量达 6.17 万辆，全球市场占有率第一，约为 11%，新能源汽车足迹遍布全球 50 个国家和地

图4-3 阳光电源部分产品

区，约240个城市。比亚迪新能源汽车已经覆盖城市公交、道路客运、出租车、环卫车、城市建筑物流、城市物流、私家车七大常规领域，以及仓储、矿山、机场、港口四大特殊领域。2016年10月，比亚迪正式推出"从治污到治堵"的创新型交通解决方案——跨座式单轨"云轨"，以新能源为动力，以单根轨道为支撑、稳定和导向，具有造价低（仅为地铁的1/5）、适应地形能力强（爬坡能力强、转弯半径小）、噪声低等特点。

深圳欣锐科技股份有限公司（以下简称"欣锐"），是我国新能源汽车产业链的重要参与者，拥有车载电源核心技术，是以新能源汽车产业为核心业务的国家高新技术企业，已经成为北汽、江淮、长安等众多的国内整车主机厂的独家供应商。欣锐在车载电源和大功率充电领域积累了丰富的研发及产业经验，拥有业界领先的研发创新能力及工程制造能力，产品技术居全球领先水平（见图4-4）。欣锐的车载电源配套了国内外众多车型，国内主流车型覆盖率达60%~80%（见图4-5），单台测试车辆的行驶记录已达60万千米以上，产品装车行驶累计近10亿千米。

2014年推出地面大功率充电解决方案
2016年正式定义为六种产品形式

大功率充电机核心产品

全球技术领先

壁挂式	悬挂式	手提式	拉杆箱式	机柜式	模块式

图4-4 欣锐科技的六种充电产品形式

原创技术积累

代表车型	杰勋	志翔	S18	红旗	宝来EV	上汽FCV-750	K9	iEV5	EV200	IEV6S
	2006	**2007**	**2008**	**2009**	**2010**	**2011**	**2012**	**2013**	**2014**	**2015**
典型配套	1	1	1	3	40	55	65	105	95	80

图4-5 欣锐车载电源的配套车型

七、生物技术正在赶超

生物技术是21世纪最重要的创新技术集群之一，呈现出学科交叉、科技创新链条灵巧、研发组织模式生态化等特征。近年来，我国生物技术迅猛发展，取得了一系列重要进展和重大突破，加速向应用领域演进，广泛应用于生物农业、生物医药、基因检测、生物制造等与国计民生和国家安全密切相关的重要领域，日益成为推动经济发展新动能持续壮大的战略性力量。

在生物农业技术方面，围绕动植物品种选育、健康保障、高效营养等全产业链的关键环节，中国科研机构和企业开展了颠覆性技术突破，研发具有市场竞争力的核心产品，集成应用新技术、开发新产品，在动植物种、健康和营养等领域，为农业生产提供技术和物质支撑。两系法作物杂种优势利用技术取得重大突破，居国际领先水平。强优势水稻杂交种"Y 两优 900"、水稻新品种"五丰优 615""广两优 272"等一批突破性品种，为保障国家粮食安全和农产品有效供给提供了有效支撑。企业在集聚创新要素方面发挥了重要作用。以华大基因为例，该公司整合了从基因组到基因挖掘到分子育种的全线贯穿的大平台，累计完成超过 20000 份农业物种基因组数据的获取，拥有超过 80% 的全球农业基因组数据，已经可以做到 2 年 5 个世代快速获取新的品种，获得了超过 15 个以上的定向改良的新品系和新品种。

在生物医药技术方面，化学药品原料药制造、化学药品制剂制造、中药饮片加工、中成药制造、生物药品制造、卫生材料及医药用品制造、医疗仪器设备及器械制造、制药专用设备等领域取得巨大进步。埃克替尼、艾拉莫德、艾瑞昔布、阿帕替尼、西达本胺等具有自主知识产权的创新化学药，以及伊马替尼、地西他滨、非布司他、替加环素等仿制化学药成功开发上市，为重大疾病治疗和降低医疗负担提供了支持。注射用丹参多酚酸、银杏内酯（二萜内酯葡胺）注射液、巴戟天寡糖胶囊等物质基础相对明确、质量可控程度较高的中药，标志着中药发展迈上新台阶。重组人戊型肝炎疫苗、疫情防控急需的手足口病灭活疫苗等生物药，已经涵盖了多数全球抗体药物重要领域。3.0T 磁共振、植入式脑起搏器、人工耳蜗、生物工程角膜、冠脉支架等医疗器械实现突破式发展。

在基因检测技术方面，持续取得新的突破，应用范围不断拓展，形成了基因测序、基因芯片和聚合酶链式反应技术（PCR）"三足鼎立"格局。基因测序已应用于科学研究以及无创产前诊断（唐氏筛查）、肿瘤基因检测、易感基因筛查等临床应用；基因芯片开始应用于新生儿筛查、产前诊断、携带者筛查、药物代谢基因检测、易感基因检测等；PCR 及其相关技术已广泛应用于临床和研究，主要用于肿瘤、遗传病、代谢相关的少量位点的检测。国内企业与研发机构把握基因测序技术发展趋势，积极进行技术开发和设备研制，以打破欧美企业在上游测序仪器及试剂制造的垄断。例如，紫鑫药业与中国科学院合作开发第二代测序仪 BIGIS，这是国内第一款具有自主知识产权的实用型国产第二代测序仪，能够达到和部分超越国际主流设备技术指标，成本低于进口设备的 1/2。

在生物制造技术方面，医药、农业、能源、材料、化工、环保等多个工业领域已经广泛应用现代生物技术，促进形成了资源消耗低、环境污染少的产业新结构和生产新方式。一是新型发酵、传统发酵、抗生素、生物农药等生物发酵技术稳步发展，逐渐形成味精、赖氨酸、柠檬酸等为主体，小品种氨基酸、功能糖醇、低聚糖等高附加值产品为补充的技术体系。二是利用谷物、豆科、秸秆、竹木粉等可再生生物质为原料制造的新型材料和化学品的生物基材料技术，由于其绿色、环境友好、资源节约等特点，正在加速培育以生物基化工原料、生物基塑料、生物基纤维为主要产品的新兴产业。三是经过提纯、加工后具有催化功能的生物酶技术，具有优越的催化性能、温和的反应条件及更好的环保性，近年来中国的工业酶制剂年增长速度保持在 10% 左右。四是国内企业积极开展技术工艺开发，逐渐从使用玉米等粮食作物的第一代生物燃料乙醇技术，向非粮食经济作物和纤维素原料综合利用方向转型，促进了生物质能、生物柴油等生物燃料技术迅速发展。

八、从 3D 打印向 5D 打印挺进

近年来，3D 打印的个性化及定制化的需求被有效激发，模型设计、智能化制造以及新材料的研发等相关技术发展迅速，成为现代模型、模具和零部件制造的有效手段，在航空航天、汽车摩托车、家电、生物医学等领域得到了探索性应用，有力支撑了"中国制造 2025"。

产学研合作推动了 3D 打印技术的研发。自 20 世纪 90 年代初以来，清华大学、西安交通大学、北京航空航天大学等高校，在 3D 打印设备制造技术、3D 打印材料技术、3D 设计与成型软件开发、3D 打印工业应用研究等方面开展了积极的探索，已有部分技术处于世界先进水平。其中，激光直接加工金属技术发展较快，已基本满足特种零部件的机械性能要求，有望率先应用于航天、航空装备制造；生物细胞 3D 打印技术取得显著进展，已可以制造立体的模拟生物组织，为我国生物、医学领域尖端科学研究提供了关键的技术支撑。

依托高校的研究成果，近年来出现了一批对 3D 打印设备进行产业化运作的公司实体，如北京殷华（依托于清华大学）、陕西恒通智能机器（依托西安交通大学）、湖北滨湖机电（依托华中科技大学）。这些企业都已实现了一定程度的产业化，部分企业生产的便携式桌面 3D 打印机的价格已具备国际竞争力，成功进入欧美市场。一些中小企业成为国外 3D 打印设备的代理商，经销全套打印设备、成型软件和特种材料。还有一些中小企业购买了国内外各类 3D 打印设备，专门为相关企业的研发、生产提供服务。其中，广东省工业设计中心、杭州先临快速成型技术有限公司等企业，设立了 3D 打印服务中心，发挥科技人才密集的优势，向国内外客户提供服务，取得了良好的经济效益。

随着智能制造的进一步成熟，3D 打印技术将被推向更高的层面，新的信息技术、控制技术、材料技术等不断被广泛应用。在工业制造领域，产品概念设计、原型制作、产品评审、功能验证等活动通过制作模具原型或直接打印模具，直接打印产品，小型无人飞机、小型汽车等概念产品相继问世。在文化创意和数码娱乐领域，形状和结构复杂、材料特殊的艺术表达载体由此得以展现。在航空航天、国防军工领域，形状复杂、尺寸微细、性能特殊的零部件能够直接被制造出来。在生物医疗领域，高精度人造骨骼、牙齿、助听器、假肢等陆续实现。在消费品领域，珠宝、服饰、鞋类、玩具、创意 DIY（自己动手做）作品的设计和制造更加贴近消费者需求。

新材料技术加速了 3D 打印专用材料的研发。新材料作为 3D 打印的物质基础，是实现产品技术突破和产业升级换代的核心关键。近年来，我国大飞机专用铝锂合金、核电用钢、丁基橡胶、高性能碳纤维、大尺寸石墨烯薄膜等一批新材料重点品种取得重要突破。这些技术的引入，能够充分发挥 3D 灵活可控、快速、高精度、低成本的优势，开发一系列高通量材料研发、试制装备。以成立于 2013 年 7 月的乐道战略材料有限公司为例，该公司成功研发制造出功能化 ABS 材料、功能型 PC 材料、功能化 PEI、功能化聚砜等工业级高分子 3D 打印材料，实现了对进口材料的完全替代，使国内 3D 打印材料价格大幅下降，将有力促进中国 3D 打印产业发展。

展望未来，随着新材料和生物技术的交叉学科应用，增材制造技术将从 3D 打印向 4D 打印、5D 打印等方向不断挺进，精密化、智能化、通用化以及便捷化水平将不断提升。相对于 3D 打印以数字模型为基础、运用粉末状金属或塑料等可黏合材料、通过逐层打印的方式来构造物体，4D 打印是一种无须打印机器就能让材料快速成型的革命性新技术。4D 打印比 3D 打印多的一个"D"就是时间纬度，通过软件设定模型和时间，所使用的变形材料会在设定的时间内变形为所需的形状。4D 打印的逻辑是，把产品设计嵌入可以变形的智能材料中，在特定时间或激活条件下，无须人为干预，也不用通电，便可按照事先的设计进行自我组装。5D 打印技术是中国工程院院士、西安交通大学教授卢秉恒院士提出的能够打印生命体的新概念。它是用 3D 打印技术构造出可以生长的组织细胞，再通过组织液的培育，产生生长因子，用于活性器官再造。目前，西安交通大学已经研制出了可以打印的人工骨细胞。

第五章

"互联网+" 激发新动能

"互联网＋"是促进产业升级、推进市场化改革的一个重要举措，通过把互联网的创新成果与经济社会各领域深度融合，推动技术进步、效率提升和组织变革，提升实体经济创新力和生产力，形成更广泛的以互联网为基础设施和创新要素的经济社会发展新形态。在全球新一轮科技革命和产业变革中，互联网与各领域的融合发展具有广阔前景和无限潜力，已成为不可阻挡的时代潮流，正对各国经济社会发展产生着战略性和全局性的影响。

近年来，我国在互联网技术、产业、应用等方面取得了积极进展，已具备加快推进"互联网＋"发展的坚实基础，一些传统企业也成功探索出与互联网的创新融合发展道路，释放了"互联网＋"的崭新魅力，彰显出中国经济的十足活力。

一、向服务型制造转型

制造业是中国的优势产业，凭借完备的工业体系、良好的产业基础以及人口大国优势，中国制造逐步在世界站稳了脚跟。面对全球制造业日趋激烈的竞争，中国企业一直在努力创新改革：一方面是不断通过技术改造强化产业基础，2017年1—4月，中国制造业技改投资增长7.9%，增速比全部制造业投资高3个百分点，占全部制造业投资的比重为44.2%，比上年同期提高1.3个百分点；另一方面是加速与互联网融合发展，2015年7月，国务院正式下发《关于积极推进"互联网＋"行动的指导意见》，围绕智能制造、创新创业、高效物流等提出了11个"互联网＋"重点行动。其中，"互联网＋协同制造"是重点行动之一，明确提出要推动互联网与制造业融合，提升制造业数字化、网络化、智能化水平，加强产业链协作，发展基于互联网的协同制造新模式。在新形势下，一批中国企业正从过去单纯的制造产品，向提供产品与服务过渡，开启了从生产型制造向服务型制造的转型之路。

今天的沈阳机床集团是在 1995 年由原沈阳第一机床厂、中捷友谊厂和沈阳第三机床厂资产重组后成立的，目前下辖沈阳、昆明、德国三大产业集群，拥有员工 1.8 万人，主导产品为金属切削机床，市场覆盖全球 80 多个国家和地区。2015 年，在国内外经济形势普遍下滑的形势下，沈阳机床实现工业总产值 157 亿元、销售收入 152.5 亿元。在辉煌与骄傲的背后，沈阳机床经历了凤凰涅槃般的转型升级之路，才走到今天。作为我国东北地区重工业和装备工业最具代表性的企业，过去 30 多年来，沈阳机床集团从濒临绝境到砥砺求生再到奋力创新，在当前国际市场竞争空前激烈的后危机时期，开发出了全球第一个使机床成为智能、互联产品的数控系统——"i5"[1] 数控系统，揭示了在互联网时代中国的产业转型应该走什么样的道路。

2006 年 7 月，一位领导在视察沈阳机床自主创新情况的时候，提出"如果沈阳机床不做，数控系统在中国就做不成"。当时，这句话激励了沈阳机床董事长关锡友，他下定决心开发数控机床。从 2007 年开始，沈阳机床集中力量全面攻关"i5 系统"核心技术。同年，沈阳机床集团和上海同济大学共同组建了 i5 技术研发团队，开始了核心技术突破之路。经历了与外资企业谈判，与高校、科研机构合作和完全自主研发的层层磨炼，从 2008 年到 2012 年，研发团队从写一行一行的代码开始，不断突破一个又一个算法，截至 2011 年年底，总共进行了 1917 个版本的数控系统更新，累计了 1032 条测试用例。其中，数控核心部分拥有整体代码超过 20 万行，核心代码 2 万行，核心算法 50 余个。在伺服驱动控制技术上拥有的核心代码超过 2 万行，核心算法 20 余个。[2]

经过 7 年的艰苦努力，2014 年世界首台 i5 智能机床面世。在此期间，沈阳机床累计投资研发资金十几亿元，先后攻克了 CNC（数控机床）运动控制技术、数字伺服驱动技术、实时数字总线技术等运动控制领域的核心底层技术，该系统误差补偿技术领先、控制精度达到纳米级。搭载 i5 系统的机床，不仅精度高、运算速度快，生产效率也达到一个新水平。i5 智能数控系统的

---

① "i5"是沈阳机床数控系统的名字，其字义来自 5 个英文单词——Industry（工业）、Information（信息）、Internet（互联网）、Intelligence（智慧）和 Integration（集成）的第一个字母。

② 参考资料：http://www.sohu.com/a/76580968_ 371533。

成功，彻底打破了少数国际巨头对机床运动控制系统的长期垄断和技术封锁，让数控机床真正拥有了"中国大脑"。[①]

i5 技术实现了 ICT 技术在工业领域的应用，使得即时分享成为可能，沈阳机床顺势推出了"即时交付、即时使用、即时消费、即时服务"的"U2U"（用户到用户）商业模式，从传统买卖走向价值创造与分享。

i5 数控系统的独特性能是"智能、互联"，它使机床在加工产品的同时也生产可以通过互联网实时传送的数据。于是，i5 机床就成为一个智能终端，通过可以存储和分析大数据的云平台，就能够解决成本核算、远程操控等问题，而且能够提供生产任务调配、远程工艺支持、产品定制和机床租赁等一系列服务。借助 i5 智能机床的远程控制功能，管理者可利用手机、iPad 等移动终端实时查看工厂里每台设备的运行情况，通过 WIS 车间智能管理系统实现设备层与企业层的无缝对接，并通过 iSESOL 云平台实现机器与人、机器与机器、机器与工厂的实时在线互联。经过两年来的积极探索，沈阳机床正式提出了"i5 制造新生态"的分享模式。具体表现为：

（1）通过以租代买的方式回避掉传统买卖的弊端。

（2）通过规模化应用产生数据分析，对 i5 机床的功能不断迭代，逐步实现单位使用时间成本最优，制造装配过程数据记录，为机床制造数据和质量追溯提供保障。

（3）利用 i5 智能机床自诊断功能，实时记录自生运行状态；在云端实现实时云盘备份。

（4）利用 iSESOL 云平台实现装备在线，保障实时数据交互，形成工业大数据，为分享业态提供结算数据保障。

（5）利用线上数据为客户提供更好增值保障服务，实现设备可预防性维护，延续机床可靠使用寿命。

凭借信息技术与制造技术的深入融合，沈阳机床正在以共享方式重塑智能制造新生态。统计显示，在机床行业整体艰难的情况下，2016 年沈阳机床订单猛增至 1.8 万台，孵化建设智能工厂 40 多家；2017 年一季度新增通用类产品订单量已接近去年的一半。2017 年 4 月，在第十五届中国国际机床展览会

---

① 参考资料：http://news.xinhuanet.com/tech/2015-04/29/c_127747435.htm。

上，沈阳机床集团带着14台（套）具有国际水准的新产品参展（见图5-1），聚焦"时刻共享（Moment Sharing）"主题。截至2017年5月，沈阳机床的云平台已集聚起5000多台智能机床和若干智能工厂，累计为客户提供在线实时服务35万多小时，成交订单5511单。

图5-1 沈阳机床厂部分产品展示

面向未来，沈阳机床将继续坚持以市场为导向、以客户为中心，加速实现从传统制造商向现代工业服务商转型，成为以智能制造为核心的高科技工业服务集团。

二、走融合创新之路

浙江大华技术股份有限公司（以下简称"大华"）作为中国安防行业的领军企业，多年来坚持以视频监控技术为核心，以自动化、精益生产为企业发展基石，面向全球提供领先的视频存储、前端、显示控制和智能交通等系列化产品、解决方案和运营服务。自2008年公司上市以来，营业收入年复合增长率保持在50%以上，净利润年复合增长率保持在45%以上。2015年，公司实现营业收入 100.78 亿元，净利润 13.81 亿元。

自 2002 年以来，大华一直坚持高比例研发投入，不断提升技术创新能力。公司每年投入的研发经费占销售收入 10% 以上，研发技术人员占比一直保持在 50% 以上。截至 2016 年上半年，公司已经拥有专利超过 750 项。其中，发明专利占比超过 45%。硕士以上学历占公司总人数比重达到 17%。此外，公司持续强化以市场需求为导向，不断调整企业自身的发展方向。目前，公司在嵌入式、存储、网络、高清应用、智能化、视频预处理、光学镜头、芯片设计、云存储和云计算等领域拥有众多的技术优势。

凭借着坚实的技术研发能力和雄厚的核心技术积淀，大华在海外市场不断开疆拓土。2014 年大华在美国成立了首家境外子公司，并以此为基础先后在南美、中东、欧洲等地建立辐射全球的销售网络。2015 年大华的产品已经远销 180 多个国家，出口突破 5.5 亿美元。

在互联网与传统行业加速融合的趋势下，大华坚信，只有牢牢把握互联网时代的脉搏，实现传统制造与互联网的有效融合，才是实现企业再次腾飞的基础。

乐橙网是大华推出的视联网品牌，是一个以视频智能硬件、视频开放平台、视频技术"三位一体"的云开放平台。拿视频智能硬件来说，2016 年 5 月 20 日，乐橙发布育儿机器人"小乐"，并同步启动京东众筹项目。短短两周的时间，就以 500 多万元的众筹金额成为京东众筹平台当期的"众筹之王"！"小乐"定位为孩子的好玩伴，父母的育儿好帮手，着眼于拥有 0～8 岁儿童的家庭市场，采用行为、语音、视频的人机交互方式，陪伴、记录、教育儿童成长的过程。"小乐"的外观设计来自国际顶尖团队，除了用超高"颜值"征服全场，还展现了顶端技术铸就的"科技内芯"。此外，乐橙以视频技术作为核心技术，充分传承安防翘楚大华的风貌。"小乐"的大眼在智能人脸跟踪、人脸识别技术上具有巨大优势。目前乐橙已成为与反斗城、达恩宝等母婴销售渠道争相合作的品牌，引领智能母婴行业的新风向。

在"小乐"热卖的同时，乐橙还搭建了"云开放"平台，以"乐橙"视频云面向用户和团体建立内容、业务应用合作渠道，借助强大的视频服务和深度的结构化数据等手段，为用户提供品牌和内容宣传展示等商业增值服务。同时，通过提供的多样化跨平台 SDK（软件开发工具包），使得合作伙伴可基于自身业务进行无缝接入和使用，使乐橙云成为一个研发和业务合作的开放空间。可以说，乐橙是大华在探索"互联网＋"模式下结出的累累硕果，它不仅是大华在互联网时代的一次成功尝试，也坚定了大华人在互联网时代不断开拓思路，探索全新商业模式和盈利模式的信心。

基于对未来行业发展趋势的敏锐判断，大华还强化了在算法、芯片、云、大数据等基础科学领域的投入，在 VR/AR、智能机器人、人脸识别、机器视觉、智能汽车电子等前沿应用科学领域进行全面的技术研究。大数据研究院是大华基于对未来行业发展趋势判断的另一重点布局，专注于视频图像分析、云计算技术和大数据技术的研究，面向安防领域提供行业领先的云计算和大数据产品。基于先进的云技术架构，面对海量视频图像数据的存储、识别和结构化，云平台能迅速触发数据的"核聚变"，深度挖掘结构化和非结构化数据的价值，提供海量数据的检索处理、分析研判、决策预警。通过不懈的努力，大华大数据研究院的技术得到权威机构认可，自成立以来，已申请 30 余项专利，获得浙江最佳创新软件产品、浙江省科技进步一等奖以及安博会金鼎奖等多项荣誉，并荣登"A&S Top10"产品榜单。截至 2016 年上半年，大数据研究院的产品已经有上百个案例落地，在公安、交通、文教卫、运营商、金融、政企等多个领域得到了广泛应用。特别是在公安行业，大华产品实现了从传统的"看视频"时代转向了"简易搜索目标"时代，协助破获了多起重大案件。

未来，大华将以智能工厂为载体，以关键制造环节智能化为核心，以端到端数据流为基础、以网络互联为支撑，开展基于云计算技术的数据感知、数据存储、数据分析和数据挖掘等大数据研究，开启"互联网＋"的新征程。

三、从以产定销到以销定产

金融危机后，中国的钢铁产业经历了"过山车"一样的发展，在投资的刺激下，巨大的产能释放对市场的供需平衡造成了极大的压力。在全球经济下滑以及欧美债务危机的影响下，新兴市场面临经济增速放缓和高通胀的双重压力，全球钢材市场需求萎缩，出口不振，国内市场受固定资产投资回落的影响，下游钢铁需求减弱。与此同时，钢铁企业为保住市场份额和生产边际效益因素，主动减产意愿不足，在国内外需求减弱的背景下，过快释放的产能使供需矛盾凸显。此外，传统的钢贸行业效率极其低下，交易链条冗长，物流烦琐，成本较高，如何提升卖钢效率成为钢铁行业的转型出路之一。

找钢网创始人王东看准了这一机会，2012 年初在上海注册成立上海钢富电子商务有限公司，5 月推出了找钢网，这是国内成立最早的钢铁全产业链电商平台。

作为一家立志打造中国最大钢铁电商平台的公司，找钢网自成立之初就决心以互联网为手段，通过互联网化的大数据分析，指导钢厂生产，并实现从"以产定销"到"以销定产"的转化，提升钢厂的库存周转率、资金回笼率，推动中国钢铁产业链的优化进程，最终推动上游钢厂的转型升级。

1. 去中介化

1980 年，阿尔文·托夫勒在《第三次浪潮》中提出"去中介化"的预测，指的是"在一个给定的价值链中去除负责特定中介环节的组织或业务流程"。找钢网做的正是让钢铁厂家与用钢企业直接对接，缩减交易次数和物流次数，大幅提升供应链效率。

传统的钢材交易环节有十几个，从钢厂到代理商、中间商，再到零售商、终端用户，每一级销售都会从中赚取差价，关键是效率太低，终端企业要想找到合适的钢材往往需要花费大量的时间和精力。

一般来讲，钢厂和大的代理商之间有着长期稳定的合作关系，作为新进入者，找钢网没有贸然去撼动这种强关系，而是把更多的注意力放在了下游的小微企业身上。因为大企业会采取招标形式，找钢网对他们的价值不大。小微企业的议价能力很差，找钢网通过把大量小微企业的闲散订单聚集起来，去和钢厂议价。从流通总量上看，下游的小微企业数量将近 30 万家，其订单量占国内钢铁市场流通量的 70%，这样的体量给找钢网留下了足够大的市场空间。

（1）提高效率，解决"找货难"的难题

找钢网吸引小微企业的诀窍在于找准了它们的痛点——找货难。过去钢铁行业的销售信息高度分散，每个卖家单独对外发布库存信息和报价，但是各家发布的报价单格式迥异，货物单位、计价方式都不一样，买家对比起来非常麻烦，很难找到性价比最高的钢材。而且购买钢材需要经过比价、议价、询价、锁货等10多个环节，极为烦琐，买家购买一次钢材可能需要花费数小时，效率太低。

为了解决这个难题，找钢网做的第一件事就是标准化和数据化。找钢网开发了一个报价管理系统，将卖家提供的销售信息按照统一的格式输入到系统里，企业提出购买需求以后，直接在系统里查询，几秒钟就能匹配到合适的货源。当越来越多的小企业通过找钢网购买钢材的时候，卖家也开始主动把销售信息发给找钢网，一个专业的行业数据库慢慢建立起来，规模效应也开始显现，买家、卖家越来越多，匹配效率越来越快。

（2）只收佣金，改变盈利模式

在传统的钢贸模式下，代理商和钢厂的合作是买断制销售，一手交钱一手交货，钢材价格涨跌完全由代理商来承担。在钢材市场疲弱的情况下，价格持续下跌，代理商很容易出现亏损，不愿意进货，限制了钢厂的销量。为此，找钢网推出了"保价代销"模式，在钢厂定价的基础上加价约1%的佣金进行销售，钢厂每天重新定价，找钢网与钢厂之间每月按实际销售额结算一次。与传统的代理买断制相比，找钢网的"保价代销"模式，进一步强化了与钢厂的联系，也更有利于做大销售规模，消化钢厂库存。以存货周转率来说，找钢网的平均存货周转天数大约是十天，几乎是普通贸易商的两倍到三倍，所以更多贸易商选择与找钢网进行合作，提高自己的销售能力。总的来说，找钢网把原有的十几个购买环节简化到三个环节——提交需求、提交订单、付款，对钢铁交易链条做了一次明显的优化。

2. 生态化服务

找钢网开始盈利以后，并没有像传统钢贸企业那样被利润迷惑，而是以低佣金的方式不断做大规模，向产业链下游延伸，提供包含物流、金融在内的一揽子生态化服务。

（1）无车承运人模式，促进物流行业转型升级

传统的钢贸物流过于强调运输、仓储等单一环节的部分功能优化，却忽视了整个物流链条的整合，部分企业连最基本的仓储信息化工作都极为落后。找钢网为了进一步提升物流效率，决定开发一款类似于打车软件的APP平台，通过这个平台，货车司机和需要运输的钢材能够完美匹配。2015年5月，找

钢网在上海成立胖猫物流公司，打算凭借移动互联网技术和物流信息云平台，以信息化手段实现对订单流、运输流、账单流和第三方物流车辆的集中管理。

找钢网最大的优势是拥有大量上游订单，2013 年找钢网第三方平台的交易量达 540 多万吨，钢厂直营交易量近 50 万吨；2014 年，找钢网总计完成交易量 2042.5 万吨，交易额 688 亿元，其中撮合交易 1738.5 万吨，交易额 593 亿元，商城交易吨数 304 万吨，营收近 95 亿元。高成交量让找钢网拥有了订单集中化和整合第三方物流的能力。通过把零单拼起来，胖猫物流就能获得比较高的利润，不仅为零售商找车提供了便利，还能部分解决货车空驶的问题。同时，胖猫物流强大的在线化能力和内部强大的订单处理系统，真正为客户提供一站式委托、保姆式服务、在线化跟踪等服务，有效地帮助客户和承运商规避了运输过程中的可控风险，为物流市场的高效运作以及整个行业的可持续发展作出应有的贡献。

☀ 专栏 5−1

胖猫物流助推钢铁企业供给侧改革

2016 年上半年，攀华和深陷亏损已久的重钢签订"来料加工协议"，攀华提供重钢生产过程中所需的主要原材料，重钢按双方签订的协议合同约定执行，攀华负责物流运输和加工、销售。然而重钢年产量在 600 万吨左右，攀华年销售量仅 300 万吨左右，还剩约 300 万吨的库存积压。为了解决这一难题，攀华与找钢网旗下的胖猫物流合作，双方在重庆共同出资设立全新的"互联网＋物流"电商公司，致力于重塑西南物流行业，从钢铁物流入手、拓宽渠道，以此推动化解产能过剩和降本增效的供给侧改革。

通过与胖猫物流的合作，不但解决了物流运输问题，还能销售掉重钢富余的 300 万吨产量。目前，重钢每个月通过找钢平台的交易量在 10 万～15 万吨。由此，通过"找钢＋攀华"的战略合作，重钢已顺利实现降本增效和扭亏为盈，这正是新旧产业融合、反向助推供给侧改革的典型。

（2）胖猫白条，回归金融服务本质

曾深陷钢贸危机的钢铁行业面临信用缺失的挑战，几乎所有的传统金融机构都是"谈钢色变"。基于多年的运营数据，找钢网充分掌握着活跃交易客户的交易情况、资金状况、日常经营情况等。2014 年 9 月，找钢网推出了胖猫白条服务，其风控手段是线下走访与线上数据、第三方征信数据相结合，通过对采购频次、单价、品类、金额等十几个维度进行评分，最后相加得出的综合分数超过一定分值后，才可以成为白条客户。通过风控建模和大数据信用评分，胖猫白条为优质采购商提供一定期限的"先提货、后付款"的信用赊购服务，便于客户在找钢网上快速买货。

一般来说，找钢网给优质的零售商提供 7 天到 15 天、10 万元到 30 万元的授信，零售商先把货拿走，以后再付货款，找钢网按天收取利息，和起借期限至少一个月的同行拆借或高利贷相比，零售商能省不少利息。截至 2016 年 9 月，找钢网平台上活跃买家 6 万，白条准入客户超过 600 个，平均用款周期是 7 天。

（3）让中国钢材走出国门

除了深耕国内市场以外，找钢网也布局了海外业务，尤其是"一带一路"战略实施以来，找钢网加快了国际化步伐。目前，找钢网已在韩国、新加坡、越南设立了分公司，将钢铁电商零售模式拓展至跨境业务。通过与钢厂的紧密合作，搭建特有的海外钢材分销渠道，帮助国内钢厂实现设库前移，不但促进了国产钢材的海外销售，提高了出口利润率，而且大幅降低了反倾销指控风险，让中国钢材能更有尊严地走出国门。

目前，找钢网的全产业链业务已拓展到一站式信息化仓储加工服务、第四方物流平台、互联网金融以及国际电商等。自创业以来，平台交易量始终保持迅猛的发展态势：2016 年，找钢网实现钢铁总交易量 3600 多万吨，总交易额 980 多亿元。找钢网的发展极大地帮助了中国钢铁行业的转型升级，有利于重塑钢铁行业信用体系，对国内钢厂走出国门，在国际竞争中占据有利地位起到显著促进作用。

四、数据驱动智慧物流

2016 年 11 月 11 日零点的钟声刚刚敲响，在佛山芦苞镇打工的黄先生便把自己提前放入购物车的榨汁机下单付款，0.9 秒付款成功，菜鸟仓配系统接到订单后迅速打包，6分51秒商品从仓库发出，当黄先生还在"血拼"的时候，菜鸟联盟成员EMS（邮政特快专递服务）的快递员已经敲响了他的房门，13分19秒商品签收成功。

2016年"双十一"已经是菜鸟网络经历的第四次大考。包裹订单从2013年的1.56亿元、2014年的2.78亿元、2015年的4.67亿元，再到2016年的6.57亿元，从原先的拥堵"爆仓"、用户体验差到现在的井然有序、惊喜不断，菜鸟用"数据+智能+协同"展现了智慧物流的无穷潜力。

1. "双十一"完美收官

"双十一"的火热使得物流压力暴增，对任何一家物流公司而言都是一个极大的挑战。成立三年来，菜鸟积极投身于"互联网+"物流的创新大潮，以改善消费者体验为核心，通过数据赋能合作伙伴，通过标准引导行业升级，通过协同实现合作共赢，提高了物流服务品质，也进一步提升了影响力和美誉度，不仅为"双十一"顺利收官画下了圆满的句号，也推动了物流行业降本增效。总的来看，菜鸟物流的运行呈现以下特点：

（1）规模再攀新高

"双十一"当天，菜鸟网络物流订单量达6.57亿单，同比增长40.5%，再次创下历史新高，全天订单量相当于2005年首次开展快递行业统计时全年业务量的3/4。

（2）效率不断提升

物流全链路时效同步加快，"双十一"第一单包裹极速送达，从发件到签收仅用13分钟，农村淘宝首单不到1.5小时，跨境进口首单仅用28分钟。物流时效逐年提升，发货、签收1亿包裹订单仅用了12小时和84小时，较上一年耗时分别减少了25%和8.7%。截至11月15日凌晨，6.57亿物流订单中将近九成已发货，将近2亿消费者已收到包裹，比上一年又快了两天。

（3）体验更加出色

根据第三方调查反馈，"双十一"当天消费者满意度达81.8%，与正常水平基本一致，没有出现因快递量激增而服务质量大幅下滑的现象。截至11月12日下午6时，已有270个城市、1000多个区县的消费者签收包裹，享受到了菜鸟联盟提供的当日达和次日达服务。首次加入"双十一"的手机软件

"菜鸟裹裹"受到消费者青睐，跃居苹果手机软件排行榜第三位，成为唯一入榜的物流速递类软件。

2. 大数据助力高效物流

2016年"双十一"，菜鸟网络物流服务全面提升的重要原因是，以大数据为代表的智能技术得到广泛应用，推动以开放式共享平台为基础的物流模式日臻成熟。借助技术、服务、协同、管理等全方位能力的提升，菜鸟网络向全社会展现出了智慧物流的强大潜力。

（1）技术升级

2016年"双十一"，菜鸟电子面单行业使用率达到80%，实现了物流快递全程"一单制"，为智能化和自动化分拣设备推广打下了扎实基础。多家快递公司表示，往年不到2000万单就会发生"爆仓"，今年作业量尽管更大，但现场井然有序，未出现包裹严重积压的问题，关键是菜鸟电子面单发挥了重要作用，大数据智能分单系统让工作效率提升了2倍，与传统的人工分拣相比，电子面单省钱、省时、省人。

菜鸟网络还开发了"智能服务宝"，充分利用菜鸟电子面单、快递员轨迹等大数据系统，并植入机器人语义识别、时效预测等技术，解决了95%以上的基础服务请求量，为消费者提供了更方便、通畅、高效的服务渠道。依靠这套物流客服平台，快递公司协同管理了超过8000家网点，支持近2万名服务人员同时上线。据反馈，目前在线人工接起率超过96%，合作快递公司电话接起率也在85%以上，较上一年提高45个百分点以上。服务效能提高的同时，快递服务成本也将大幅降低，预计每年可节省近3亿元。通过技术创新，菜鸟网络正引导传统物流业从劳动密集型向技术密集型转型。

（2）协同发展

菜鸟坚持打造开放型平台，将第三方快递公司、落地配送公司、仓储公司整合起来组建菜鸟联盟，通过汇聚分散的社会资源，提高各环节协同化程度，推动传统物流从小、散、弱向特、专、精发展。目前，菜鸟合作的快递公司15家、落地配公司20余家；通过自建、共建、租赁等方式，聚集了460万平方米的仓储资源。在菜鸟的努力下，全国快递平均时效减少至2.6天，发达地区1.9天。

在"双十一"期间，菜鸟联盟表现突出，通过大数据预测、多地分仓和就近配送，实现了社会化物流资源的高效协同。菜鸟联合快递企业推出聚单直发，由商家直接出货发往目的地，目前已有数百个商家与快递公司开展此项合作，"隔日达"达成率较未参加此项合作的商家高13.8个百分点。

（3）绿色环保

自成立以来，菜鸟始终以推动可持续发展为己任，主动联合32家物流合作伙伴成立了菜鸟绿色联盟，实施绿动计划，推动物流行业减少能源消耗和环境污染。菜鸟支持开发并应用了可降解快递袋、无胶带纸箱等多种绿色包装材料；仅在快递业推广电子面单，每年单节约纸张消耗价值12亿元。

（4）开放合作

菜鸟配合国家对外经贸战略，提供仓配一体＋跨境运送的"环球无忧"系列服务，建设跨境物流大通道，支持国内外向型产业发展，满足居民消费升级需求。目前，已开辟美、欧、韩、日等跨境专线16条，接入全球仓150个，服务覆盖224个国家和地区。

（5）共享发展

菜鸟积极构建面向"三农"的综合服务网络，努力使广大农村地区能够把握和享受到互联网带来的机遇与便利。菜鸟启动了"县域智慧物流＋"工程，创新农村物流服务，发展农村流通新渠道。目前，菜鸟农村物流已覆盖500个县，2.2万个村，推广集货模式可降低农村物流成本50％以上。

经过3年的时间，菜鸟已逐步建立起一张从全球到中国、从城市到农村、从干线到末端的电商物流服务网络，覆盖18万个快递网点，创造超过170万个就业岗位，日均单量近5000万件。

五、一切才刚刚开始

当前，新一代信息技术革命浪潮催生的"互联网＋"，自从被写入《政府工作报告》后，正日益成为"双创"和中国经济新旧动能转换的一个强有力的加速器。随着"大众创业、万众创新"的持续推进，一个基于互联网和新消费理念成长起来的新动能，成为中国经济增长的新引擎。

越来越多的中国企业从过去的跟随者、模仿者走到了创新的前沿，成为国外公司模仿的对象。正如英国《金融时报》在报道中列举的一样：脸书从微信汲取"红包"灵感；顺丰快递的无人机送货领先于亚马逊；华为早于苹果使用双摄像头；滴滴出行在中国市场上以更细致的服务打败了 Uber（伏步）。如今非常火爆的共享单车，更是让全球都为中国的创新企业点赞。新加坡《联合早报》评论称，来自中国的共享单车摆脱了以往印象中"Made in China"的廉价标签，独一无二的外观设计、匠心打磨的制造工艺以及过硬的质量品质，打造了中国制造业"新名片"。

我们所看到的只是众多创新案例中的一部分，还有大量的隐形冠军在默默地成长，可挖掘的创新潜力还很大。值得庆幸的是，这一切才刚刚开始，中国新动能的星星之火已经点燃，未来必将形成燎原之势。

第六章

分享的故事

今天的中国，分享经济的影子几乎无处不在，网上约车、扫码骑车的大有人在，在手机上下单订餐的人比比皆是，分享经济正在迅速渗透到经济社会活动的方方面面。随着改革创新的深入推进，分享经济的发展环境日趋向好，未来仍将保持高速增长态势。

一、为何分享与分享什么

与快速发展的实践相比，分享经济理论研究显得有点儿"捉襟见肘"，许多参与其中的人甚至并不知道原来这就是分享经济。目前理论界关于分享经济的描述并没有一个统一的说法。就词语本身来说，与分享经济内涵接近的词语有许多个，如共享经济、协作经济、点对点经济、按需经济、零工经济等。即便人们对分享经济的描述角度各异，内容千差万别，但当我们拨开层层迷雾，本着求同存异的态度就会发现，人们对分享经济认知中事实上蕴含着一些关键的共同点：暂时闲置的资源、互联网平台、提高了资源利用效率、获得了经济上或精神上的回报、为社会作出了积极的贡献。

在理解什么是分享经济时，我们还应当注意到，分享经济的普遍性，不仅是生活服务领域，制造业、农业都开始出现分享经济的身影。因此，给分享经济下一个标准的定义很难，但可以从不同的角度进行探索。

如果按照分享的内容来划分，其内涵有狭义和广义之分。狭义的分享经济主要指单个自然人之间借助互联网平台，对自己所拥有的物品进行的租赁交易。其实质就是闲置资源的出租再利用，并且属于典型的一对一、个人与个人之间的交易。

广义的分享经济则涵盖更多的内容，一是可分享的资源迅速扩大，二是参与主体也不局限于个人。从分享的对象看，不仅仅是看得见摸得着的实物资源，还包括资金、时间、劳务、知识技能、生产能力等。个人的兴趣爱好、特殊体验和心情，也都可以通过微博、微信、QQ 等社交平台分享，这类活动也可归为分享活动，当然这类分享的目的并不在于获取收益，而是在于得到更好的社交体验。从参与主体来看，广义的分享经济参与主体还包括企业和社会组织等机构，如公司能够通过互联网将多余的办公场地和闲置设备出租出去。从模式上看，广义的分享经济绝不再仅仅是"以租代买"那么简单。

我们还可以将分享经济活动区分为完全分享和不完全分享。在完全分享模式下，平台本身不提供任何产品或服务，仅仅为海量的供需双方提供撮合、配对服务。比如，滴滴出行平台上的顺风车就是典型的例子。与之相比，其他的分享经济活动都可以称为不完全分享，也可以分为多种情况。一种情况是，平台本身提供产品或服务，如共享单车；还有一种情况是，供需双方的数量有限，比如一个需方对应多个供方，如众创平台、粉丝经济都属于这一类。

无论哪种划分方法，无论怎么定义，分享经济活动本身都至少包含以下三个方面的基本内涵：

（1）新的经济形态

虽然基于邻里和熟人社会的分享行为存在已久，但只有在互联网（尤其是移动互联网）、宽带、云计算、大数据、物联网、移动支付、基于位置的服务（LBS）等现代信息技术及其创新应用得到快速发展之后，现代意义上的大规模分享经济活动才真正成为可能。

（2）新的资源配置方式

面对资源短缺与闲置浪费共存的难题，分享经济借助互联网能够迅速整合各类分散的闲置资源，准确发现多样化需求，解决供需双方之间的信息不对称问题，从而实现供需双方快速匹配，并大幅降低交易成本。

（3）新的消费理念

工业社会强调生产和收益最大化，崇尚资源与财富占有；信息社会强调以人为本和可持续发展，崇尚最佳体验与物尽其用。分享经济集中体现了新的消费观和发展观。

二、所有能分享的终将被分享

当前分享经济的触角已经进入各个行业，吃喝玩乐、衣食住行，只要人们愿意，都可以在手机上下载到相应的 APP。人们可以随时通过"滴滴出行""神州租车"找到专车服务，可以利用"途歌"开走停在路边的共享汽车，也可以通过手机扫描二维码，骑走靠在地铁站边上的共享单车；人们也可以在旅行中，通过"途家网""小猪"找到个性十足的民宿，不必去住千篇一律的酒店。如果你愿意的话，甚至可以通过"回家吃饭"去陌生人家里"蹭饭"。人们已习惯，甚至离不开这种"呼之即来，挥之即去"的服务。市场调查公司 KurunData 最近发起的一项网络调查显示，71.8% 的市民已使用过共享单车。其中，上海使用共享单车者占比最高，占受访者的 86.5%；北京和广州紧随其后，分别为 83.5% 和 82.5%。

在分享的大趋势下，共享衣橱、共享洗衣机、共享车位、共享雨伞、共享充电宝、共享篮球等也开始逐渐渗入人们的日常生活。试想一下，当你只带一部手机就能够在城市里无障碍地生活，还有什么不能分享呢？

☀ 专栏 6 - 1

我们身边有哪些精彩分享

（1）滴滴出行：一站式多元化出行平台

滴滴出行在中国 400 余座城市为近 3 亿用户提供出租车、专车、快车、顺风车、代驾、试驾、巴士和企业级等全面出行服务。

（2）ofo：共享单车

以"共享单车"为核心产品，基于移动 APP 和智能硬件开发，是目前国内知名的城市交通代步解决方案，为用户出行提供便捷经济、绿色低碳、更加高效率的共享单车服务。

（3）途歌：汽车分享

基于移动互联网的汽车共享出行平台，为用户提供城市内的即时、短程出行服务。

（4）猪八戒：分享知识技能

作为专业技能分享经济平台，猪八戒网聚集了超过千万专业技能人才和机构，为企业提供标识设计、编程、知识产权、财税等全生命周期服务。

（5）小猪短租：短租民宿

致力于挖掘潜力巨大的房屋闲置资源，搭建一个诚信、安全的在线沟通和交易平台，为用户提供短租住宿服务的互联网平台。

（6）名医主刀：移动医疗手术平台

平台会聚了国内外顶级名医和床位资源，利用互联网技术实现医患精准匹配，帮助广大患者在第一时间预约到名医专家进行主刀治疗。

（7）分答：付费语音问答平台

帮助用户快速地找到可以给自己提供帮助的那个人，用一分钟时间为用户答疑解惑。

（8）硬蛋科技：硬件创新供应链资源链接平台

提供以智能硬件供应链为核心的服务，帮助把创意变成产品。致力打造一个全球最大的智能硬件产业生态系统。

（9）闲鱼：二手物品交易平台

鼓励用户将不再需要的二手衣服上传并添加原价、现价、尺寸规格等相关介绍，被购买者相中后即可在线交易。

（10）ClassPass：分享健身场所

会员可以使用一卡用遍一定范围内所有的健身设施。

（11）来电科技：分享充电宝

致力于研发高端智能硬件和软件于一体的手机智能充电产品，借助互联网，将移动能源智能化、交易开放化及共享化，从而实现城市能源智能化。

（12）UU 伞：分享雨伞

它是一家专注于提供伞共享 APP 的服务企业，致力于为客户提供快捷方便的伞共享服务。

随着分享活动的日渐普及，分享经济的规模效应开始显现，在培育经济发展新动能、引领创新、带动就业等多个方面开始发挥重要作用，成为新常态下我国经济转型发展的突出亮点。国家信息中心分享经济研究中心发布《中国分享经济发展报告2017》显示，2016年中国分享经济市场交易额约为34522亿元，比上年增长约103%。其中，生活服务、生产能力、交通出行、知识技能、房屋住宿、医疗分享等重点领域的分享经济交易规模共计达到13659亿元，比上年增长约96%；资金分享领域交易额约为20863亿元，比上年增长约109%。具体数据如表6-1和图6-1所示。

表6-1　　　　　　　　2016年中国分享经济重点领域市场规模

领域	交易额		
	2015 年	2016 年	增长率
知识技能	200 亿元	610 亿元	205%
房屋住宿	105 亿元	243 亿元	131%
交通出行	1000 亿元	2038 亿元	104%
生活服务	3603 亿元	7233 亿元	101%
生产能力	2000 亿元	3380 亿元	69%
医疗分享	70 亿元	155 亿元	121%
资金	10000 亿元	20863 亿元	109%
总计	16978 亿元	34522 亿元	103%

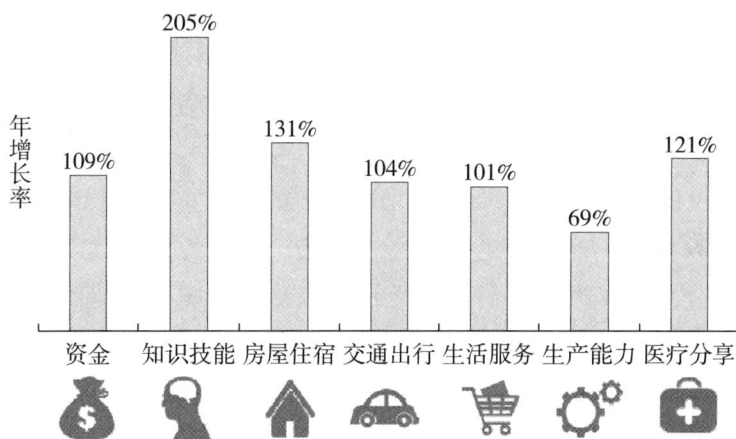

图6-1　2016年分享经济重点领域市场交易额增长率

与互联网行业投融资相对趋冷的大环境不同，分享经济企业的融资规模继续保持大幅扩张。2016年分享经济融资规模约1710亿元（见图6-2），同比增长130%。其中，交通出行、生活服务、知识技能领域分享经济的融资规模分别为700亿元、325亿元、200亿元，同比分别增长124%、110%、173%。

图6-2 2016年中国分享经济重点领域融资规模

从实践发展看，分享经济的崛起也创造了大量的灵活就业岗位。数据显示，2016年我国参与分享经济活动的人数超过6亿人，比上年增加1亿人左右。参与提供服务者约为6000万人，比上年增加1000万人，其中平台员工约585万人，比上年增加85万人。

近年来出现的科技创新"独角兽"企业中，分享型企业往往占到三分之一以上。根据CB Insights（一家风险投资数据公司）公布的数据，截至2017年2月17日，全球独角兽企业共有186家，其中中国公司达到42家（占总数的22.6%），具有典型分享经济属性的公司有15家，占中国独角兽企业总数的35.7%。

但这仅仅是分享经济的开端，未来还会有更多我们想象不到的资源加入，在教育、医疗、养老、保险等领域，分享经济更具发展潜力。这些丰富的分享内容将给人们的生活带来深刻的影响，也将给人类带来不可估量的回报。未来一切可分享的东西都将被分享，分享经济也将真正实现从一个城市逐步扩展到一个地区，进而渗透到整个国家，形成分享的世界。

三、成长的烦恼

所有新生事物都会遭遇"成长的烦恼"，分享经济也不例外。对于中国而言，分享经济的发展还会遇到一些特殊的矛盾和问题。

1. 制度创新滞后

当前，我国分享经济整体上还处于起步阶段，产业发展需要在试错中走向成熟。当前诸多分享经济领域都处于探索阶段和发展初期，其服务和产品的安全性、标准化、质量保障体系等方面仍存在不足和隐患，甚至暴露出不少问题。多数企业并未找到有效的商业模式，同质化竞争普遍，一些领域还处于乱战状态。此外，多数领域的分享经济模式尚无法纳入正常监管体系，在税收、劳动关系、社保等方面还存的问题也未得到妥善解决，亟待通过制度创新补上漏洞。

此外，基于网络平台发展起来的分享经济具有典型的跨领域、跨行业特征，对政府管理与服务创新提出了新要求。当前占主导地位的经济社会管理制度是建立在工业经济和工业化大生产基础上的，强调自上而下的层级管理以及区域、条块分割等管理方式，注重事前审批和准入。分享经济打破了地理限制与行业边界，创新实践的不断涌现给现有的管理体系和制度规范带来了一定的冲击，一些在工业时代适用的制度要求显得越来越不合时宜，迫切需要通过进一步深化改革取得突破与平衡。

2. "政策错位"现象

近年来，国家出台的许多重要文件都明确提出要发展分享经济，但从一些部门与地区出台的具体政策看，往往是强调规范的多、鼓励发展的少，落地实施细则与中央鼓励发展的政策初衷存在错位。以各地出台的网约车管理细则为例，多数城市都从车辆标准、司机资质、平台条件、申请程序、保险要求、顺风车限制等方面细化了国家层面的有关规定，有些城市对司机户籍、车辆轴距、排量、准入年限，甚至揽客区域都进行了过度限制，有些方面背离分享经济的发展规律与内在要求，也与国家包容创新的政策导向相偏离。

客观上讲，面对分享经济的蓬勃发展，政府不适应、老百姓不适应、传统企业也不适应，本质上是传统的生产关系不适应信息生产力的矛盾。与工业化发展初期类似，当前分享经济发展遇到的政策和制度障碍，反映了中国政商关系正处于一个转折期，其对生产方式、组织方式、就业方式产生的巨大影响，使得传统的同质化管理遇到了异质化时代的挑战，在这个过程中，往往面临利益格局的重新配置。

主观上看，一些传统经济学家认为分享经济古已有之，不存在新问题，监管部门对分享经济的管理也存在"你套我原来的规则，套不上就违法，套上了就归我管"的错误认识。产生上述想法的原因是多方面的：一是"不懂"，对分享经济缺乏正确的认知，习惯于用传统的思维和方式对待新技术、新业态、新模式；二是"不敢"，在原有法律法规框架下，创新发展与依法行政之间容易出现矛盾，所以"只要不出事，宁愿不办事"；三是"不愿"，分享经济也是一种新的财富创造与利益分配机制，在一些领域还会对传统利益格局带来明显的冲击，不愿改变既有习惯就显得很普遍了。

3. 法律法规不适应

当前分享经济平台企业的法律地位和责任界定仍然不清，平台的性质认定、行业归类、劳资关系、从业者和平台的税收征缴等尚无明确规定。在这种情况下，如若不对现有不合理的法律法规加以修订，就会导致大量的分享经济活动处于灰色地带，甚至有"违法"嫌疑，面临随时可能被叫停的风险。

出现上述难点的原因，一是分享经济活动作为新生事物，发展变化快，法律法规跟不上实践发展是一个客观事实。二是分享经济的跨地区、跨行业特征，与数量巨大的行业性、地区性法规产生明显冲突，既有法规的修订量大面广，难以在短期内完成。三是对于能够已经看得清楚，客观上也能够尽快修改完善的法律法规，也存在主观能动性不足的问题。

4. 公共数据获取难

从根本上说，分享经济是一种数据驱动的经济。在交易双方身份识别、信用认证等方面都离不开公共数据的支撑，尤其是一些与个人信用相关的关键性数据，掌握在相关政府部门和公共机构手中。当前，企业获取公共数据的渠道偏少、成本过高，不仅自身业务发展受到牵制，也不利于监管。究其原因，公共数据开放共享的深度和广度尚不能满足社会需要。

5. 统计监测体系亟待建立

现有统计体系难以界定和衡量分享经济发展的规模、水平、速度和对经济增长、就业等的实际影响，在一定程度上影响人们对分享经济发展的判断以及相关部门的政策制定。就建立分享经济统计监测体系而言，当前仍然存在一些难点。

（1）界限模糊：行业无法分类

一般而言，分享经济活动具有参与者分布广泛分散、业态跨界融合、组织边界模糊、就业灵活、非正式等特点。现有的国民经济行业分类体系无法按照行业、领域、法人（机构）与分享经济活动一一对应，自然也很难对分享经济活动进行精确统计。

（2）指标缺失：数据无法统计

虽然分享经济仍处于产业发展初期，但已经迅速渗透到多个领域，既有汽车、房屋、办公空间、衣服等实体物品的分享，也有知识、经验、技能等虚拟物品的分享。虽然平台企业拥有完整的交易数据，但由于行业差异性较大，统计口径多样，很难形成一套标准的统计指标体系，传统的数据收集和抽样办法也不能完全适应新业态的发展。

（3）评价缺失：价值无法衡量

分享经济的主要贡献体现在资源的有效利用和社会福利的改进上，现有的 GDP 核算方式无法测度分享经济带来的闲置资源的充分利用、经济运行效率的提升、产业结构升级以及创新能力的提升等。用户通过参与分享而降低的消费成本、赚取的收入、体验的改善也不能得到有效体现。

四、拥抱分享

分享经济是信息技术革命与人类社会发展需求相适应而产生的必然趋势，

这种创新对经济社会发展带来的深刻影响还没有完全显现出来，有待进一步研究观察。对既有行业乃至整个社会秩序带来的冲击在所难免，其自身在发展过程中也必然会存在一些问题，需要认真对待并逐步解决。

1. 鼓励创新与规范发展

当前，分享型企业处在创新第一线，对市场需求把握准确，不断创新的商业模式极大地提升了资源配置效率和用户体验，较好地满足了市场需求。但是，在实践层面也存在发展不规范、有损群众财产安全的问题企业。对政府来说，既要为分享经济发展创造宽松环境，又要完善依法监管措施，做到"鼓励创新"与"规范发展"并举。创新性的商业实践通常都是领先于制度与法律进程，尤其是在分享经济发展初期，多数企业和产业发展仍处在创新探索阶段。

面对分享经济发展带来的挑战，相关部门需要准确判断和顺应经济社会发展大势，不能强迫新生事物符合旧的制度框架，需要给创新留有试错的空间。比如，政府可以在建立和完善补位性、底线性和保障性的制度和规范等方面多做一些工作，在问题没有充分暴露之前，可以多观察一段时间，让监管手段慢半拍再上去。同时，对于已经明显阻碍分享经济创新发展的政策和制度，应以开放包容的态度抓紧修改完善，清理制约分享经济发展的行政许可等事项，打破政策"玻璃门"。

2. 新旧业态利益平衡

分享经济发展大大降低了诸多行业的进入门槛，分享型企业拥有显著的成本优势、创造无限供给的能力、趋近于零的边际成本，使传统企业面临巨大竞争压力。在部分领域，分享型企业的进入及其快速扩张的发展态势冲击着原有的商业逻辑和经济秩序，直接引发了社会财富和利益的重新分配，不可避免地会遇到来自传统行业的质疑和阻挠。但这都是新业态发展过程中的正常现象，任何事物都是相对的，新旧业态绝非"你死我活"，融合发展是主基调。

对传统企业而言，应该认识到分享经济会给自身带来一定的冲击与挑战，但更多的还是新的发展机遇。当前，越来越多的企业正在采取不同策略适应并积极参与分享经济，获得新的竞争优势。如海尔集团提出了"人人创客"的转型战略，通过互联网平台与数十万用户实时互动，提取用户对产品的共性需求，利用众包平台 HOPE，对接全球超过 100 万个专家和上千家研发机构，努力推动海尔从制造产品向制造创客转型，以满足当前需求个性化、生产分散化的市场新动向。总体来看，鼓励新旧业态错位竞争、相互补充，或许是妥善处理利益平衡矛盾的新路子。

3. 既要"走得快"，也要"走得远"

分享型企业要想立于不败之地，不能一味追求经济效益，应该坚持以"用户为中心"，依靠价值创造来获取可持续发展能力，真正做到既能"走得快"，又能"走得远"。在发展过程中，企业应加强自我监督，主动履行社会责任，不能因为当前存在制度缺失或管理的灰色地带就放松对自身的要求，更不能以侥幸心理利用制度漏洞获取不正当收益。从国外经验看，加强自我监管不仅有助于企业获得公众信任和塑造品牌，对于政府完善相关制度进而推动行业健康发展也具有重要意义。如美国的 eBay（易贝）公司，在国家缺乏在线交易市场监管法规的情况下，自己制订了一系列规则，很多都成为后来国家制定正式法规制度的重要参考和依据。对分享型企业来说，也要发挥自身发展过程中积累的经验和数据优势，为政府决策提供重要依据。

4. 理论要回应现实

在分享经济活动中，平台所扮演的角色早已经超出了"撮合""配对"这一最初的定位，它不仅仅提高了供需的精准匹配效率，还使得消费者与生产者的边界日渐"模糊"，用户在享受分享经济提供的产品或服务的同时，也可以通过平台向其他用户提供相应的产品或服务，产消融合是个必然趋势。

分享经济的高速增长正在孕育形成自由灵活的新型就业形态。越来越多的人正在从劳动雇佣关系走向劳务合同关系，从雇佣式就业走向创业式就业，从泰罗制的管理走向平台化的协同，从全职全时工作走向兼职分时工作，从机械的流水线作业走向自由灵活的"云上"作业，"公司＋员工"的组织模式将逐渐被"平台＋个人"所替代。由此带来了社会劳动保障、税收缴纳、统计监测、对就业总量与结构的影响等一系列问题，都需要在理论层面予以研究和回答。

五、分享的未来

未来几年，随着技术创新应用加速、认知水平不断提高、政策环境日益完善，中国分享经济将呈现一些新的发展趋势。

1. 高速增长

在过去的两年里，分享经济的迅猛发展，吸引了社会各方的高度关注，中央高层领导多次对分享经济活动点赞，鼓励分享经济发展的国家政策密集出台，为分享经济发展带来明显的政策红利。2016 年 3 月，分享经济首次写入《政府工作报告》，明确要"支持分享经济发展，提高资源利用效率，让更多人参与进来、富裕起来"，同时提出"以体制机制创新促进分享经济发展"。随后发布的《国民经济和社会发展第十三个五年规划纲要》提出："促进'互联网＋'新业态创新，鼓励搭建资源开放共享平台，探索建立国家信息经济试点示范区，积极发展分享经济。"2016 年 7 月，《国家信息化发展战略纲要》发布，强调要"发展分享经济，建立网络化协同创新体系"，分享经济成为国家信息化发展战略的重要组成部分。2017 年 1 月，国务院办公厅发布《关于创新管理优化服务培育壮大经济发展新动能加快新旧动能接续转换的意见》，明确提出"以分享经济、信息经济、生物经济、绿色经济、创意经济、智能制造经济为阶段性重点的新兴经济业态逐步成为新的增长引擎"。

与此同时，消费、物流、交通、制造业等相关领域新出台的政策文件中，也明确提出了鼓励分享经济发展的建议，为分享经济向更广领域拓展、更高层次发展、更多群体参与创造了良好环境。

地方政府对分享经济的认识也在不断加深，发展分享经济的决心越来越坚定。江西省、浙江省、海南省、河南省等在"十三五"国民经济与社会发展规划中明确提出要支持发展分享经济。一些地方开始率先出台鼓励分享经济发展的专门文件，如重庆市出台了《关于培育和发展分享经济的意见》，部署了产能设备、科研仪器、紧缺人才、知识技能、教育资源分享 5 大工程，明确到 2020 年成为全国领先的分享经济高地。

随着分享经济活动日渐普遍，相信未来将有越来越多的部门和地方出台加快分享经济发展的专项文件。《中国分享经济发展报告 2017》显示，预计未来几年，分享经济仍将保持年均 40% 左右的高速增长，到 2020 年分享经济交易规模占 GDP 比重将达到 10% 以上，到 2025 年分享经济规模占 GDP 比重将攀升到 20% 左右，未来十年中国分享经济领域有望出现 5～10 家巨无霸平台型企业。越来越多的企业与个人将成为分享经济的参与者与受益者。

2. 加速融合

在经济结构转型升级和新旧动能转换的关键阶段，积极利用分享模式，全面改造提升传统动能、淘汰落后产能、扩大有效供给、推动传统产业迈向中高端的需求越来越迫切。随着宽带中国战略和智能制造 2025 的深入实施、"互联网＋"的广泛应用、供给侧结构性改革的推进，未来几年分享经济与实体经济的融合进程将不断加快。

从广度看，分享经济新业态新模式将在各个领域迅速普及应用。预计未来几年，在产品、空间、资金、知识技能、劳务、生产能力等领域将出现越来越多的新型平台企业。

从深度看，分享经济与实体企业的融合将体现在技术融合、产业融合、数据融合、产消融合、虚实融合等诸多层面。分享的基因将越来越多地注入实体企业的创立、用工、研发、设计、生产、销售、服务等各个环节。

制造能力的分享将成为融合发展的重要领域。国务院发布的《关于深化制造业与互联网融合发展的指导意见》布局了到 2025 年的发展任务，明确要求推动中小企业制造资源与互联网平台全面对接，实现制造能力的在线发布、协同和交易，积极发展面向制造环节的分享经济。目前制造业领域的分享经济刚刚起步，未来几年有望迎来爆发式增长。

3. 全球化布局与生态化扩张

一些平台企业正在加速全球化布局和生态化扩张。以十分火热的共享单车为例，作为中国本土创新的最新案例，共享单车不仅以蓬勃强劲的发展态势在中国市场迅速兴起，更是纷纷走出国门，在更加广阔的海外市场开展运营。2016 年年底以来，摩拜、ofo 等中国共享单车企业相继在新加坡、美国、英国等地落地运营，受到许多外国用户青睐。在 3 月中旬举办的 2017 年美国 SXSW 科技展上，来自中国的共享单车吸引了包括美国奥斯汀市长、英国曼彻斯特市议会领导人在内的众多国际人士的浓烈兴趣，更有大量用户扫码骑行，成为街头一道独特风景。3 月底，在李克强总理访问澳大利亚的同时，来自中国的小蓝单车（Bluegogo）已经向悉尼市政府提交了一份商业案例，迈出了进入澳大利亚市场的步伐。悉尼市长克罗芙·摩尔表示将全力支持自行车共享的理念。美国彭博社评论指出："共享单车的兴起，使中国再次站在这种曾几乎被遗弃的交通方式巅峰之上，摆脱了以往中国创新的'山寨'印象，是完全意义上的'中国式创新'。"

事实上，走出国门的共享单车，只是中国分享经济活力迸发的一个缩影。分享经济是天然的开放经济，一些企业从一开始瞄准的就是全球化，率先探索国际化道路，如"住百家"等。越来越多的分享经济企业开始加速全球化布局，如滴滴出行、硬蛋科技、猪八戒、小猪短租、名医主刀等。

面对新一轮技术产业发展的趋势，大国市场优势、网民红利、转型机遇的三重利好叠加，将大大加快中国分享经济企业从模仿到创新、从跟随到引领、从本土到全球的进程。未来，中国分享经济企业的国际化步伐将不断加快。

生态化扩张成为越来越多平台企业的战略选择。在交通出行、生活服务等分享经济领域，已经开始出现一些巨无霸平台型企业。为了进一步提升自身竞争优势，这些平台企业利用已经掌握的客户资源、用户数据、技术能力开始推进生态化扩张。基于庞大的用户群体和海量大数据的深度挖掘，平台企业将不断拓展业务领域，通过开放平台开展战略合作，逐步打通用户、需求和流量入口，降低用户获取成本，提高用户转换能力，完善线上线下服务。分享经济平台参与主体更加多元、权责更加清晰、合作更为紧密，为用户提供更加多样化、精准化、高效化的增值服务或配套服务，最终形成一个具有高度开放性、动态性、协同性的创新生态系统。

4. 协同监管

2016 年政府工作报告明确提出"以体制机制创新促进分享经济发展"。目前各方面对分享经济的监管理念已经形成初步共识，对底线之上、看得准的新业态要量身定做监管制度，对看不准的技术和业态实行更具弹性和包容性的监管方式。未来较长时期，分享经济治理应以包容创新为前提，一方面引导分享经济自身规范化发展，另一方面创新监管思维、监管模式、监管工具，在建立和完善补位性、底线性和保障性的制度和规范等方面多做工作、多下功夫。

2017 年 7 月，国家发改委等八部门联合印发《关于促进分享经济发展的指导性意见》，明确提出要探索建立政府、平台企业、行业协会以及资源提供者和消费者共同参与的分享经济多方协同治理机制。协同治理是分享经济发展的客观要求，也是必然结果，政府部门、平台企业、产业联盟及行业协会、用户群体等主体应该承担一定的监管责任，也必将发挥重要作用。比如说，分享经济平台可通过建立完善的准入制度、交易规则、质量安全保障、风险控制、信用评价机制、用户信息保护等大数据监管体系，成为协同监管的重要组成部分，也为创新政府监管提供宝贵经验。

监管创新永远在路上，"审慎监管、底线监管、事后监管、协同监管"对引导分享经济健康发展正变得越来越重要。

第七章

创业就业的美好时代

从历次工业革命来看，第一次工业革命实现了机械化，第二次工业革命实现了电气化，第三次工业革命实现了信息化，极大地推动了技术对体力劳动的替代，第四次工业革命是人工智能、机器人、3D 打印和量子计算等为代表的新一轮科技与产业革命，不仅将极大地推动技术对脑力劳动的替代，而且将对就业结构、就业形态、就业质量、就业制度等产生划时代的影响。

一、今天你创业了吗

今天你创业了吗？这是一个创业的美好时代，无论你是返乡的农民工还是刚刚进城的年轻人，无论是在北上广深这样的一线城市还是在偏远小镇，无论是玩高大上的黑科技还是做接地气的农产品电商，互联网的兴起尤其是各类创业孵化平台的发展，极大地降低了创业门槛，让人人创业成为可能。

1. 大众创业的魔力

近年来，随着"互联网＋"与经济社会各个领域的融合，大众创业非常活跃，各类互联网平台成为天然的创业孵化空间。

创办于 2006 年的猪八戒网是中国目前规模最大的众包型服务类交易网站，平台上有超过 1000 万拥有各类知识、技能、经验、信息的"威客"，分享智慧和技能，并赚取报酬。猪八戒网帮助大量个人设计师成长并建立了工作室、小型公司乃至中型公司，使猪八戒网成为了天然的创新创客平台和文化创意产业孵化基地。2014 年 6 月猪八戒网虚拟产业园正式开园，为入驻企业提供工商、税务、银行等一站式注册服务以及相关扶持，截至 2015 年，直接在虚拟园区注册公司的超过 300 家，形成了有名的"威客村"，虚拟园区已成功孵化入驻企业 1500 余家。

根据《中国 90 后移动互联网创业者调查问卷》统计，移动互联网成为 90 后创业的首选，其中社交、购物、视频为主要创业方向。在网商创业领域，在各大第三方电子商务平台的创业就业总体规模大约 1000 万人。在金融、物流、餐饮、住宿、保健、保洁等生产生活领域，各类 O2O 模式的分享经济创新创业热潮也不断兴起，吸引了一大批懂技术、会经营、敢打拼的年轻人投身其中，引领了全社会创新创业的新风尚。

年轻人积极投身创业带动了"独角兽"企业不断涌现。根据 CB Insights 公布数据，截至 2017 年 2 月 17 日，全球独角兽企业共有 186 家，其中中国公司达到 42 家（占总数的 22.6%），具有典型分享经济属性的公司有 15 家（见表 7-1），占中国独角兽企业总数的 35.7%。另外，2016 年知识付费、网络直播、单车分享迎来"发展元年"。截至 2016 年年末，网络直播平台数量约 200 家，市场交易规模约为 350 亿元，用户数量达到 2 亿人。单车分享几乎一夜之间成为市民出行的新宠。

表 7-1　　　　　　全球独角兽企业榜单中的中国分享经济企业

公司	估值（亿美元）	行业
滴滴出行	338.0	需求
陆金所	185.0	金融科技
新美大	180.0	电商/市场
饿了么	45.0	需求
中商惠民	20.0	需求
微影时代	20.0	电商/市场
挂号网	15.0	医疗
优客工场	10.2	房地产物业
货车帮	10.0	供应链与物流
途家网	10.0	电商/市场
新达达	10.0	电商

续　表

公司	估值（亿美元）	行业
融360	10.0	金融科技
魔方公寓	10.0	设备
瓜子	10.0	电商/市场
知乎	10.0	互联网软件服务

2. 大众创业为什么能

近年来，以"互联网＋"为代表的信息技术创新应用为推动创新创业提供了新机遇，降低了商业成本和进入门槛，也吸引了越来越多的人参与其中。

"互联网＋"的创新应用，尤其是分享经济的发展，让创新变得更容易。根据约瑟夫·熊彼特（Joseph Schumpeter）的创新理论，创新方式多种多样，新技术、新工艺、新市场等都是创新，把一种从来没有的、关于生产要素和生产条件的"新组合"引入生产体系中去，也是一种重要的创新方式。"互联网＋"的创新应用，使得生产要素的社会化使用更为便利，企业和个人可以按需租用设备、厂房及闲置生产能力，在更大范围内实现了生产要素与生产条件的最优组合。"互联网＋"为想要创业的人提供了创业所需要的资源和能力，可以减少创业初期投入，创业团队可以更专注地投入到专长的项目中，把有限的创业资金用在刀刃上。"互联网＋"降低了创新创业风险。就像进入高速公路要先进入匝道一样，对于很多创业者来说，互联网平台尤其是分享经济平台提供了低风险的"微创新"通道。所谓"微创新"，指的是创新者在不同市场、不同领域进行模仿，进而实现商业模式的迭代创新。对于这一现象，高瓴资本 CEO 张磊认为，分享经济作为一种发展方向，就是用社会化模式和大数据分析将社会资源更有效率地分配，产生更多创新商业模式。

☀ **专栏 7 –1**

深圳湾创业广场

作为深圳经济特区的"双创"名片，深圳湾创业广场（见图 7 –1）是全

图 7 - 1　深圳湾创业广场

国创新创业的示范基地，助推深圳成为全国创新创业的"领军者"。深圳湾创业广场通过集聚整合创新创业服务资源，营造集"专业孵化 + 创业投融资 + 种子交易市场"三大核心功能和"创业交流 + 创业媒体 + 创业培训 + 公共加速 + 创业公寓"六大重点功能为一体的创新创业生态。深圳湾创业广场设立了深圳湾超级天使投资基金，与深圳湾创业广场互为支撑，通过"合作孵化 + 联合投资"方式，构建"孵化平台 + 天使投资"一体化的业务体系。

目前，创业广场已引入联想之星、腾讯众创空间、3W 咖啡等 45 家一流创业服务机构，涵盖创业孵化、创业交流、创业培训、创业媒体等创业全行业类别资源。其中，飞马旅、联想之星、创新谷获创业广场颁发 2015 年最值得期待孵化器；英诺创业圈、联想之星、创新工场、创新谷、赛马资本的基金入围投中 2015 年最佳天使和早期投资机构 30 强；松禾创新（松禾资本）、启赋材料谷（启赋资本）及中科乐创（中科招商）入围 2015 投中中国最佳 VC/PE 机构 50 强。一流孵化器集聚为优质项目库资源打下基础。自广场开街运营以来，思必驰（C 轮估值 20 亿元）、悦动圈（A + 轮估值 10 亿元）、次元仓（A + 轮估值 3 亿元）等明星项目逐渐壮大成为独角兽企业，多备份、初炼、知果果、较真、流米、四个轮子等众多高成长性项目大量涌现。

2015 年 6 月，深圳市政府成功举办了首届深圳国际创客周，主会场设在创业广场，数十个国家 200 多个创客团队、60 多个国际机构和近 20 万市民参与，极大提升了创业广场的知名度，成为高交会后又一科技盛会。2015 年 10 月，由国家发改委牵头举办的"全国大众创业万众创新活动周"深圳分会场也设在深圳湾创业广场，吸引了 13 万多名国内外创客、市民参与，推动创新创业在深圳经济社会发展中发挥越来越重要的作用。

3. 新的职业应运而生

在新一轮技术产业革命的推动下，创造性强的高收入工作机会和体力性的低收入工作机会都会增加，美国劳工统计局预计，到 2022 年，美国新增工作集中在专业医疗护理、金融与教育等部门；根据《世界发展报告 2016》显示，互联网平台为难以找到工作或生产性投入的人带来了更多机会，帮助女性、残障人士、贫困人口等弱势群体能够获得更好的就业创业机会，如在 Elance 自由职业者平台上，有 44% 的全球网上劳动者是女性，印度推出了 Kudumbashree 项目，把信息技术服务工作外包给贫困家庭女性合作社。

尽管人工智能将取代以重复性工作内容和可预测的程序性任务为主的职位，但也会催生许多新的职业。一份美国政府报告预测了可能在未来盛行的四大类人工智能相关工作：使用人工智能系统完成复杂任务的协作性工作（如护士使用人工智能应用常规查房）；开发人工智能科技和应用的研发性工作（如数据科学家和软件研发人员）；监测、授权或修理人工智能系统的监测性工作（如人工智能机器人的修理师）；适应人工智能时代的工作（如建立人工智能相关法律框架的律师或设计适合自动汽车行驶环境的城市规划师）。

二、灵活就业成为年轻人的新宠

发展分享经济是践行就业优先战略的重要抓手。面对经济下行压力、就业供需矛盾，国家"十三五"规划明确提出实施就业优先战略。分享经济的快速成长改变了传统的就业方式，创造了庞大的灵活就业机会，人们可以依照自己的兴趣、技能、时间及其他资源，参与分享活动，以自雇型劳动者身份灵活就业。调研和测算数据表明，分享经济的就业弹性系数明显高于传统产业部门。

分享经济带来了就业新形态，就业是 2016 年经济发展最好的底色，全国城镇新增就业 1314 万人，超额完成既定规划目标，分享经济功不可没。2016年我国参与分享经济活动的人数超过 6 亿人，比上年增加 1 亿人左右。参与提供服务者人数约为 6000 万人，比上年增加 1000 万人，其中平台员工数约585 万人，比上年增加 85 万人。相关数据如表 7－2 所示。

表 7－2　　　　　　　　2016 年中国分享经济重点领域的参与者人数

领域	参与人数（人）	其中	
		提供服务人数（人）	平台员工数（人）
生活服务	5.2 亿	2000 万	341 万
生产能力	900 万	500 万	151 万
交通出行	3.3 亿	1855 万	12 万
知识技能	3 亿	2500 万	2 万
房屋住宿	3500 万	200 万	2 万
医疗分享	2 亿	256 万	5 万

交通出行、房屋住宿、生活服务等领域分享经济的就业贡献表现突出。滴滴出行公布的报告显示，2016 年滴滴出行平台为社会创造了 1750 万个灵活就业机会，其中 238.4 万人来自去产能行业，占比 14%；87.5 万人为退伍或转业军人，占比 5%；每天直接为 207.2 万名司机提供人均超过 160 元的收入。在房屋住宿领域，小猪、途家、住百家等几大平台带动直接和间接就业人数估计超过 200 万人。在生活服务领域，大型外卖平台注册配送员已超过百万。

分享经济将进一步提升就业岗位的创造能力和就业市场的匹配能力，增加大量灵活就业岗位，缓解新一轮技术产业革命下的结构性失业问题（见图 7－2）。预计到 2020 年分享经济领域的提供服务者人数有望超过 1 亿人，其中全职参与人员约 2000 万人。分享经济的发展将有效对冲经济增速放缓、技术进步带来的就业挤压效应。

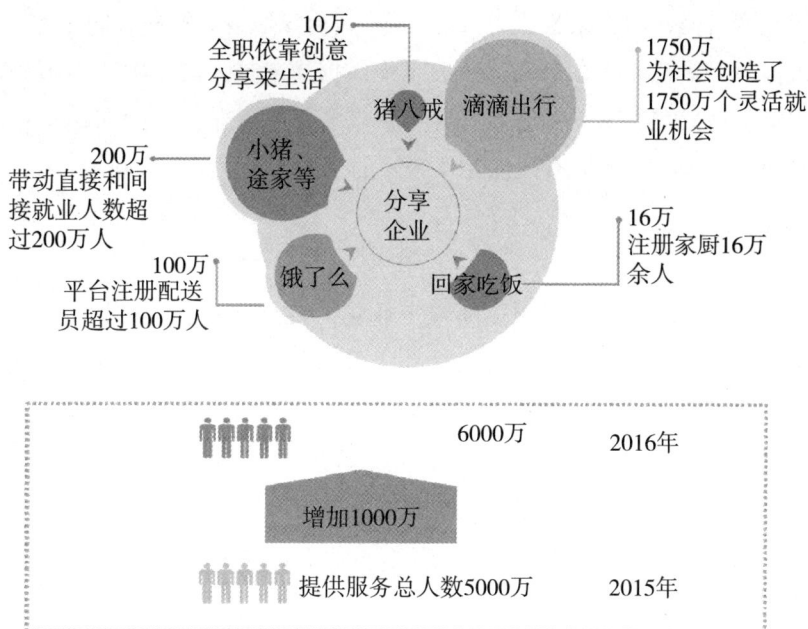

图 7 - 2 分享企业带动的就业机会

1."为自己工作"的自由职业者

中国的年轻人们越来越推崇自由职业。根据2015年《小康》杂志社联合清华大学媒介调查实验室的一项调查，在最受欢迎的职业选择上，自由职业者排名榜首，而不是公务员、事业单位、国企等"体制内"的职业。自由职业尽管存在一定风险，辛苦程度也明显较高，但其较高的收入水平、弹性的工作时间以及较少的人际关系摩擦，使其成为最受欢迎的选择之一。

自由职业的兴起是一个全球性的现象。麦肯锡全球研究院发布的报告显示，到2025年各种在线人才平台有望贡献约2%的世界生产总值，并将创造7200万个就业岗位。《2015年互联网趋势报告》显示，美国自由职业者达到5300万，占总劳动力的34%，包括2100万（40%）独立合同工、1430万（27%）的兼职工、930万（18%）从事多样化的工作，550万（10%）做临时工，还有280万（5%）自由业务的小生意主。这个庞大群体要么是没有稳定雇主的个体户，要么是在业余时间打多份工以增加收入的"兼职客"（moonlighter）。随着信息经济的发展，越来越多的人开始不再将自己束缚于某个公司或者机构，而更愿意"为自己工作"，自谋职业、短期合同工作、非全日制工作等灵活就业将在未来就业形态中占据越来越大的比例。《经济学人》杂志曾形象地形容，未来劳动者的供应像"水龙头的流水"（Workers on Tap）一样方便、可操控，让拥有弹性工作时间的个人获得灵活就业机会。

2. 重新定义工作

纵观全球就业创业发展史，随着工业化的推进与泰罗制的兴起，大企业大工会、流水线作业成为就业特点，个人像机器一样在大规模车间从事高度紧张的流水线作业，个人创新创业的潜能无法得到充分发挥，而信息经济的发展正在孕育形成着自由灵活的全球就业创业新形态。与传统经济相比，信息经济具有突出的就业创造能力，增加了大量灵活就业岗位。

灵活就业正在重新定义工作。随着新业态、新模式的兴起，越来越多的人将从劳动雇佣关系走向劳务合同关系，从雇佣式就业走向创业式就业，从泰罗制的管理走向平台化的协同，从全职全时工作走向兼职分时工作，从机械的流水线作业走向自由灵活的"云上"作业，从办公室与工厂走向更个性化的居家与旅途。与此同时，"公司＋员工"将在越来越多的领域被"平台＋个人"所替代。分享经济的发展让参与者比较自由地进入或退出社会生产过程，减轻了个人对组织的依赖程度，个人的创新创业潜力将从办公室、流水线的束缚中释放出来。越来越多的个人将不再依附于某个特定的企业或机构，分享经济平台将成为灵活就业、个人创业、社会交往的空间。

灵活就业让有一技之长的"手艺人"获得"解放"，不用再像《摩登时代》里卓别林饰演的工人一样，被动地参与到流水线的分工链条中，成为复杂机器的一个螺丝钉，也不用再陷入对雇主的依附性关系中。一个服装设计师，可以通过互联网平台接洽消费订单，直接按照客户的要求设计服装，联系厂家生产、直接配送客户；一个大厨，可以通过平台为顾客提供到家做饭的个性化服务，不仅可以根据客人的口味私人定制，让食客用更低的成本享受私密的就餐空间，也可以直接与客人交流，享受烹调的乐趣。同样，摄影师、美甲师、美容师、画家、健身教练，甚至教师、律师、医生们也可以自立门户，借助移动互联网从而直接为用户提供服务。

人人快递

2007 年人人快递的前身成都亿博物流咨询有限公司成立，2008 年成立四川创物科技有限公司。2013 年人人快递正式上线。截至 2016 年 6 月，人人快递在全国 39 个城市提供同城帮送、帮买、帮忙的服务，自由快递人上百万，注册用户上千万，每天产生几十万个订单。人人快递通过顺路捎带的 P2P（对等网络）众包的模式为用户提供送货、生鲜、下午茶等生活服务，成为目前最火爆的众包服务平台。用户可以通过人人快递移动端，将需求快速精准地推送给自由快递人，自由快递人选择就近订单，及时、精确地为用户提供直送或帮买等服务（见图 7 - 3）。

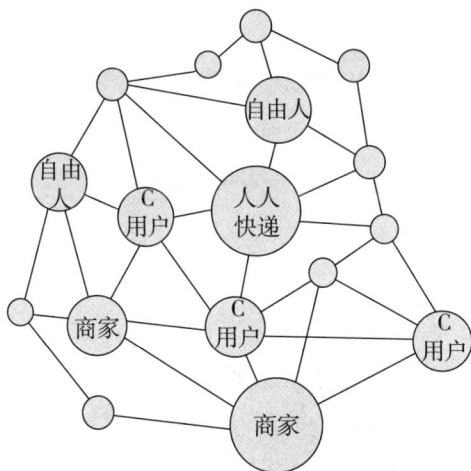

图 7 - 3　人人快递连接图①

人人快递利用人们的闲散劳动力和时间实现同城、社区配送等服务。参与者主要包括"自由快递人"和"用户"："自由快递人"是指年满 18 ~ 55 周岁，通过人人快递平台申请，提交身份证件照片，参加培训并考核通过的众包服务者。成为"自由快递人"后可以利用自己的闲暇时光，随时

---

① 来自企业提供的资料。

随地、顺路帮买帮送并获得报酬，还可以从中扩大社交。"用户"是指下单购买劳务服务的客户，可以享受由专人直取直送、无暴力分拣的精细、生鲜物品及同城代购，以及打扫、搬家、整理资料等生活帮手服务。人人众包快递模式对比传统快递成本更低、取件更快、配送更快，而且种类不受限制，基本可以实现无分拣、不落地，比传统快递业务更便宜、更安全、更贴心。

人人快递的出现不仅为社会上闲散的人力提供了就业机会。还有效地帮助中小型店铺和企业扩大了营业范围，突破了地理位置、店面规模等诸多客观因素的限制，实现产品直销全城。

三、提升创业就业的技能包

第四次工业革命带来的技术创新周期大大缩短、技术创新领域在多个领域爆发、技术应用的广度与深度前所未有，对劳动者的知识技能体系也带来了空前的挑战，无论是在新兴产业，还是在传统行业，劳动者的知识老化、技能错配问题非常突出。

1. 未来需要哪些知识技能

世界经济论坛的研究报告显示，通过对澳大利亚、巴西、英国、中国、法国、德国、印度、美国和南非约9000名16岁至25岁青年的调查，近80%的调查对象表示，技术进步速度太快，所以必须不断学习学校中没有教授的新知识，以保持竞争力，大约四成的调查对象认为，今后10年内机器将胜任他们所做的工作，而发达经济体的年轻人对就业前途更为忧虑。

为了适应第四次工业革命的要求，高速学习、分享教育、跨界整合不仅是基本技能，更是基本素养，可以帮助人们突破传统教育框架，及时自主学习，通过网络平台接受更大范围的新知识与新技能，适应技术与产业快速变革的要求。韩国infollutionZERO基金会主席Park Yuhyun提出未来的劳动者要具备数字化能力，它包括数字化身份能力、数字化应用能力、数字化安全能力、数字化保护能力、数字化情绪能力、数字化交流能力、数字化文化能力、数字化维权能力 8 个能力。此外，与计算机、机器人相比，抽象思维表达与文化情感体验仍然是人类独一无二的优势，因此艺术、体育及文化生活相关的思维意识与能力也是判定未来人才的重要标准。

2. 互联网下的师徒制

有人在预言，"今天大学生进校时学的知识，当他们出大学时都已经过时了。"与过去上了个大学，拿了个硕士、博士就可以吃一辈子的时代不同了，今天每个人都需要不断地学习充电。其实，联合国教科文组织早在 20 世纪 60 年代就提出了"终身学习是 21 世纪的生存概念"。在知识爆炸的今天，终身学习已经变成了与衣食住行一样重要的刚需。尽管党的十八大提出了建成"学习型、服务型、创新型"社会的伟大目标，但现有的教育体系基本上还是为在校中小学生、大学生设计和服务的，终身学习还在破冰阶段。

互联网教育的发展给大规模终身学习提供了全新的解决方案。以慕课为例，慕课教育的理念是"让任何人，在任何时候、任何地方，能够学到任何知识。"教育的地点不一定在学校，在家中用电脑、手机，用碎片化的时间就可以学习。任何人只要拥有一技之长，都可以通过慕课成为"人师"。在慕课基础上，"互联网下的师徒制"具有广泛的发展潜力。与传统的师徒制相比，互联网下的师徒制有哪些新颖之处？一是"新"在规模上。传统师徒制是一个师傅带几个徒弟，而"新师徒制"通过互联网一个师傅可以带几万、几十万个徒弟。二是"新"在师傅的选择上。传统的师傅只能在本企业中挑选，而"新师徒制"的师傅可以在全省、全国甚至在全世界选。三是"新"在师傅的数量上，传统的徒弟只能跟一个师傅，而在"新师徒制"下一个徒弟可以在互联网上跟好几个师傅。四是"新"在激励机制上，传统的师徒之间有直接的利益冲突，所谓教会徒弟饿死师傅，在"新师徒制"下师徒之间物理距离非常远，不容易产生直接的利益冲突，而且慕课平台可以对徒弟收费、给师傅重奖，避免"师傅不愿带，徒弟不愿学"的问题。

四、更多更好的就业创业机会

从技术进步对就业的直接影响来看，机器人、3D 打印、物联网、量子计算等新一轮技术创新应用既直接替代劳动力需求，如在制造业领域的"机器人换人"，也直接创造劳动力需求，如机器人产业、信息产品制造业等新技术产业的发展对专业人才的需求；从技术进步对就业的间接影响来看，新一轮技术创新应用既通过与传统产业的融合，在传统产业创造更多的高质量就业岗位，如医药卫生、管理咨询的劳动需求进一步扩张，也通过扩大消费而创造更多的劳动需求，如消费者用更多的收入购买其他商品与服务产生的需求。以机器人为例，机器人是未来不可或缺的工作伙伴主要体现在：一方面，机器人填补劳动者无法胜任的岗位。先进制造对加工精度和硬度有更高的要求，以至于最熟练的技术工人都无法达到要求，同时，劳动者在一些特殊环境中工作受到严格的法律保护，这些行业和生产环节需要由机器人填补人类不能胜任的岗位。另一方面，开辟劳动者工作新岗位。传统产业转型升级、新兴产业发展创造出新的就业岗位，而这些产业多需要以使用机器人作为支撑，否则这些行业和岗位会由于成本、工艺和技术等原因不存在。同时，机器人产业本身及上下游设计研发、零部件生产、销售和售后服务等环节也创造出新就业岗位。

从长期来看，以机器人应用为代表的智能制造将创造更多的高质量就业机会。根据欧盟委员会与欧洲机器人协会的研究，每个机器人的应用将新增3.6 个就业岗位，包括机器人安装、运行、维护等。正如硅谷风险投资家马克·安德森的判断，"就像现在很多工作在 100 年前并不存在一样，100 年后也会出现更多现在没有的工作机会。"根据工信部《关于推进工业机器人产业发展的指导意见》，初步估算，到 2025 年，按照每万名从业人员使用工业机器人的数量达到 100 台的密度，需要新增 110 万台工业机器人，机器人的安装、使用与维护等将直接带动 400 万个就业机会，机器人及其相关配套产业的发展将间接带动 1460 万个就业机会，共计 1860 万个新型就业机会。从我国机器人应用行业来看，工业机器人的应用主要集中在汽车制造业、电子电气行业、橡胶及塑料行业、铸造行业、食品工业、化工工业、玻璃行业、家用电器行业、冶金行业、烟草行业十大行业，这些行业将成为机器换人的最大受益者。

从历次工业革命的经验数据来看，以英国为例，从 1992 年到 2014 年，技术进步对非常规脑力劳动的影响是强互补的，相应的就业机会增加365%，技术进步对非常规体力劳动的影响是有限地替代，相应的就业机会增加168%，技术进步对常规脑力劳动、常规体力劳动的影响都是显著替代，相应的就业机会分别减少66%、70%，但总就业机会仍然净增加23%，从更长的时间维度看，通过大规模的机器动力普及，英国的就业机会在过去的 150 年增加了 2 倍多。根据麦肯锡2014 年的报告，到2025 年，互联网带来的生产效率提升可减少1000 万到3100 万个岗位，但是互联网带来全新的产品和服务将创造 4600 万个新的工作机会，互联网对就业的增人效应大于减人效应。

党的十八大以来，尽管我国经济下行压力不断加大，但新技术、新产业、新业态创造了大量新型就业岗位，为保障就业优先战略、保持就业基本稳定作出了突出贡献，而背后的原因在于新一轮技术与产业变革使得经济结构进一步服务化，尤其是以互联网为代表的新兴服务业创造了大量的灵活就业岗位。根据麦肯锡的报告，2013 年中国的 iGDP（互联网经济占 GDP 比重）指数达到4.4%，超过美国、德国、法国，已经处于全球领先水平，互联网经济显著提升就业弹性系数，根据麦肯锡对 4800 家中小企业的调研显示，随着中小企业互联网技术的普及，每失去 1 个岗位，就会创造出 2.6 个新的工作机会。以电子商务为例，电子商务为弱势群体创业就业提供了天然的创业就业机会，越来越多的返乡农民、失业人员以及残疾人等弱势群体通过电子商务平台寻找就业创业机会。

第八章

众创空间的兴起

自 2015 年中央政府工作报告首次提出"大众创业、万众创新"以来，年轻人已经成为"双创"大潮中的生力军。为了给这些"创业闯将"们提供更多、更好助力其成长、成才、成功的环境，各地也纷纷成立了数量众多、类型丰富、各具特色的众创空间，营造出了适应"双创"的良好创新、创业服务生态。

一、"众创"的"沃土"

"众创"取自"大众创业、万众创新"，可以理解为"人人参与创造、创新、创业"，而"空间"指的是承载创新、创业所需要的物质基础、人力资本、社交文化等有形或无形资源的场所。综合来看，"众创空间"是顺应新一轮科技革命和产业变革新趋势，满足网络时代大众创新创业需求的新型创业服务平台。发展众创空间可以有效降低创业门槛、激发全社会创新活力、加速科技成果转化，是推进创新驱动战略、落实"双创"行动、培育经济发展新动能的重要抓手。

1. 众创空间迅猛发展

作为引领"双创"的天然载体，各种类型的众创空间近年来获得了突飞猛进的发展。

从开办数量上看，短短两年内，一大批众创空间如雨后春笋般在全国范围内不断涌现。截至 2016 年年底，科普统计数据显示全国共有众创空间 4471个，总共提供开放式创业工位 77.7 万个[①]，其中科技部认定的国家级众创空

---

① 参考资料：http://www.chinatorch.gov.cn/fhq/zxdt/201702/dcf0b12b42224aa99cc8897c158315f6.shtml。

间共有三批 1337 家（见图 8－1），几乎占到全国众创空间总数的 30%。

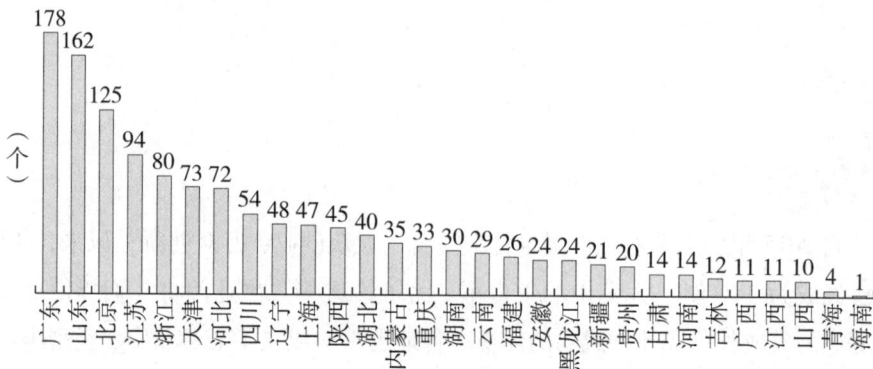

图 8－1 2016 年各地区国家级众创空间数量
注：根据科技部火炬中心的众创空间名单资料整理。

从地域分布上看，众创空间曾经的"星星之火"已经全面形成了"燎原之势"。截至 2016 年年底，众创空间已实现全国所有省份的全覆盖，北京、上海、广东等地的众创空间数量均在 200 个以上，但西部地区如贵州、青海、宁夏等省份的众创空间数量均不足 50 个。

从开办主体上看，各类主体都对众创空间的前景青睐有加。在所有众创空间中，民营企业建立的众创空间占到总数的 65.8%，其他为国有企业、事业、社团、民办非企业、外资及合资等性质，市场力量已成为创业服务的主力军。

从资金规模上看，众创空间不断吸引着来自市场、政府的资金支持。截全 2016 年年底，全国众创空间共获得政府经费支持 15.98 亿元，服务收入和投资收入达 39.4 亿元人民币。同时还帮助 1.5 万个服务的团队和企业获得投资，总额约 539.6 亿元，其中民间社会资本投资 444.6 亿元，众创空间自身投资创业企业 78.8 亿元。另外，众创空间还帮助 2.2 万家在孵企业获得 27 亿元的政府资助，有效地打开了政府和民间投资与创新、创业相结合的大门，让"双创"的火花越烧越旺。

从服务效果上看，众创空间不仅服务了众多创新创业者，同时也带动了相关就业。2016 年全国众创空间当年带动就业超过 180 万人，其中应届大学生 30.4 万人，开展创新创业培训 4.51 万次，共有 278.61 万人次参加了培训。

实现了创新、创业、就业的有机结合与良性循环。

由此可见，众创空间经过几年的迅猛发展，已经集聚了大量"高能"的创业资源，吸引了众多创业人才，产出了丰富的科技、商业、文化成果，形成了浓郁的"双创"氛围。在这些众创空间中，创业者得到是低成本、高效率、全覆盖的创业服务，产出的是成长快、潜力大的创业项目和小微企业，撑起的是未来市场经济主体的一片蓝天。

2. "三大助力"推动做大做强

众创空间不是"千篇一律"的"模板画"，而是有着各具特色的"亮点"，并且这些亮点与其"出身"有着密切联系。在当前众多类型的众创空间中，主要形式包括"科技企业孵化器、创新小镇、创客空间、创业咖啡、创新工场、创业基地、创业园区"等。按照依托力量，可以将众创空间主要划分为三种：依托高校和科研院所、依托企业、依托政府园区。

（1）高校、科研院所助力

全国各地的高等院校、科研院所每年为国家和社会输送数以百万计的知识型、技能型人才，同时还拥有大量宝贵的专家学者，因此是当之无愧的创新创造"聚宝盆"。高等院校和科研院所主导的众创空间可以充分发挥科研设施齐全、专业团队精干、技术力量雄厚等优势，根据自身研发实力和需求开展钻研，很多创新创业成果都集中在技术和产品创新方面。科研主导的众创空间架起了教学和应用之间桥梁，打通了学习与应用之间的道路，同时也在一定程度上打破了传统教育体系中院校、学科排名的桎梏，让更多有实力、有闯劲的教学、科研机构迈出探索开拓市场的步子，以众创空间的形式为"大众创业、万众创新"贡献聪明才智。

☀ **专栏 8 - 1**

"两院一器"打造科技创新高地

"两院一器"即"广东华中科技大学工业技术研究院"和"广东省智能机器人研究院"两家省级研究院，以及国家级科技企业孵化器"松湖华科产业孵化园"（见图 8 - 2）和华科城系列孵化器。广东华中科技大学工业技术研究院（以下简称"工研院"），由东莞市政府、广东省科技厅和华中科技大学于 2007 年签约共建。2015 年，工研院升级为省级研究院。广东省智能机器人研究院（以下简称"广智院"）是经广东省政府批准，由东莞市政府举办的新型研发机构，工研院为牵头建设单位。松湖华科产业孵化园由松山湖（生态园）管委会和工研院合作共建，是东莞首家获批国家级科技企业孵化器的企业，也是东莞唯一一家被科技部评为优秀（A 类）的国家级孵化器。

图 8-2　松湖华科产业孵化园

"两院一器"在体制设计方面，按照"事业单位定位，企业经营运作"的设想开展业务，其特点是"三无、三有"。"三无"指的是"无级别、无人员编制、无固定运行经费"，即虽是事业单位，但没有级别，也没有事业编制。初期政府投入建设经费，后期自主经营，自负盈亏。虽然无级别、无人员编制、无固定运行经费，但"有政府的大力支持、有市场化盈利能力、有创新创业与创富相结合的激励机制"。正是因为有了体制设计的优势，研究院在促进技术研发、技术服务和产业孵化等方面取得了较快的发展，实现了"政府、高校、企业、团队"的协同创新，探索出创新链、产业链、资金链三链融合的创新之路。同时，"两院一器"还在科技创新、技术服务、产业孵化、人才会聚方面探索了一系列新的创新模式。

● 科技创新模式：提出"青苹果—红苹果—苹果树"的技术创新模式。以前往往存在一些误区，认为高校的成果可以直接转化为产业。实际上，高校大多数成果是"青苹果"，好看不好吃。"两院一器"评价体系更加重视成果的工程化应用，打通了从"样品—产品—产业"的链条，"青苹果"变成好看又好吃的"红苹果",再变成产业集群的"苹果林",甚至进一步发展成"苹果商"。例如,学校将国家"863计划""973项目"成果RFID全自动化封装装备进行了工程应用和产业化。在此基础上,又牵头建设了广东省战略性新兴产业基地(东莞物联网产业),结合产业实际需求,自主开发了电子标签、超高频读写器等物联网核心产品,搭建了物联网集成应用平台,形成了全方位研发和产业化体系。相关产品已在华为、吉利、格力、三一重工、美的、劲胜等龙头企业成功应用。

● 产业发展模式:建立"保姆—伙伴—领航员"的产业发展模式,不仅起到支持产业发展的作用,更能引领产业发展。

一是服务传统产业,做企业想做做不好的事情。"两院一器"针对东莞大朗的纺织业开发的数控电脑毛织装备,每台设备效率相当于8台手摇织机,每个工人可同时操纵6台数控织机,单个工人的劳动效率提高了48倍。在一定程度上改变了传统产业生产设备严重依赖进口的局面,降低了企业成本,提升了企业生产效率,促进了产业转型升级。

二是共同发展新兴产业,做企业想做不敢做的事情。"两院一器"针对东莞发展LED的战略需求,与广东志成冠军有限公司联合起来组建了广东志成华科光电设备有限公司,进行了LED检测机、LED分选机的产品研发与生产,并在塘厦建设了生产基地。

三是引领未来产业,做企业没想到做的事情。"两院一器"引进了航母总设计师朱英富院士担任顾问,香港中文大学王钧教授为带头人的全自主无人艇创新科研团队,针对国家海洋装备制造业的需求,开展无人自主控制技术研究,推进具有我国自主知识产权的全自主无人艇面世,填补国内全自主无人艇技术空白。

● 人员会聚模式:形成了"近亲—远亲—远邻"的人才会聚模式。从最初主要由院士教授团队组成的"近亲",逐步扩展到来自各大高校的"远亲",并引进了中国香港、美国、日本等创新团队的"远邻"。目前,"两院一器"600余人的研发团队中,有70多个来自海外,香港科技大学李泽湘教授、乔治亚理工学院的李国民教授等分别牵头了运动控制创新团队、智能感知创新团队。管理团队中,也有大批来自华为、重汽、北京机床所等单位的高管。

经过几年的建设,"两院一器"在技术研发、技术服务、产业孵化方面取得了显著成效。

● 技术研发方面:引进华中科技大学制造学科的六个国家级平台,建设了东莞科技平台唯一一个省级重点实验室——广东省制造装备数字化重点实验室。组建了专业化技术团队和产业化团队。针对行业需求,自主研发了全自动毛纺编织机、RFID 封装装备及标签读写器、无模成形机、智能机器人等 10 余类几十个系列的高端装备,参与起草国家射频标准,成果荣获国家技术发明二等奖。推动并牵头实施了国家数控一代示范工程,联合建设多个智能制造车间被评为国家智能制造示范工程。

● 技术服务方面:建设了五个集中式技术服务中心,获得国内外资质 600 余项,为 7000 多家企业提供了产品设计、产品检测、精密测量、激光加工等集中式高端技术服务。注塑机节能改造在东莞的市场占有率超过 60%,被选为全国电机节能改造示范工程。

● 产业孵化方面:孵化 220 余家企业,通过科技成果转化自主创办企业 36 家,其中国家高新技术企业 20 多家,新三板挂牌企业 5 家,上市后备企业 3 家。通过自我造血建设的 43000 ㎡ 的松湖华科产业孵化园是东莞首家获批国家级科技企业孵化器的企业,也是东莞唯一一家被科技部评为优秀(A 类)的国家级孵化器。与此同时,探索建设"孵化器的孵化器",已与大岭山、道滘、石碣、横沥、厚街等镇街合作共建产业园,与大连机床集团合作建设了首批"国家专业化众创空间",并发起成立了 4 亿元智能装备产业基金。

(2) 龙头企业大显身手

众创空间运营本质上是一种市场行为,在"大众创业、万众创新"的浪潮鼓舞下,有大量"紧跟时代,嗅觉敏锐"的企业纷纷投入众创空间的建设与发展中,为众创空间注入强大动力。这些企业运作的众创空间可以进一步细分为三类:

一是由行业内龙头企业、上市公司打造的,与其自身主营业务紧密结合的众创空间。这些企业往往通过分享的方式开放内部资源平台,为被孵化企业全程提供资源和服务,大大提高了孵化项目的成功率。

二是由创投机构直接运营,侧重于为入驻项目提供专业化、个性化金融支持的众创空间。这些空间往往本身就具有雄厚的投资实力，可以对旗下有潜力的项目直接投资，提升资本助推创新创业的效率。

三是由互联网平台主导的众创空间，整合、分享闲置的知识、技能和制造能力，在有形的实体空间或无形的网络空间中为创客提供在线或线下技术支持和辅助服务。如深圳"硬蛋科技"从供应链切入，为智能硬件创新创业企业服务，截至2016年10月已经汇集超过10000个硬件项目和6000家以上的供应链厂商；还有重庆"猪八戒网"打造的"众包型"服务类交易网站，目前已积累1700万用户。

专栏 8-2

"没有围墙"的孵化器——广州达安创谷

广州创谷企业管理有限公司（达安创谷）是中山大学达安基因股份有限公司（达安基因）为健康领域创业项目、企业更快更好地发展而创建的企业孵化器运营机构。秉承"分享成长价值"的企业文化，依托达安现有的专业化资源平台，联合众多社会资源，致力于成为转化科技成果、凝聚专业人才、培育企业发展的大健康发展平台。到2016年9月，达安累计孵化生物医药企业180余家，其中进入新三板的企业5家，完成股改4家，创业板待审上市的企业1家，进入IPO（首次公开募股）的企业20家。

达安创谷的定位是大健康领域"没有围墙的孵化器"，通过以资源共享的方式，开放达安内部资源平台来帮助被孵化企业实现发展，入孵企业不受地域空间限制，不管是否入驻孵化器园区，都可以享受到产业资源带来的孵化服务。从研发项目到企业上市，全程提供资源和服务（包括：研发合作、原材料采购、生产、销售、售后服务等），大大提高孵化项目的成功概率。

达安通过产业投资已聚集具有自主创新能力的生物医药企业百余家，形成了具有达安特色的生物产业生态圈。达安创谷通过构建线上线下服务平台，聚合并链接企业生态圈的成员企业及各方资源，促进并维护生态圈内各企业互相链接形成良好网状结构，加强企业间的沟通和合作，真正形成达安生态系统，让信息、资本、知识等养分在这个生物系统中任意两点间流通，成为企业的培育者、产业的组织者、生态圈的协调者，最终实现生态圈的协同和共赢。具体孵化措施包括以下几个方面。

● 筛选项目入孵投资：达安创谷专注于健康领域的创业项目及中小型企业，项目、企业签订入孵协议就可以加入达安创谷。达安创谷同时提供免费的大众基础服务，在提升入孵对象综合水平、吸引达安资本注入后，还会提供深层次的资源及服务。

● 生态圈协同平台建设及运营：达安创谷通过信息、知识、资金、人才流通实现达安生态圈协同。通过构建互联网信息交互及服务平台，突破地域空间限制，促进企业间相互合作，在生态圈内形成商业流。

● 服务体系建设：达安创谷作为资源和企业之间的连接点，主要实现资源社会化、服务产品化，以满足企业发展需求。

● 四链融合（见图8-3）：企业的发展离不开技术产品创新、企业的管理和资金支持三个部分。达安创谷通过现有的创新链、企业链、资金链和服务链，整合并开放内部资源平台，进行内部创业孵化和外部延伸孵化。依托达安基因集临床检验试剂和仪器的研发、注册、销售以及全国连锁医学独立实验室临床检验服务为一体的雄厚力量，为孵化企业提供全方位的企业服务和支持。

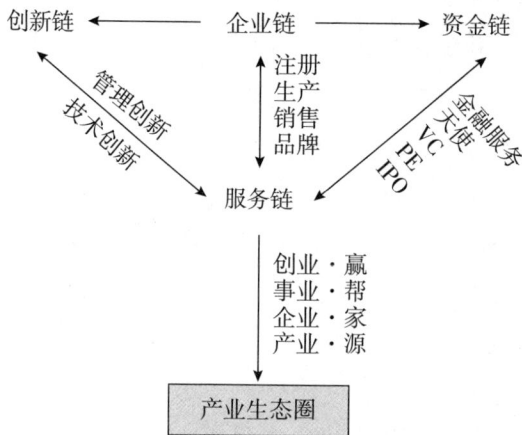

图8-3　达安创谷四链融合①

（3）政府搭台引导

蓬勃发展的众创空间离不开政策的助推和扶持，各地政府也在推动"双

---

① 来自企业提供的资料。

创"中不断努力探索符合当地实际情况的发展模式，积极依托当地原有产业基础和人才优势设立创业高新园区、"双创"基地等空间载体和实体机构。

不过需要注意的是，政府在众创空间发展中的角色应当是"搭台掌舵"而不是"包办划桨"，必须始终把握好"市场在资源配置中发挥决定性作用"的大方向，保证众创空间在符合市场经济规律的大道上阔步前进。

☀ 专栏8-3

"政府搭台，创意唱戏"——深圳中芬设计园

中芬设计园是深圳与赫尔辛基正式结为国际友好城市之后，由两地政府在深圳合作设立的设计产业园项目，是友好城市网络的交流平台和合作载体，也是中央台办和国务院台办认定的全国首个海峡两岸青年创业基地。园区聚焦全球设计创新领域的新模式和新业态，采用"中外合作＋政府支持＋企业投资＋专业运营"的商业模式，以"新技术·新设计·新市场"为宗旨，倡导"创新＋设计"新理念，以设计驱动，构建国际化的创新创业生态链，提供"从0到1"的创新加速服务，全国首创"以大带小"的创业加速模式，打造面向未来的设计、"双创"全产业链的国际创新生态平台。

园区于2013年11月由赫尔辛基政府确定选址启动，由深圳市工业设计行业协会发起成立运营公司——深圳市中芬创意产业园投资发展有限公司，2014年4月与物业正式签约，2014年11月开园。园区建设运营几年来，经营情况良好，颠覆了传统园区依靠租金差价为生的"二房东"模式，开创了"创新共同体"独特的增值服务，吸引了国际顶尖设计机构和业内领先的设计创新企业及品牌41家。园区涵盖了海峡两岸青年创业基地、中芬设计中心、深圳市工业设计行业协会、深圳开放创新实验室、库卡波罗艺术馆、瑞典设计屋、智能可穿戴产业链、智能产品众筹首发平台、国际众创空间、硬件加速器、国际顶尖设计大师工作室、国际品牌总部等众多平台；引进了美国著名的工业设计师凯瑞姆·瑞席、意大利天才设计师斯蒂凡诺·乔凡诺尼、芬兰国宝级设计师约里奥·库卡波罗，德国iF设计大奖海外总部及iF首个海外展厅落户。中芬设计园展厅如图8-4所示，部分展品如图8-5所示。

图 8 - 4　中芬设计园展厅

图 8 - 5　中芬设计园部分展品

中芬设计园搭建了众创、众包、众扶、众筹"四众"综合创新平台，形成了从创新个体到创业团队，再到创新企业递进式创新服务体系，在全国率先实现了从"集聚"到"裂变"，现已成为深圳国际化城市建设的新载体和新名片。

中芬设计园创建了"苗圃—孵化—加速"三部曲创新模式，构建了从"集聚"到"裂变"的物联网创新生态链。依托深圳开放创新实验室的"从0到1"的苗圃环节，海峡两岸青年创业基地的"以大带小"的孵化环节，以及深圳市工业设计行业协会的"从1到N"的加速环节，打造立足深圳、面向全球的创新平台。

中芬设计园还提出了国际化的"新技术·新设计·新市场"理念，开创了"政府＋协会＋企业"的全新运营模式，集聚了从研发、设计、品牌、市场、金融等创新全链条的中外知名企业入驻，构建了全方位的国际化创新生态平台。

目前企业的主营业务包括：为入驻企业提供基础服务和增值服务；提供创业孵化＋项目加速特色服务；举办各类创新活动，通过论坛、研讨会、工作坊、创业路演及创客大赛活动搭建各类创新设计要素集聚等，并在短短两年间开创了五项中国第一——全国首个政府主导且中外合作的设计园区、全国首个海峡两岸青年创业基地、全国首个由MIT（麻省理工学院）授权的国际微观装配实验室、德国iF设计大奖首个海外展厅、国际顶级设计师入驻最多的园区。

未来园区将继续推动"B2S以大带小"创业服务，减少创业失败率。B2S即"Business Backed Startup"，以大带小指的是由大企业开放自身平台能力和海量资源，带动小微企业创业，双方在开放创新合作中实现双赢。这种模式将大企业可以开放的资源能力与小微企业的创业热情和灵活性有效结合起来，大大缩短了创业的有效路径。B2S模式通过大企业在商业、社会、产业链的深厚积累，构建大企业与创业企业之间的链接，使初创企业也能匹配到全球顶级资源，感受"从0到1"的创新加速服务。促进跨界链接和资源整合，帮助企业建立独特的核心价值和竞争战略，从而实现颠覆式创新。

二、四大"成功因子"

众创空间的成功是时代的产物，这些提供"高能"要素资源的服务机构与"大众创业、万众创新"的激情相互碰撞产生了巨大能量，不断推动"双创"覆盖更广领域、迈向更高水平。从实践来看，目前比较成功的众创空间都具备一些共性的成功要素，在为创业者及其团队提供全方位、集约化服务资源的同时，也为自己的生存发展摸索出合适的成长道路。

1. 完善的配套设施

为创业者及其团队提供最基础的办公场所是所有实体众创空间的最低门槛，但不同众创空间办公场所背后的区位选址、空间布局、装修设计、软硬件配备却存在不小差异，这也让众多众创空间在"起跑线"上就已经出现了差距。

例如从最基本的区位选择看，有的众创空间虽然也得到了来自政府、投资方的支持，办公空间、设备一应俱全，政策优惠力度巨大，但由于位于初步建成的城市新区、开发区等相对偏僻的位置，交通通勤不便，生产、生活等配套设施尚未完善，区域内缺乏相关产业、人才的集聚效应。整体区位环境条件不佳导致出现"酒好也怕巷子深"的现象，其实际创业服务和运营效果反而不如规模相对较小，但所在地配套设施优势更加突出的同行。

从实践中看，入住创业团队较多、自身周转运行状况良好的众创空间基本都位于人才相对集中、交通条件便利、生活服务方便的优势区位，并在此基础上为创业者及其团队提供低成本、便利化的创新、创造资源，助力其迅速成长。

值得注意的是，目前已经开始有一些众创空间和住房企业开展合作，整合各自资源，共同利用品牌及资源优势，将房地产去库存与支持"双创"相结合，致力于为"创客"们打造智能化、便利化、全要素、开放式的创业和生活空间，缓解职住分离，减轻交通拥堵，降低通勤成本，提高创业效率和生活品质。

☀ 专栏 8 - 4

创业、生活"一站式"解决方案——蚂蚁创客空间

蚂蚁创客空间专注于为创业者提供创新创业的场地，旨在聚集一群有理想的创业者，共同实现梦想。蚂蚁创客空间集场地、资本、人才、服务、活动于一体，整合优质行业资源，为创业者打造健康的创业生态圈。

蚂蚁创客空间 1.0 版本模式专注于实体空间的建设，为创新创业者提供创业办公场所，如独立的办公区域、培训教室、公共协作区域、会议室、路演厅、工位等。空间以创业者为本，针对资源对接、学习交流、协调工作、培训辅导等目标，加强空间的活动组织能力、资源整合能力和辐射带动能力。

蚂蚁创客空间现已从 1.0 版本发展模式顺利过渡到 2.0 版本模式。其与浦东新区高桥镇政府合作，打造一座高桥蚂蚁创客小镇，集中解决创业者创业办公与住宿问题，使得创业者们的衣食住行全在一起，不仅碰撞出灵感火花，还能大大提高创新创业的效率和成功率。如图 8-6 所示。

图 8-6　高桥蚂蚁创客小镇（设计图）①

---

① 来自企业提供的资料。

2. 丰富的增值服务

如果说完善的配套设施是众创空间走向成功之路的"万里长征第一步"，那么丰富的增值服务就可谓是众创空间脱颖而出的"看家本领"之一。没有增值服务的众创空间和传统的办公物业出租屋并没有太大区别——只不过是将一间间"格子屋"改成了开放式办公场所。发展良好的众创空间绝不仅仅是在形式上改变硬件环境，更重要的是在内容方面带来软服务的全面升级。

实践证明，成功的众创空间能够在良好硬件的基础上，为入驻团队提供专业化、一站式的技术、金融、工商、人力、社保、法律、政策等代办服务的"增值大礼包"，帮助创业者腾出精力专注于自身业务。同时搭建起活跃的线上线下社交平台，为创业人才、创新技术、风险投资和市场营销之间提供对接渠道，营造起良好的商业氛围。

3. 贴心的"导师"与"保姆"

从众创空间自身建设发展来看，基础设施和增值服务是绝大多数众创空间都能实现的"初级阶段"，要想向更高阶段前进，众创空间还需要有自己不易被同行轻易复制的"独门武器"——"导师制"和"保姆式"的孵化辅导体系。

孵化辅导体系的形成难以像硬件设施和增值服务那样投入一定的资金和人力成本就可以实现，而是需要长期的积淀甚至试错，才能探索出符合众创空间中创业团队需求的方式方法和路径模式。同时，拥有创业成功经验或失败教训的辅导导师也是不可或缺的宝贵资源，有能力、有激情、有担当的创业导师更是众创空间的重要"金字招牌"。

从实践中看，取得领先优势的众创空间能够为入驻团队提供比较成熟可靠的孵化辅导路径——"孵化链"，如同保姆照顾蹒跚学步的儿童一样，为初创企业和团队提供"孵化器—众创空间—高技术园区—上市"一整套"成长路径"，让创业者及其团队在发展的每一步都得到合适助力，大大降低了走弯路的风险。同时众创空间还提供有针对性的创业培训和活动，包括产品、模式、市场、运营等业务辅导并开展创新比赛等。

来自科技部火炬中心的数据显示，截至2016年年底全国的众创空间内有

8.3 万专兼职创业导师服务创业者，2016 年举办创新创业活动累计达到 10.9 万次，开展创业教育培训 7.8 万场，开展国际交流活动 5721 余场。

❋ 专栏 8 - 5

"仙人指路"——深圳珊瑚群创新加速器

成立于 2015 年的珊瑚群创新加速器聚焦互联网 +、物联网、智能科技、机器人、消费与服务、文化创意、健康环保等领域，为创业企业提供强大支持。

在模式上，珊瑚群加速器通过整合、链接资源，为创新创业者提供企业创新与管理、工业设计及加工、产品市场实践等理论研究、研发制造、销售推广等相关服务，构建了全程化配套支持服务体系，实现产业链资源开放共享和高效配置，并通过整合专业领域的技术、信息、资本、市场、人力等资源，为创新创业者提供更高端、更具专业特色和定制化的增值服务。珊瑚群的运作目标如图 8 - 7 所示。

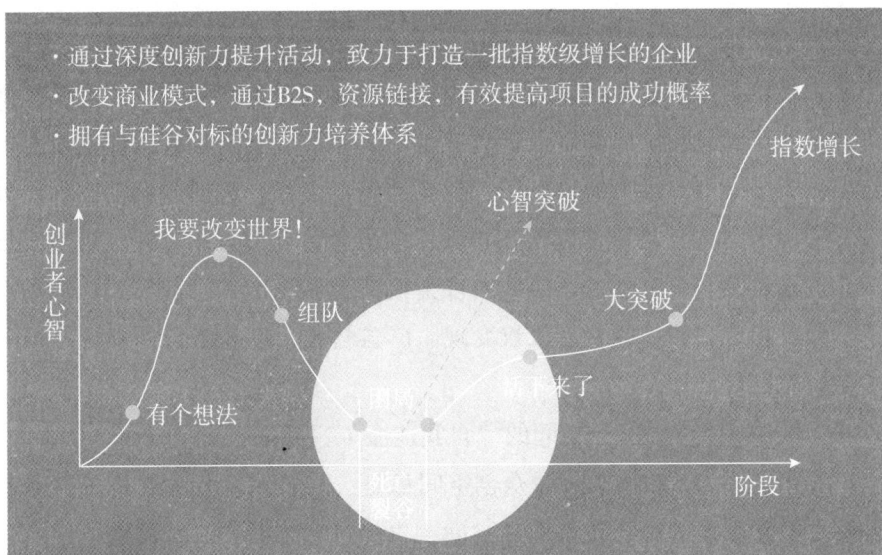

· 通过深度创新力提升活动，致力于打造一批指数级增长的企业
· 改变商业模式，通过B2S，资源链接，有效提高项目的成功概率
· 拥有与硅谷对标的创新力培养体系

图 8 - 7　珊瑚群的运作目标[1]

---

① 来自企业提供的资料。

一是链接：珊瑚群推动大企业开放自身平台能力和相关资源，支持小微企业创业，双方在开放创新合作中实现双赢。同时，珊瑚群还帮助创业团队对接最适合的技术资源、设计资源及产业链资源等。

二是促进：珊瑚群通过设计驱动创新系列工作营，促进创业团队更深入地洞察市场和客户，做出卓越的商业计划和实施方案，并通过场景化、游戏化、视觉化和系统化的创新工作方法，形成一个新的交易结构，再通过产业资本放大，取得商业成功。

三是自组织：珊瑚群通过创新者公社的社群服务，使得创业者、设计师、技术"大牛"、大企业、商业导师等角色更好地实现自组织发展，构建良性发展的创业生态圈。在这个生态圈内，通过多元化的股东团队，从系统、生态、战略等视角下提出支持，并联合市场营销、商业推广、技术驱动、系统设计思维等方面的专家与导师，帮助创新创业者完成自组织多元化发展。

4. 可持续的"自我造血"功能

众创空间致力于为创业者及其团队提供集约、高效、便捷的创业服务，其本质上是服务型平台企业而非公益组织，因此也时刻面临着生存和发展的压力。当前众创空间发展整体上仍然处于起步阶段，能真正实现独立盈利的众创空间实际上可谓凤毛麟角。在"造血盈利"方面，大部分众创空间还处在"摸着石头过河"的阶段，正在积极探索适合自己的盈利方式。目前发展较成功的众创空间一般具备可持续的现金流来源和稳定的盈利模式，如租金收入、服务提成、培训收费、股权变现、广告营销，以及来自外界的政府补贴、融资赞助等。

在实践中，大多数众创空间的"自我造血"主要来自三个方面：

一是租金收入。目前大多数众创空间都是"轻资产"运营，即通过承租物业而非自建新楼的模式获得商用空间，再经过适当改造、装修变成适宜出租使用的办公场所。在此过程中，众创空间采取"整体批发"的形式获得空间，再"分割零售"给创业公司，众创空间在其中可以获得一部分租金差价作为稳定的收入来源。这一收入来源比较稳定，但增长乏力，毕竟初创企业承租能力有限，无力将有限的资金大量用于物业投入。

二是服务收费。众创空间不同于传统的物业写字楼，它可以为入驻团队提供丰富、专业化的生产性和生活性服务，如前文提到的技术、金融、工商、人力、社保、法律、政策、风投、社交甚至食宿，等等，并在提供过程中收入合理费用。通过专业化服务来获得收益是目前和未来一段时间内众创空间实现盈利的重要支撑，各空间需要结合自身特性、优势，不断开发有针对性的差异化服务，才能吸引更多用户入住。

三是投资收益。众创空间是天然的创投"大舞台"，大量创业项目、团队聚集其中，众创空间在为其服务的过程中可以精挑细选前景广阔的初创公司，以投资入股的模式获得股权，待创业公司被收购或上市后即可退出并获得丰厚投资收益。但目前国内众创空间实力参差不齐，能够维持自身运转外还有实力再进行投资的众创空间并不常见。

政府补贴和资本赞助也是现阶段众创空间发展的重要"血源"。随着中央层面支持众创空间发展的政策接连出台，各地方政府也积极跟进，发布了一系列支持众创空间的优惠政策，其中措施除了包括简化工商注册、税收优惠等简介支持之外，还涉及不少财政补贴、专项资金等直接支持的方式；此外，资本的热捧也给众创空间带来大量资金支持。但需要注意的是，政府资金毕竟只是引导性的，而且数额有限、可持续性差；资本投资又希望能够尽快收回成本并盈利，因此难免会急功近利。所以众创空间未来发展还是必须要有强大的"自我造血"功能，才能在激烈的市场竞争中立于不败之地。

三、发展中的隐忧

2015年年底，曾经有一篇题为《中关村创业大街的咖啡凉了》的报道直击当时部分创业载体的运营困境，一时间有悲观言论甚至认为众创空间发展已经被蒙上了一层阴影。好在2016年众创空间继续保持蒸蒸日上势头的大好形势用事实给创业圈带来了信心，但快速发展的众创空间也确实面临一些不容忽视的问题需要进一步加强研究应对。

1. 创业服务不是"政绩工程"

国务院及各部门2016年以来围绕"大众创业、万众创新"出台了大批政策措施,但地方政府在吸收落实这些政策红利时却出现"消化不良"。一些地方政府受固有政绩观念影响,在认识众创空间方面出现了定位偏差,未能因势利导扶持"双创",而是当作上级下派的一项"任务",采取过度干预市场的行政手段强行推广众创空间建设。有些地方甚至不顾实际情况,将众创空间发展与城镇化扩容和房地产开发相"捆绑",导致"空间"快速扩张,"创客"相对不足。例如个别地方政府存在把众创空间当作"圈地盖房,招商引资"新形式的倾向,若不及时调整将会使众创空间发展误入歧途。

2. 创新平台不是"空架子"

创新创业需要整合资源形成完整的生态体系,但有些众创空间配套服务并不健全,既缺乏有创业经验和理论高度的商业辅导,也缺乏独具慧眼和敢于开拓的投资来源,总体上仍停留在"二房东"、工位"批发零售商"的角色上。

在实践中,还有部分众创空间直接由库存地产物业改造而成,缺乏专业运营团队和创业服务能力,没能发挥出创业服务机构的集聚效应和规模优势,导致创新平台成为"空架子""杂货铺",丧失了对创业者的吸引力。例如据众创空间行业观察,约80%的平台仍然只停留在为创业者提供基础办公场所的层面上,能提供高质量、全要素服务的平台不到1%。没有创业服务资源的众创空间无法有效地为创业项目对接市场,更无法切实带动实体经济转型升级。

3. "梧桐树"没招来"金凤凰"

在政策刺激、市场需求和资本热捧等多因素的叠加作用下,各地各类创新平台数量激增,呈现出虚热化、全民化的发展势头。在迅速发展的背后,平台配置冷热不均,部分地区出现相对闲置甚至局部过剩现象。例如个别城市在新区建设时新建开发了大量楼宇,试图在新建城区凭空打造众创空间集群。然而由于当地产业底子薄、人才基础差,加上食宿、交通等生活配套设施不健全，导致众创空间的入住率明显偏低。

4. 孵化成功"没有那么容易"

众创空间中的入驻项目普遍规模较小，业务能力偏弱，缺乏长期规划，抗风险能力差。有些众创空间未能很好地为其提供个性化培育服务，反而要求入驻团队在短期内做出可以商业化的成果，导致创业项目中途夭折。民进中央的一项调研显示一些地区 70% 以上的初创项目 3 个月内即注销退出，转化为小微企业的不足 10%。

同时，一些所谓"孵化成功"的项目也存在或多或少的缺憾：例如大量创新创业项目模式创新有余，技术创新不足，科技研发等"硬创类"企业占比较低，科学研究和技术服务类企业数量较少，造成当前产品成果的含金量有限，知名度不高，市场化水平也较低。另外，在实践中一部分众创空间项目申请注册时名义为"科技"，经营范围为"研发"，但从实际从业领域来看仍以服务、贸易为主，存在一定程度的"名实不副"现象，原因多为企业为了享受政策优惠或单纯追求名称"高大上"而有意为之。

5. 创客还须"苦练内功"

众创空间的风起云涌吸引了大量创客，其创新精神和创造能力值得鼓励。但创新创业活动对创客的能力、素质要求很高，尤其在专业化的细分领域，需要创业者具备扎实的理论知识、技术储备以及对接投资、营销推广的商业能力。在与创业者调研交流过程中发现，很多创客以往失败的原因大多集中在技术攻关未果、资金链断裂、商业化受挫等方面，因此提升创客综合能力是创业成功的必由之路。在实践中还发现部分"创客"自身心态不够沉稳，其中不乏有人盲目追求大额融资"一夜暴富"，忽视了长期积累，导致创新创业偏离了"苦练内功"的"主航道"。

四、打造众创空间升级版

随着实践的不断深入，众创空间的发展建设也面临着转型升级的迫切需要。未来要着力构建众创空间可持续发展的生态体系，努力吹暖"双创"市场的"东风"，进而吹出"万紫千红"的众创空间发展格局，帮助众创空间完善条件，为广大创客营造更好的创新生态环境。

1. 深耕厚植创业"热土"

众创空间的生态体系必然是基于市场的生态体系，其产生和发展都在遵循市场特有的规律。政府真正要做的是以众创空间为切入点，为"大众创业、万众创新"发展搭建良好平台，具体平台之上谁来"唱戏"、如何"演绎"，都要取决于市场。政府要在尊重"市场发挥资源配置决定性作用"的前提下，为众创空间发展提供引导和服务，适当出台弥补市场失灵的"补位性"政策措施，如对资本薄弱的初创型众创空间采取税收优惠、租金减免、物业补贴等资金补助；对专注于科技创新的专业化众创空间给予科技企业待遇等政策优惠；为高校科研院所创办的众创空间划拨专项经费等。同时政府还可以鼓励各地积极利用闲置旧厂房、旧仓库、存量楼宇及城镇低效用地建设众创空间，并合理设立地方性创业基金，加大财政资金投融资扶持力度，引导和撬动社会资本加入众创空间建设。

除各类政策、资金上的实质帮扶外，软环境的建设对众创空间的持续发展同样重要。单有硬政策的城市只能成为"创业温土"，而有了"软硬兼施"的城市才能成为"创业热土"，才可能出现"大众创业、万众创新"的热闹景象。这就需要政府一方面培育更加宽松活跃的创业氛围，通过各种途径的宣传教育使广大创业者和潜在创业者能够理性、积极地看待创业过程和创业结果，形成鼓励创新、宽容失败的社会风气，消除创业者的思想顾虑。另一方面还要加强宜居城市建设，一个城市的建设水平、服务业发展程度、医疗教育水平乃至房价，等等，都将成为创业者选择创业地点的影响因素。只有环境宜人、生活便利、物价房价稳定的宜居城市，才能真正成为"双创"汇集的创业天堂。

2. 从"单打独斗"到"抱团发展"

在当前众创空间建设过程中，已经出现不少众创空间同质化发展的问题。未来有条件的地区可以成立众创空间协会，在政策宣讲、资质申请、多元化布局、协同创新等方面提供服务，成为政府、企业之外推动行业发展的第三方力量。众创空间协会旨在充分激发市场活力，营造良好的创新创业生态环境，同时整合各方资源，推动创新创业服务要素开放共享与衔接。

对于入会的众创空间而言，协会将像一个大家庭，各成员以协作发展代替恶性竞争，以"自我输血"代替依赖政策生存，以积极谋变代替投机取巧。在面对好项目时，会员单位能够积极有效地联合投资分担风险；在面临行业竞争时，会员单位能够凭借协会体系建立的良好秩序在竞争中联合发展；在面对市场不确定时，会员单位能够互帮互扶、共渡难关。

中国正在迈向一个"大众创业、万众创新"的崭新阶段，作为顺应新形式、满足新需求的新型服务平台，众创空间发展已近两年。一些问题逐渐暴露，新的模式也正在形成。我们既不能高估短期内政策红利带来的成效，也不能低估长期中市场淘沙带来的变革。相信在政府的高度重视、正确引领下，在社会各界的广泛关注、积极参与下，中国众创空间一定能够继续披荆斩棘，乘风破浪，扬帆起航，行稳致远！

第九章

不拘一格降人才

一家卖牛肉干的企业有可能变成一个新能源公司吗？这实在难以想象。浙江省的"绿盛牛肉"企业，为了实现产业转型，居然研发出了世界上装机功率最大的 3.4 兆瓦海洋潮流能发电机组，完成了从卖牛肉向卖新能源的大跨越。实现这一跨越的决定性因素在于企业引进了一位流体力学专家——黄长征博士。事实上，现如今通过创新型人才驱动转型升级的企业案例很多，"绿盛牛肉"的例子不过是冰山一角。在知识经济发展的新时期，人才的力量已经越发凸显，可以说谁拥有了具备国际竞争力的人才资源，谁就掌握了创新与发展的重要引擎。

一、人才是第一资源

2016 年年初，浙江省委提出将人才短板作为补齐科技短板的关键举措来抓。同时，将人才工作列为领导班子落实党建工作的重要内容，将人才引进、科技创新纳入国有企业领导班子实绩考核常态指标，对抓人才工作不力、造成重大人才流失的，进行责任追究。也就是说，引不来、留不住人才将成为问责政府、国企领导人的重要因素，可见浙江省委对人才工作的高度重视。

不仅仅是浙江省，实际上全国上下已经形成了"抓人才就是抓发展、抓人才就是抓转型"的高度共识。国内对各类人才的需求越来越大，而真正要让人力发挥作用，实质上是一个体制的问题。人力资源的竞争是观念、政策、机制和方法的竞争，也是以人为本意识的竞争。

1. 求贤若渴

广州亿航智能技术有限公司是一家智能飞行器科技公司，在其迅速成长的过程中遇到了人才难题。无人机行业作为一种技术含量大、安全要求高的新兴业态，迫切需要专业的、高水平的智力支撑。但是国内航空及无人机领域人才缺乏、分布不均，为了满足日益增长的研发需求，公司不得不从国外或外地挖掘人才，引才投入大、留才成本高，给企业带来很大压力。

河北省的中电科卫星导航运营公司则相对幸运，在导航与位置服务技术研发领域已经拥有了较为充足的技术人才，但是令其头疼的是缺乏高端的管理人才。

四川省的海威华芯公司主营无线领域芯片设计和制造，他们面临的最主要问题不是引不来人才，而是留不住人才。原因在于生活服务的不周全，如公司附近没有配套性住宅用地而导致员工上下班距离远，户籍限制导致子女入学难等问题。

这些企业所反映出的问题是当下国内企业所面临的共同难题，缺乏人才和人才流失是企业开展技术创新的最大阻碍因素，技术人才、管理人才、高级技师等供给不足、分配不均，相应的生活配套服务也不够周全，不能适应经济发展新动能的要求。

一方面是缺人才。在企业家层面，具有企业家精神、洞悉市场变化、勇于科技创新的企业家队伍数量还不多；在研发人员层面，高端型、复合型、高技能型人才仍然供不应求，企业普遍面临招聘难、引进难、留住难等问题；在高级技师人员层面，从事新兴产业技能工作的高级蓝领严重短缺。

另一方面是分布结构不合理。在美国，有80%左右的优秀人才集聚在企业。但是在中国，政府、高校、研究机构等非生产性的公共事业部门吸引了大部分的高端人才，且央企、国企也比创业私企集聚了更多的高等人力资本。导致这一现象的原因有传统思想的遗留问题，但更主要的是这些机构相对创业企业来说拥有更完善的社会保障和福利体系。解决这一问题既需要提高企业对人才的吸引力，创新人才激励机制，也需要创新流动机制，突破体制的限制，让"体制内"的高端人才同样有机会参与到市场创新环境中去。

2. 以激励创造动力

一直以来我们都是做一份工，领一份工资，企业发展好坏、利润多少是老板关心的事。不过合肥赛为智能有限公司却开辟了另一条道路。这是一家国家级高新技术企业，他们并没有采取单一的"工资制度"，而是针对不同层次的人才制定了不同的收入结构。对高层次的管理和研发技术人才，采取"利润分享＋股权激励"的方式，使其与企业同命运；对专业的开发与技术人才，采取"市场工资＋高项目奖＋股权激励"的方式，使其与企业共发展；其他员工则采取"低工资＋股权激励"的方式，使其与企业谋发展。

在当下留人难、创新积极性不高的局面下，人才激励措施成为提高企业吸引力和创新能力的有效手段。只有让人有收益、有归属感，才能提高其工作热情和积极性，转变打工者的心态，以主人翁的角色参与到企业创新实践中，尽可能地发挥自己的能力。

合肥赛为智能有限公司是自主探索出了一套激励措施，北京市科学技术研究院则是以股权激励的形式创办或改造了一批企业。作为第一批中关村股权激励试点单位，北京市科学技术研究院将股权激励作为科技成果转移转化的主导模式，撬动社会资本共同创办高新技术企业。2009 年至 2016 年上半年，市科研院共产生了以股权激励形式创办或改造的企业 11 家，总注册资本达到 9297 万元；转化的科技成果评估价值达 4546.27 万元，其中激励科技人员股权达到 2175.435 万元，占比约 47.85%。

实践证明，有效的激励手段在创收上的效益也是明显的。例如北京市科学技术研究院的 37 家院属控股企业中有 4 家股权激励公司，虽然大约只占控股企业总数的 10.81%，但截至 2016 年，其利润总额达到 4168.29 万元，占所有院属控股企业利润总额的 33.86%，已经开始成为新的利润创造主体。

除了企业层面的股权激励制度，在科研院所、事业单位等也开始探索新的激励方式，提高科技人员的创新研发热情，让科技人员"阳光灿烂"地增加合法收入。如浙江省明确表示，科研人员职务成果转化收益的比例要提高到 70% 以上，上不封顶。广东省也在不断探索建立科研人员和高层次人才分配激励机制，提出要"对基础科研、国家战略发展需要重点扶持、知识技术密集、高层次人才集中以及有突出贡献创新型人才的事业单位，适当增加奖励性绩效工资总量；对事业单位引进的高层次人才可采取协议工资制、年薪制、一次性奖励等方式给予薪酬待遇；科研项目间接费用中用于科研人员的绩效支出、科技成果转化收益用于人员激励的部分，可单列核定绩效工资，不纳入单位绩效工资总量调控基数"。

创新人才激励机制需要各个机构和企业持续思考和探索，任重而道远。

3. 从科研"国家队"下海

2015 年年底，中科院重庆绿色智能技术研究院 17 名科研人员在离职创业协议书上签了字，正式离岗集体创业。这 17 名离职创业科技人员来自石墨烯、人脸识别和手术机器人 3 个团队，大多数都是"80 后"。

中科院大多数科研人员具有事业编制，团队集体创业不仅在重庆，在全国都罕见，他们为何会这样选择？

其中带领手术机器人团队的李耀研究员，曾是重庆研究院机器人与智能装备中心的主任，他表示："离职创业是我们的选择，也是科研成果转化的要求。"中科院重庆研究院院长袁家虎认为："如今产业发展尤其是新兴产业发展，对技术的依赖程度越来越高。实施创新驱动发展战略，必须要有一部分高水平科技人员投身产业第一线。"只有人员结构改变了，产业结构才能更好转型升级。[①]

可如果创业不顺怎么办？还能再回来工作吗？原来早在 2015 年 8 月，中科院重庆绿色智能技术研究院就出台规定："符合成果转化范围，由本人申请，经审批同意，可申请留职创业或离职创业，创业期限 3 年。其同等享有参加职称评聘、岗位等级晋升、按年度调整薪级工资的权利。3 年内可要求返回该院工作，该院按照不低于原职级/职称、薪酬的原则重新聘用。"正是这项规定给予了创业者勇气与信心。

对于科研工作者来说，科研的最终目标就是技术的产品化应用。而要真正让技术成果产业化，必须跳出研究院，以企业推动走向市场。如今新兴技术产业发展需要越来越多的科技研发人员，而国内顶级的科研人才多数集中于高校、科研院所，在现有体制内创新管理模式，让体制内的科研人才有机会参与到市场中去，是现阶段非常有效的人才流动机制。

2017 年 3 月，人社部印发《关于支持和鼓励事业单位专业技术人员创新创业的指导意见》，明确了支持和鼓励事业单位专技人员创新创业的重要意

---

① 参考资料：http://news.ifeng.com/a/20151022/45938329_0.shtml。

义、具体情形和保障措施，并提出实施要求。这是从国家层面鼓励体制内人员参与创新创业。

其实在人社部发布此项意见之前，甘肃、山西、河北、江苏、浙江、广东、湖北等多省都已经开始了事业单位科研人员创新创业的相关尝试。下一步的重点是要抓紧制定有关人事管理政策，进一步明确离岗创业期间人事关系、档案管理、工龄计算、职称评审、岗位晋升、社会保险等政策规定，解除离岗创业人才的后顾之忧。

4. "安居"才能"乐业"

人才的留用不仅仅取决于工作本身的吸引力，优良的生活环境、周全的保障性措施也是极其关键的因素。但是目前国内人才安置举措存在不小的问题。

一线城市落户难就是一个外在体现。一线城市具备更多的工作机会和更优质的创新创业环境，但是落户制度却阻挡了很多人才的定居计划，北上广深这些创新企业集中的地方，高薪聘请的人才如果户口不在本地，就不能马上买车、买房，不能顺利让孩子上学，医疗养老等都会受到影响。

高房价也对科技人才形成了挤出效应。合肥赛为智能有限公司表示，随着合肥房价的一路高升，企业技术人员的工资预期也水涨船高，导致企业成本越来越高。合肥还算是二线城市，一线城市的房价更是令人倍感压力，尤其是对青年人才造成巨大的影响。一些企业的部分科研骨干开始举家离开工作多年的城市，对企业、对城市都是不小的损失。

针对这些问题，一些地方努力寻找解决之道，进一步降低创新人才的成本和落户门槛。比如推进政府主导的公共租赁住房建设，积极强化科创集聚区人才公寓建设。在合理统筹落户名额，加大向创新人才倾斜力度方面，广东省强化市场发现、市场认可、市场评价的人才机制，取消了两院院士、国家"千人计划"专家等高层次人才进入企事业单位和落户广州的年龄限制。

也有一些地方以经济适用房、人才公寓、创新小镇等多种方式，协助解决人才的居住、生活问题，注重生活配套设施建设，减轻人才生活负担与后顾之忧，使之更能心无旁骛地投身到工作之中。

☀ **专栏9-1**

浙江省和广东省有关创新人才体制机制的举措

【浙江省】

（1）不断强化"新理念"。强调"抓人才就是抓发展、抓人才就是抓转型"。

（2）源源注入"新动力"。立足地方产业特色，突出企业主体优势，2009年以来持续推进海外高层次人才引进计划，不断为浙江省转型发展注入新动力。

（3）量身打造"新平台"。立足不同产业发展规律，针对海外高层次人才特点，积极为海外高层次人才搭建新平台。

（4）健全完善"新机制"。2016年6月底，浙江省委省政府专门出台"人才新政25条"，围绕人才引进培育、流动配置、激励保障等重点环节，逐条分解细化，加大政策创新力度，切实扫除人才发展障碍，充分释放人才发展活力。

（5）大力营造"新环境"。把广大人才的期待作为第一导向，把广大人才的满意作为第一标准，提供最优服务、精准服务，切实帮助其解决实际问题。

【广东省】

（1）创新高层次人才分配激励机制。探索建立科研人员和高层次人才分配激励机制，对基础科研、国家战略发展需要重点扶持、知识技术密集、高层次人才集中以及有突出贡献创新型人才的事业单位，适当增加奖励性绩效工资总量。

（2）创新科研人员流动机制。鼓励和支持高校、科研院所科研人员兼职、离岗创业，经所在单位同意可离岗创新创业，离岗3年为一期，最多不超过两期。

（3）广建渠道平台，提升招才引智能力。在美国、德国、英国、法国、日本、西班牙、加拿大等国家设立了11个海外人才工作站，构建起基本覆盖世界主要发达国家的引才网络。

（4）创新服务管理模式，打造一流人才生态环境。在省人才服务局开设高层次人才服务专区。

（5）加强顶层设计，完善政策体系。广东省政府先后出台了《关于进一步促进创业带动就业的意见》《关于进一步做好新形势下就业创业工作的实施意见》等政策文件，并制定了多份具体实施意见。

（6）打破"中梗阻"，抓好政策落实。打破享受就业创业补贴政策的户籍限制，凡在广东省创业的各类劳动者（包括港澳台创业者）均可平等享受各项创业带动就业扶持政策。

（7）搭建示范平台，提升服务功能。提出建设创业孵化基地"一十百千万"体系的目标。

（8）发挥财政资金作用，推进重点项目。设立总规模5亿元的广东省创业引导基金，首期投入2亿元，引导创业投资机构加大对初创企业的投融资支持力度。

二、海纳百川

在全球化的时代背景下，科技日新月异，产品迭代创新，新产业、新业态层出不穷，为了在日趋激烈的国际竞争中抢占先机，应海纳百川，敞开大门，招四方之才，择天下英才而用之。

1. 全球性高端人才竞争烽火正燃

21世纪，世界各国的竞争归根结底是人才的竞争，谁拥有了具备国际竞争力的人才资源，谁就掌握了创新与发展的重要引擎。尤其是在以互联网为代表的新兴产业领域，各国政府的限制相对较少，更是给紧缺的高科技、高层次人才大开绿灯，给了外籍优秀人才更多的发展空间。2015年版《美国创新战略》提出要改进移民制度，通过对高技术人才颁发绿卡的方式，方便对高技术工人、毕业生、企业家的引进，发挥外来移民在美国创新发展中的作用。

中国教育部发布的一组数据显示，2016年我国有43.25万名留学生归国，出国留学人员总数为54.45万人，年度回国人数与出国人数的比例为1∶1.26（见图9-1），而在10年前该比例为1∶3.15。从2008年到2016年年底，中国国家"千人计划"已分13批共引进约5900名海外高层次人才。2016年12

月发布的国际人才蓝皮书《中国留学发展报告（2016）》调查数据显示，我国留学人员回国创业的热情还是比较高的。在被调查的留学回国人员中，有超过 1/10（11.9%）的人选择了创业，这一比例远高于国内大学生毕业创业比例，创业领域集中在战略性新兴产业，如新生物工程、新医药、新一代信息技术等产业。

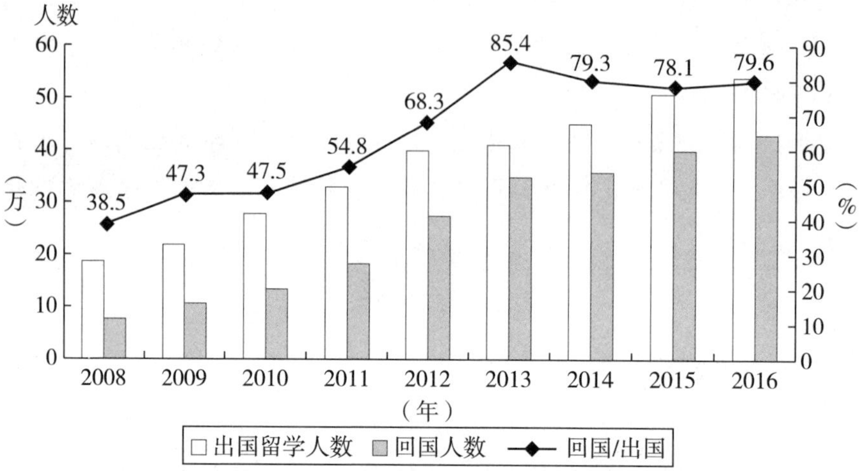

图 9 - 1　2008—2016 年出国留学人数与回国人数对比

中国日益成为全球经济最活跃的地区，也是带动世界经济复苏的最重要因素之一。经过三十多年的改革开放，中国具有完善的基础设施，生活环境逐渐改善，人均收入水平稳步提高，消费市场潜力巨大。中共十八大以来，中央提出"聚天下英才而用之"的战略思想，给予面向海外的引智工作高度关注和重视。对于海外高层次人才而言，中国市场具有广阔的发展前景，这也是外籍人士、海外留学生愿意来中国淘金创业、实现人生梦想的重要原因。

2. 海外人才回归潮

合肥中科院普瑞昇公司这个名字在国内高新技术企业中并不十分响亮，听说过的人也并不算多。可这家企业却拥有一个由哈佛大学海归博士组成的科技研究团队，核心成员有哈佛大学医学院博士后刘青松、刘静、王文超和任涛。研发团队中有国家"千人计划"1 人、"万人计划"1 人、中科院"百人计划"2 人，博士毕业生 21 人、硕士毕业生 18 人，其中海外留学归国人员 20 多人。

在武汉光谷，截至 2016 年 9 月，有海内外人才团队 4000 多个，有 326 名国家"千人计划"专家，博士超过 8000 人。1003 名"光谷人才计划"入选者中，70% 以上具有海外工作或留学背景。

此外，国内许多企业的创始人都是海外留学人才，如专注于人工智能和虚拟现实技术研发输出的深圳进化动力、研究和生产极大规模集成电路所需纳米材料的沈阳拓荆，都是拥有前沿领域核心技术的创新型企业，公司创始人都毕业于国际知名院校，并有多年世界名企的工作经历和业内领先的技术能力，他们选择了回国创业，带回了前沿的高科技和管理经验，并吸引了一批具有国际背景的优秀人才共同创业。

可见，中国的创新创业环境已经吸引了大量海外人才，这些人才在经济建设中也展现了相应的自身价值：浙江省引进的"千人计划"专家有 56% 的人分布在企业一线，共创办企业 393 家，其中规模以上企业 93 家，上市企业 15 家；创新人才共领衔 1000 多个省级以上项目，获得授权专利 5600 多项；广东省拥有部省市三级留创园 28 家，入园创新创业留学人才 1.6 万名，创办企业 2700 多家，年产值近 400 亿元……

大量的海外高层次人才为国内经济技术创新、企业发展带来了巨大的价值。他们有的带来了国际领先的技术和专利，有的带来了跨国公司先进的管理经验，有的迅速组建了有国际背景的创业团队，有的甚至弥补了当地新产业的一个空白并带动了行业的快速发展。

❋ 专栏 9-2

引进海外高层次人才对浙江民营企业带来的价值

浙江民营企业有资本缺技术，海外人才有技术缺资金，浙商企业家精神和人才技术结合，一方面推动了传统产业从低端向高端、从低附加值向高附加值转变，另一方面也有力推动了新兴产业快速发展。

【开山集团】①

作为衢州市装备制造业的龙头企业，开山集团的装备水平、制造能力、

---

① 参考资料：http：//news.qz828.com/system/2009/06/15/010132458.shtml。

技术水平，在国际国内都拥有了一定地位，但与国际跨国巨头们相比，高端产品研发能力方面的差距还很明显。2003年以来，开山集团和美国昆西公司开始有了业务上的合作，接触到了世界顶尖压缩机专家汤炎博士，他表示开山集团发展速度很快，但开山集团向高端产品发展的努力遇到了极大的瓶颈。目前压缩机领域的高端产品都被美国、欧洲的公司和品牌所垄断，国内无论空气压缩机还是离心式压缩机，都没有掌握顶尖技术。

开山集团用"空气动力中国芯"的口号打动了汤炎。2009年汤炎正式赴任开山集团副总裁，之后开山集团仅用5年时间就让企业跻身全球压缩机行业最具竞争力的行列。

【余姚市】①

1994年，在哈工大获得材料学博士学位的姚力军获得日本最高奖学金，去日本广岛大学读书。1997年，在宁波市科委工作的哈工大材料学博士王永康前往日本参加第四届国际材料学术会议，期间与姚力军一见如故。2004年，王永康调任余姚市市长，邀请姚力军来余姚考察，并向姚力军承诺，只要他带着"关键新材料技术和人才"来，剩下的所有问题交给党委、政府来解决。2005年，姚力军辞去霍尼韦尔公司的职务，率领留美博士潘杰及6名日本专家飞抵余姚，成立江丰电子公司。

2005年年底，江丰电子公司第一块靶材产品成功下线，向世界宣告：中国结束了溅射靶材完全依赖进口的历史，填补了国家的产业和技术空白。2011年，江丰电子大量出口美国、日本、欧洲、韩国，销售额突破1亿元。2015年，销售额突破3亿元，成为余姚市纳税百强企业。2016年上半年销售额同比增长超过60%，全年销售额超5亿元，实现利润6000万元。

在短短几年间，余姚市以江丰电子公司为核心的"原料—半导体材料与装备—芯片"全新产业链，集聚了一批国家、省"千人计划"专家，涌现出江丰精密、江丰生物、创润新材料等一批科技型企业，形成了铜、铝、钛、钼、钽等超高纯靶材的整条产业链，产业集群年产值已达50亿元，为余姚培育了一个新的经济增长点。

---

① 参考资料：http：//www.1000plan.org/qrjh/article/66917。

3. "引进来"面临的难点

多年来，我国在海外高层次人才引进和使用的过程中面临一些实际问题。

一是引不来。主要原因是永久居留证（简称"永居证"，俗称"绿卡"）申请困难。2014 年，有约 66 万名外籍人员申请了中国永居证，发放数仅不到 5000 张，通过率不到 0.76%。《中国留学发展报告（2016）》的一项调查中，增加护照含金量和国内认可度、发放更多次出入境签证、发放更多长期居留证、发放更多永久居留证等成为留学回国人员们最希望改善的政策内容。海外人才引进存在外籍人员永居证难办、审批周期长、含金量不高等问题，直接阻碍外籍人才来华长期工作。

二是用不好。主要体现在海外高层次人才引进所需配套的支撑性人才供给不足。海外高层次人才，尤其是外籍人才的引进，最终还是需要以团队协作的形式开展工作。我国虽具有世界上最庞大的人才队伍，但其水平与结构依然存在较大问题，培养过程与生产、实践、创新相脱节，难以和国际接轨。一些地方虽然成功引入了优秀的国际人才，但在国内却难以搜寻到能够与之顺畅沟通、协同工作、具备相应技术和知识体系的支撑性人才队伍。

三是留不住。主要因素是永居证含金量不高，配套保障工作不足，虽然在外籍人才引进的政策推进之下，永居证门槛已经有所降低，但是含金量依然不高，知晓度不够，外籍人员在华生活面临诸多不便。除了语言障碍、饮食差异、生活习惯不同，在开展工作与日常生活等方面，外籍人员在华依然受到诸多限制，哪怕拿到绿卡也不例外。例如，凭借外国护照或永居证无法在网上订购火车票、许多酒店和旅游景点无法接待、外籍子女无法就读普通学校、外籍佣工难以一同入境等。这些因素导致海外人才很难真正融入国内生活。

好在近一两年以来，这些问题在国家积极的引智政策的指导下，已经开始得到逐步解决，海外高层次人才的引进与安置工作取得了良好进展。2015 年 9 月 15 日，习近平总书记主持召开中央全面深化改革领导小组第十六次会议，审议通过公安部提交的《关于加强外国人永久居留服务管理的意见》，对外国人永久居留服务管理制度开启了全面改革和创新。从理顺体制机制、健全政策法规、优化申请材料、落实资格待遇等方面进行系统顶层设计，实现了外国人永久居留制度改革的重大突破，形成更为科学合理、开放务实的外国人永久居留服务管理工作格局。

2016年10月起试点实施新的《外国人工作许可证》制度，使"外国人入境就业许可"和"外国专家来华工作许可"两证整合，实现了"一人一码"，一网管理，统一评价标准和申请流程，方便了对外籍人才的服务和管理，可谓是引智政策的重大改革。据统计，2016年，公安部共批准1576名外国人在中国永久居留，较上一年度增长163%。此外，针对居住证的含金量问题，2016年公安部会同20个部委对外国人永久居留证件应用问题进行了专题研究，并牵头开展证件便利化改版，强化永久居留证件的身份证明功能。新版证件将在2017年年内启用，使用起来更加方便，中国"绿卡"含金量进一步提升。

☀ 专栏 9–3

部分"全创改"地区有关外籍人才引进的建议

部分"全创改"地区针对本地外籍人才引进问题向中央提出了诸多建议，但被批准执行的很少，现将各地具体的上报建议梳理如下：

【京津冀】

（1）开展外资人才中介服务机构投资比例试点。

（2）试点区域内中央和省（市）属高等学校、科研院所等事业单位聘用外籍人才，签订劳动合同后，可在社保、医保等有关方面享受与国内事业单位在编人员同等待遇。

（3）试点区域内持学习类居留证件的外国人经高等学校同意，公安机关出入境管理机构在其所持证件上加注"勤工助学"等信息，可以在本市兼职创业、休学创业。

（4）实施技术移民制度。

【上海市】

（1）开展海外人才永久居留、出入境等便利服务试点。健全国际医疗保险境内使用机制，扩大国际医疗保险定点结算医院范围。开展在沪外国留学生毕业后直接留沪就业试点。

（2）取消海外高层次人才引进的年龄限制，允许符合条件的外籍人士担任国有企业部分高层管理职务。

【武汉市】

（1）外籍人员在武汉市已连续工作满4年、每年在中国境内实际居住累计不少于6个月，有稳定生活保障和住所，工资性年收入和年缴纳个人所得税达到规定标准，经工作单位推荐，可以申请在华永久居留。

（2）对经武汉市人才主管部门认定的外籍高层次人才，签发5年有效期的工作类居留许可（加注"人才"），工作满3年后，经单位推荐可以申请在华永久居留，并进一步缩短审批时限。

（3）具有在武汉市创新创业意愿的外国留学生，可以凭高等院校毕业证书等材料申请有效期2年以内的私人事务类居留许可（加注"创业"），进行毕业实习及创新创业活动。期间，被有关单位聘雇的，可以按规定办理工作类居留许可。

（4）对已获得在华永久居留资格或持有工作类居留许可的外籍高层次人才和创新创业人才，提供个人担保和雇佣合同，可以为其聘雇的外籍家政服务人员签发相应期限的私人事务类居留许可（加注"家政服务"），满足外籍高层次人才和创新创业人才实际生活需求。

（5）经认定来汉工作的外籍高层次人才，武汉市人民政府按内地与境外个人所得税税负差额给予补贴，对此项补贴所得免征个人所得税。

【四川省】

（1）开展技术移民和投资移民试点。

（2）建设海外人才离岸创新创业基地，探索离岸架构企业在注册、税收、高新技术企业认定等方面的制度创新。

（3）开展在川外国留学生毕业后直接留川就业试点。

【广东省】

（1）试点整合外国专家来华工作许可和外国人入境就业许可，实行外国人才分类管理，提供不同层次的管理和服务。

（2）推进外籍高层次人才永久居留政策与子女入学、社会保障等有效衔接。对符合条件的外籍高层次人才及随行家属来粤提供签证居留和通关便利措施。

【沈阳市】

赋予沈阳海外高层次人才认定权限。

4. 既来之则安之

为了真正让有志于来华发展的海外高层次人才来得了、待得住、用得好、流得动，需要从实际问题出发，创造海外人才生活工作的优质环境。

（1）适度放开针对外籍人才的居留、工作的相关政策，解决存量、吸引增量。许多企业或创业团队在选聘外籍人才时，由于时间紧迫、海外招聘渠道复杂等原因，未能提前为外籍人才办理工作许可。而且，由于以前相关手续的申请流程长、审批通过率低，也有许多已经在华工作的外籍人员尚未解决遗留的工作许可或身份问题。

（2）建立健全完备的"外国人在华永久居留证"制度，提高永居证含金量。由国家控制每年永居证的发放额度，并对全面创新改革试验区、战略性新兴产业等急需紧缺人才的地区和行业给予适度政策倾斜。永居证的申请流程应公开透明，帮助符合条件的长期在华工作的外国高端人才从"外国人工作许可证"升级为"永居证"，提高对存量人才的吸引力的同时，提高永居证的含金量和便捷性。永居证卡片的用途与管理应参照第二代居民身份证，持有者可享受基本公民待遇，保障持有者在国内工作、生活的便利性。例如，持有者可凭永居证（无需护照）享受直接购买机票和火车票（包括在线预订和使用自助售票机系统）、金融机构开户、入住酒店、办理驾照、医院建卡等生活便利。在企业申报注册、子女入学、购房、购车等方面享受与工作所在地市民同等或相近待遇。

（3）积极推广地方先进经验。在各地不乏创新性"引智"政策，但由于地方性的局限，仅仅适用于一省一地。在省内范围解决了外籍人员出行生活、开展工作遇到的多种实际问题，弥补了永居证实际功能的不足。但出于地域范围所限，永居证的效力也局限于省内，一旦出省便是枉然。此类地方先进的人才政策经验做法，应积极推广为全国性政策，为更多省市所用，让更多人才受益。

（4）强化配套保障措施。以经济适用房、海外人才公寓、创新小镇等多种方式，协助解决人才的居住、生活问题。对于许多外籍高端人才家庭所习惯的外籍佣工，面向符合条件的外籍人才，有条件放开聘雇外籍家政服务人员的居留许可申请。有针对性地推进落实工商金融、教育医疗、社保税务、购房购车等方面的保障，形成综合服务保障体系。

三、不一样的培养之路

饮水思源，创新型人才的培养要从教育抓起。当下发展环境需要的人才多种多样，既需要有高学历高知识的管理、研发人员，也需要拥有高技能的操作工人。因此，教育的形式也应该是多样化的，针对不同的教育目标和人群培养各类人才。

1. 拆掉大学的"围墙"

互联网的出现让大学课堂不再局限于校园内，"慕课"等教育分享平台集中了海量、优质的名校教育资源，无论你身在何处，都可以花较少的钱享受全球大学的优质课程，只需要一台电脑和网络连接即可。在线学习模式在全球范围内受到热捧，有报道指出，美国企业在线学习市场在 2015 年价值 120 亿美元，并预估全球企业在线学习市场份额将在 2020 年达到 310 亿美元。[①]随着北大、清华、复旦等国内名校的加入，"慕课"也逐渐走入中国用户的视野，Coursera（全球最大的慕课平台）上的中国用户数已经有数百万，绝大多数是在校学生和年轻白领。

专栏 9 – 4

"慕课"基本介绍

"慕课"的英文直译为"大规模开放在线课程（Massive Open Online

---

① 参考资料：http://www.edu.cn/xxh/zyyyy/zxjy/201706/t20170608_1524440.shtml.

Course）"，是一种在线课程开发模式，将分布于世界各地的授课者和学习者通过某一个共同的主题联系起来，优化教育资源配置。

"慕课"的课程跟传统的大学课程一样循序渐进地让学生从初学者成长为高级人才。课程的范围不仅覆盖了广泛的科技学科，如数学、统计、计算机科学、自然科学和工程学，也包括了社会科学和人文学科。"慕课"不只是课堂录像，而是设计了一套完整的教学流程：严格的开课时间、课程视频、讨论互评、课后作业、期末考试及证书。

教育资源的开放共享能够最大程度实现教育普惠性，让更多人接触到优质的资源，提高整体人才素质，用开放的思维培养更多创新型人才。虽然"慕课"受到众多中国学生的追捧，但现实的发展依然存在很多问题，如国内很多所谓的"慕课"课程不过是传统课堂的录像，缺乏真正的课程制作队伍。此外在线教育的学分认定、学生的学籍以及学位的社会认可性等体制问题是未来网络教育发展的最大瓶颈。

除了教育资源开放共享，国内高校内部也开始进行体制改革，如建立高校与企业之间的纽带。重庆市积极推动高校主动融入以企业为主体的技术创新体系，具体表现为三个方面。

一是共建共享创新平台。推动高校与企业院所共建重点实验室、产业技术创新研究院、产业技术创新战略联盟等创新平台。

二是服务企业技术创新。支持高校围绕战略性新兴产业自主设立科研项目、调整专业设置，为企业技术创新提供技术和人才支撑。

三是促进科技成果转移转化。推动高校完善技术转移工作体系，采取完善、提升或新建等方式组建科技成果转化机构，鼓励有条件的高校探索建立专业化的技术转移机构，如重庆理工大学等高校成立了科技资产经营管理公司。再如扩大高校办学自主权，激发人才积极性。广东省从 2016 年开始向高校全面下放人事管理权限，将岗位设置、公开招聘、职称评审、薪酬分配、人员调配 5 项人事管理权限下放华南师范大学、华南农业大学、广东工业大学、广州中医药大学、广东外语外贸大学 5 所试点高校，赋予高校充分的用人自主权，实现"22 个自主"，且完全实行事后备案管理，有效激发高校内生动力和人才发展活力。

虽然高校教育改革已经得到各方关注，也开始有所尝试，但是拆掉大学的"围墙"不是一朝一夕就能完成的，也面临着诸多困难。如"全创改"地区的改革事项上报建议中提到很多有关高校办学自主权、中外合资办学等教育改革举措，但是经批准通过的事项却非常少。教育改革依然面临诸多思想、体制等现实情况的制约。

如何让高校不再是封闭的象牙塔，以开放包容的态度融入市场环境，培养出未来发展真正需要的专业人才，目前可以尝试的方向有三个。

一是授权地方开展高等教育办学自主权试点。改革高校办学机制，在教育部等部委设置办学标准、把控办学质量、平衡区域发展和社会公平等基础上，授权"全创改"试点地区所属高校开展办学自主权试点，在自主招生、教师评聘、经费使用等方面开展制度创新。

二是支持地方建立教育国际化改革试验区，扩大中外合作办学自主权。引进世界知名大学来华办学，建设一批合作办学项目以及若干专业化、开放式、国际化的特色学院。

三是积极推进教育分享平台建设，开放高校教育资源，鼓励社会力量参与，推进在线开放课程学分认定、学分转换等管理制度创新，鼓励高等院校将在线课程纳入培养方案和教学计划。

2. 技术工人从哪里来

拥有一技之长的高级技术工人不是从普通大学校园里来，而更多地应该从职业教育中来。工种的多样性和群体差异性决定了教育也应该分流，而职业教育是当代教育分流最有效的手段。

而国内目前的职业教育一直面临两个悖论：一是国家需求高与社会认可度低的矛盾；二是出口好即就业率高与入口差即生源质量低的矛盾。许多家长和学生选择职业院校是被动、无奈之举，就是在考好的普通高中或本科院校希望渺茫的情况下，才选择了中职学校或高职院校。

这种基于无奈而选择职业教育的现象长期存在，这既有职教自身的问题，也有社会的原因。就职业教育自身而论，正如社会学者郑也夫教授所说，我们没能有效地贯彻职业教育中教室与车间的有机配合，学生没能学到扎实的技能，学校也未能像德国与日本那样为职校毕业生提供超过大学毕业生的就业便利。就社会而论，德国人建立了枣核型社会，技工的收入与社会地位不逊于大学学历持有者，所以很多中小学生愿意分流到职业学校。而我们的户籍壁垒，白领与蓝领在收入与社会地位上的悬殊差距，是职业教育没有吸引力，无法促成教育分流的基础原因。

基于这些原因，一方面要提高职业院校教育体系与企业需求的匹配度，有针对性地培养专业性技术人才，给学生创造优质对口的就业岗位；另一方面要改变固有思维，创新教育体制，对职业院校毕业生给予政策上的支持，扩大职业院校对优秀学生的吸引力。

北京市教委开展了一个有意义的尝试，即"高端技术技能人才贯通培养"。什么意思呢？就是从初中招收好的生源，通过 7 年的贯通培养，学生可以获得国内或者国外的本科文凭。

这项探索分为高等职业院校招生、中等职业学校招生两种模式，高职院校培养方式为 7 年一贯制，7 年分为 3 个阶段，即"2 + 3 + 2"，前 2 年学习高中阶段课程，之后 3 年学习高等职业技术学院课程，最后 2 年到国外本科应用技术学院或者在北京本科高校学习，学生最后可以获得外国或者国内的本科文凭。中职学校培养方式为"3 + 2 + 2"，即前 3 年在中等专业学校接受基础文化课程和专业基础课程教育，中间 2 年在市属高校接受高等职业教育，后 2 年接受本科专业教育。这项改革在北京电子科技职业学院、北京财贸职业学院、北京工业职业技术学院、北京第二外国语学院、首都铁路卫生学校、北京铁路电气化学校等学校同时展开。这些院校各自对应一所示范高中以及一所或者数所国内外本科院校和数家企业。

这些学校还积极开展"外培班"，与国外各类应用型大学建立合作培养模式。目前北京电子科技职业学院、北京市第三十五中学、德国科隆汉斯贝克勒职业学院、南威斯特法伦应用科技大学、卡尔·杜伊斯堡公益中心共同签署了合作协议，"外培班"的学生完成协议所设定的各类准备课程并获得相应的资格证书后，可以进入德国应用科技类大学本科专业学习。北京市出资支持"外培班"学生出国学习。今后将有美国、英国、法国、加拿大、澳大利亚、新西兰、日本等国家的应用科技大学与北京电子科技职业学院、北京市第三十五中联手，共同培养国际化高端技术技能人才。学生则能获得合作国教育部签发、中国教育部认定的大学学士学位。①

　　除了政府部门主导的教育体系创新，企业也开始加入到职业教育中来。例如，为了填补国内职业院校机器人专业的空白，2016 年 1 月，新松机器人自动化有限公司与安信咨询公司联手成立中德新松教育科技集团，同年 2 月，全资并购德国陶特洛夫职业培训学院，成为国内首家并购德国职业院校的企业。集团通过引进德国先进教育模式、理念，与新松机器人自动化有限公司在智能制造领域的实践经验，以全新的视角，将"产教融合"深植到教育产业发展模式中，搭建了一个融合技术研发、咨询、人才培养和科技服务等综合性服务平台。如图 9 - 2 所示。

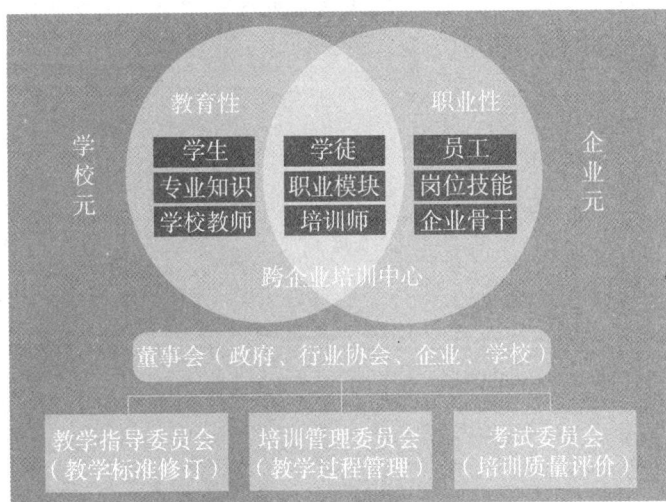

图 9 - 2　中德新松教育科技集团"产教融合"模式

　　这些尝试对于职业院校改革非常有意义，也得到政府部门的高度重视。2016 年年底，人社部印发《技工教育"十三五"规划》，这是人社部第一个关于技工教育的五年规划。其中明确提出到"十三五"末期，基本形成办学规模适合市场需求，专业结构适应产业发展，校企融合贯穿办学过程，教学改革实现工学结合，实习实训与工作岗位紧密衔接，技能人才培养层次规模与经济社会发展更加匹配，社会服务功能更加健全的现代技工教育体系。虽

_____

① 参考资料：http://edu. people. com. cn/n1/2016/0121/c1053 - 28071887. html。

然路漫漫其修远，但上下求索之路已经开启。

专栏 9-5

产教融合，为高端装备智能制造培养紧缺人才

四川工程职业技术学院地处中国"重大技术装备制造业基地"——四川省德阳市，是国家"三线建设"时期与中国二重、东方汽轮机和东方电机同时布点建设的学校，50多年来，与重装企业风雨同行、唇齿相依。近年来，学校通过省市共建，搭建产学研平台，校企深度合作，不断创新探索人才培养模式，努力为高端装备智能制造提供高技能人才和技术服务支撑。

（1）跳出"围墙"，融入产业，成为重装企业战略伙伴

随着增长方式的转变，装备制造产业结构正在发生重大调整，例如：东方电气集团已基本形成了核电、风电、大型水电、燃气轮机、光伏发电"五电并举"的新格局，重装的产品结构调整率已达80%以上。学校始终坚持"产业结构调整到哪里，学校办学就跟进到哪里，企业需要什么样的人才，学校就提供什么样的人才支撑"理念，与省内100家大企业集团、10个重点产业园区建立对接，引入行业技术标准，校企联合制定人才培养方案，建立起了"快速反应、同步跟进、动态调整"的主动服务重装产业的创新机制。

例如，中国二重研制世界最大的8万吨大型航空模锻压机，学校和中国二重及时开设了模锻专业，按照"厂中校"模式实施培养，该专业毕业生成为了大型模锻压机试运行的首批操作者；东汽产品结构发生重大调整，急需焊接高技能人才，学校马上调整教学内容，通过"校中厂"模式，引入欧洲焊工标准，校企实施联合培养，连续两届培养了142名毕业生，全部进入核电、风电生产的重要岗位。

近三年，学校紧贴航空航天、高端装备智能制造产业发展，新开设了飞行器制造技术、工业机器人应用技术、航空精密成型与控制技术等专业，学校就业率一直保持在98%以上，为中国工程物理研究院、中航工业集团、航天科技集团、中国兵器工业集团、东方电气集团等高端装备制造骨干企业的关键重要岗位输送毕业生4800余名，占制造类毕业生总数的60%以上，满足了装备制造产业转型升级对高技术技能人才的需求。

（2）省市共建，搭建平台，推动政产学研用一体化

2006 年，四川省经信委、德阳市政府为了建立高职直接服务"德阳重装基地"的畅通渠道，经四川省政府批准，学校由省经信委和德阳市实行"省市共建"。学校按照"省市共建，产教融合，搭建产学研平台，进入产业创新体系，创新人才培养模式，引领高端装备智能制造"思路，整合行业技术中心、中小企业服务平台、研试中心等公共服务平台的资源，协同实施高技能人才培养、科技成果转化、新技术推广应用和创新创业等，形成直接服务产业发展的创新体系。

目前，占地 497 亩、建筑面积 20 万平方米的产学研的基础建设已基本完成。在内涵建设上，一是产教融合，建航空材料检验检测中心。中国航空学会、中航工业集团公司检测及焊接人员资格认证管理中心、北京材料分析测试服务联盟联合在学校成立了"培训基地"，承接着航空材料检验检测人员专业培训，以及中国二重、东汽、九院、涡轮研究所等航空材料的检验检测工作。二是国际合作，建智能制造示范基地。学校与德国西门子、KUKA（库卡）、普什宁江机床、成都环龙公司等国内外企业合作，建设工业机器人应用创新中心、高端装备智能制造应用创新中心，承担着成都 132、中国航天集团、中船重工集团在军工产品生产的工艺研制任务。三是政产学研用合作，建德阳中科先进制造创新育成中心。学校与中科院成都分院、德阳市政府，三方共建"德阳中科先进制造创新育成中心"，开展装备制造业共性技术研发与服务、技术转移、成果转化、高端人才培养等工作。目前已成功引进建立了"表面再制造中心""先进制造数字化设计中心""产业技术创新信息中心""德阳微波能科技成果应用转化中心"和"德阳装备业'云制造'服务平台"等科研实体，主动融入产业发展和技术创新体系，服务高端装备制造转型升级。近两年来，学校为 400 余家企业提供了 239 项工艺技术服务，为企业培训员工 8400 余人。

（3）创新模式，立德树人，弘扬"大国工匠"精神

学校与中国二重、东汽等联合，开展"制造类高职人才培养的新模式"的探索和实践，学校通过"校中厂"，把企业引入校园、产品引入实训、工程师引入课堂；通过"厂中校"，让教师进入车间、学生进入工段、教学进入现场。通过"三引三进"，让学生在校企双重文化的熏陶下，接受原汁原味的技

艺传授,提高职业素养和实践技能。同时,注重基础理论知识和实践技能的全面培养,推行"双证书制度",实施延伸培训,提升毕业生的持续发展能力。该成果荣获第六届高等教育国家级教学成果一等奖。

针对顶岗实习期学生党建工作"真空",与企业基层党组织签订联合培养协议,实行"双汇报、双考察"制度,建立"顶岗实习党员管理卡",与16家企业共同培养发展学生党员329人、入党积极分子205人。同时,创新班级导师选配模式,在辅导员、班主任基础之上,为每个班级配备一名班级导师,由学校领导、中层干部、教授担任,帮助学生树立报国理想、规划人生目标、改进学习方法、指导就业创业,做学生健康成长的引路人。

通过产学研,会聚和整合行业优秀人才资源,建立了600余人的高端技术技能人才联盟,聘请了"大国工匠"、高技能人才楷模高凤林,8万吨模锻压机总设计师陈晓慈,中航工业北京航空材料研究院副总工程师、著名材料失效分析专家陶春虎,旅美人工智能专家师克力博士等为代表的一大批技术专家,直接参与专业建设与教学工作,用精益求精、脚踏实地、吃苦耐劳的"大国工匠"精神培养和塑造学生,培养学生产业报国的理想和信念。

3. 享受教授级高工待遇的"喷漆工人"

0.01毫米,相当于一根头发直径的1/6左右,是世界技能大赛汽车喷漆项目对油漆厚度所允许的最大误差。杭州技师学院的杨金龙凭借高超的技术挑战"不可能",获得了这个项目的冠军,为中国实现了这个赛事零金牌的突破。

22岁的杨金龙是杭州技师学院最年轻的教师,专攻汽车喷漆。虽然这项工艺过程只有几步,但每一个细节都至关重要:打磨不过关,影响喷漆的厚度;调色不过关,修补点存在色差影响感观,稍有不慎,前功尽弃。训练的过程异常辛苦,在练习喷漆时,杨金龙常常因为手持喷枪时间过长而导致胳膊疼痛。"有时候痛到睡不着觉,几天抬不起来,只能用冰袋冷敷来缓解。"杨金龙说,为了增强自己的肌肉力量,他每天举哑铃锻炼。没有休息日,每天练8小时以上,杨金龙努力追求精细的极限。2015年,在第43届世界技能大赛上，杨金龙一举夺得金牌。①

这个用精细技术赢来的荣誉，让 22 岁的杨金龙被破格提拔为杭州技师学院教师，2015 年 12 月，杨金龙被浙江省政府授予了编号为"0001"的"特级技师证书"，成为浙江省首位特级技师。根据相关规定，杨金龙可享受教授级高工的同等待遇。

一个技术工人可以凭借自己精湛的技术享受教授级高工的待遇，在过去固有的职业评价体系中几乎是不可能的，浙江省此举可以说在创新人才评价体系上迈出了可贵的一步。

之所以可贵，正是因为它较好解决了当前人才评价机制普遍存在的一些问题，比如人才评价标准单一的问题。目前的人才评价制度对不同领域、不同专业的人才都使用学历、资历、论文数量、外语和计算机水平等进行量化衡量，评价标准针对性不强，没有建立分层、分类的科学评价体系。正如我们不会在意一个飞行员是否拥有高级职称，而更在意他的飞行技术。因此，应当对基础研究类、应用技术类、金融类等不同类别的人才制定有针对性的、有实际操作价值的评价体系。

这个体系建立的前提是要健全职业分类和职业标准体系，完善人才的分级分类和标准认定。还有就是现有评价体系过于强调论文、课题、获奖、专利等显性指标，忽视了实际贡献和解决问题的能力，对人才的评价方法仍停留在传统的计划经济时代思维上。对于市场高层次人才、创新创业人才的界定不够清晰，相对于高校或科研院所的研究人员，一些投身于产业化项目和成果转化的人才却难以获得更多更好的政策红利及实际待遇。

因此，要尝试改革人才评价方式和机制，形成企业主体、社会组织和市场认可的多元评价机制，打破传统以政府行政手段为主的评价体系，提高人才评价的社会化程度，通过"问东家、问专家、问大家"等多种形式考查人才的实际工作能力。

目前部分省市已经开始积极探索创新人才评价体系，如上海在探索人才落户制度改革中提出，未来将突出市场认可、市场评价，将创业人才获得的风险投资规模、科技人才实现的市场价值作为评价指标，以推动具有

---

① 参考资料：http://news.cctv.com/special/zgmsjz/201605/120/index.shtml。

全球影响力的科技创新中心建设。未来相信像杨金龙这样的故事将不再是特例。

☀ **专栏 9-6**

广东省关于创新职业评价体系的尝试

一是突出科技创新和业绩能力导向，改革职称评价政策。2015 年会同省科技厅出台《关于进一步改革科技人员职称评价的若干意见》（以下简称《意见》），在科技人才评价体制、机制、对象、方式和领域等方面进行全方位的改革创新，提出了 11 条操作性较强、含金量高的"干货"。《意见》加大创新成果转化评价权重，将专利创造、标准制定及成果转化作为职称评审的重要依据，推进评价领域向创新产业拓展，完善适应人才创新创业的评价机制，改革措施得到业内和社会认可，在全国反响较大。在 2016 年度职称评审中更加突出品德、能力和业绩评价，免除了职称外语、计算机应用能力等条件，不将论文、科研等作为评价应用型人才的限制性条件，得到专技人才的好评。自 2012 年起对本省 14 类具有突出贡献的创新型高层次人才职称评审开辟"绿色通道"，累计共 157 人通过该渠道获得高级职称。

二是发挥用人主体作用，创新职称评价机制。研究政府职称管理职能转变，探索界定和进一步下放职称评审权限。开展高校职称制度改革试点，下放高校教师职称评审权；探索在华大基因、广汽研究院等新型研发机构实行职称自主评审；推动职称评审组织实施向具备承接能力的社会组织转移。目前全省 154 个高评委中，评价具体工作由专业性协会或学会等社会组织承担的有 36 个，由高校、科研院所等企事业单位自主开展职称评价的有 34 个，其中深圳市 27 个副高评委会中已有 24 个设在社会组织，有力促进企事业单位落实用人自主权，支持各行业人才的培养。

三是开辟评价新领域，服务创新驱动发展。创新开展知识产权专业职称评价，开展工程系列部分专业高技能人才与工程技术人才相互贯通发展试点，推动创新服务型、复合型人才培养，激发科技人员创新创造的活力。

第十章

治理模式的创新

新产业、新业态、新模式的蓬勃发展也对原有的治理模式提出了新的挑战，创新治理模式成为适应经济社会发展新常态的时代命题。其中，电商平台治理、网约车新政事实上成为了创新治理模式的风向标。电商平台暴露出来的违法违规、市场准入、消费者权益保护等问题开始倒逼平台治理模式的更新。2015 年在全国工商系统的"红盾网剑"专项行动中，共删除违法商品信息 7.5 万条，责令整改网站 12554 个次，已提请关闭网站 2170 个次，责令停止平台服务的网店 1134 个次，查办违法案件 6737 件。网约车新政针对车辆、司机、运营管理等方面的规定，尤其一些地方在驾驶员户籍及考试要求、车辆牌照、车辆排量与轴距、运营方地方许可等方面的严苛要求，引发了社会各界的争议。面对新产业、新业态、新模式，创新治理模式已经刻不容缓！

一、刀刃向内的"自我革命"

1. 奇葩证明知多少

2015 年 5 月 6 日，国务院常务会议讨论进一步简政放权，取消非行政许可审批等有关事项。在会上，李克强总理一连讲了三个形象的故事，痛斥某些政府办事机构为民办事时设置多道"障碍"。其中的一个故事后来广为流传，就是让人开具"你妈是你妈"的奇葩证明。

类似的奇葩证明还有很多，媒体和细心的网友列出了另外的一些事例：西安一刘姓市民为了和父亲的户口迁在一起，历经周折开具"你爸是你爸"的证明，但最终还是未能与父亲的户口迁到一起；广州七十多岁的廖女士在办理出国旅游签证时，负责代办的旅行社要求她提供结婚证，以证明"夫妻关系"，但遗失了结婚证的廖女士找到当年登记结婚的民政局，对方却告诉她三四十年前的档案早已查不到了，这个证明没法开具。

奇葩证明不仅仅给公众带来不便与无奈，其后面所隐藏的是某些政府机构管得太多，是权力越位，是乱作为。进而言之，奇葩证明还仅仅是某些政府机构诸多职能中一个小小的方面，而与公众和企业、社会组织有关的职能和事项更多，影响也更大。这里大致列举如下：

（1）政府权力事项。行使权力是政府最基本的职能，行政学家曾经将政府的权力进行分类，共有十多类，包括审批、处罚、强制、征收、给付、检查、年检、奖励、确认、监督、裁决、复议、税费减免等，可谓无所不包。

（2）职业资格许可和认证。三百六十行，行行要资格。无论是成为注册会计师、注册结构工程师，还是成为医师、护士、律师、法官，抑或当老师、钳工、焊工、证券分析师，你都需要有关部门颁发的从业或执业资格许可证。否则，你能从事的职业类型就相当有限。

（3）商事制度。如果你要开办一个公司，将会有填不完的表格、盖不完的图章、跑不完的机构。根据国家工商总局局长张茅在十二届人大五次会议答记者问的内容，"企业拿到营业执照，前置审批还有34项，后置审批按大类算，将近300项"。

（4）中介服务。仅以项目投资评估为例，涉及的事项就有"环评、水评、能评、安评、震评、交评、灾评、文评、雷评、气评……"花样之多，触目惊心。

以上所列种种，是"大政府"的一个缩影。过大的政府权力、过于烦琐的商事规则、过于苛刻的职业资格以及过多政府审批伴随的中介服务，带来的是高昂的制度成本，增加的是企业的交易成本、"有梦青年"的创业成本、公众的生活成本。从大的方面而言，"大政府"会窒息市场活力，会浇灭经济增长的动能。因此，向"大政府"开刀，势在必行。

2. 五年的"当头炮"

简政放权是政府发动的一场"自我革命"，其勇敢程度如同"壮士断腕"，需要痛下决心，才能交出自己手中的权力。随着改革不断走向纵深，简政放权的难度也随之加大，水越来越深，骨头越来越硬，阻力越来越大。

近几年，政府工作的"当头炮"都是"简政放权"。2013 年 3 月，本届政府成立后的首次常务会议，重点研究了推进政府职能转变事项；2014 年第一次常务会议，决定进一步推出深化行政审批制度改革的三项措施；2015 年首次常务会议，确定规范和改进行政审批措施；2016 年 1 月的常务会议，决定再推出一批简政放权的改革措施。2017 年国务院的第一次常务会议，确定了三个议题，分别对应着"放管服"改革的三个层面：决定再取消一批中央指定地方实施的行政许可并清理规范一批行政审批中介服务事项；审议通过"十三五"市场监管规划；部署创新政府管理优化政府服务。

连续五年的"当头炮"，反映的是本届政府对简政放权改革的高度重视，也反映了这一改革的必要性和紧迫性，更反映了这一改革的长期性和艰巨性。这种以"自我革命""壮士断腕"的精神，雷厉风行、大刀阔斧的力度加以推进的简政放权改革，毫无疑问产生了广泛的震动，其成效可谓斐然。下面的一组数字可以更精确地反映近五年来的成效。

在行政审批事项改革方面，分 9 批累计取消或下放给地方政府的审批事项共计 618 项，超过改革前总数的 1/3，其中取消的权力事项达 491 项；取消 258 项非行政许可审批事项，占原有总数的 57%，其他转为行政许可、调整为政府内部审批事项，彻底终结了"非行政许可审批"这一惯常做法。

在职业资格许可和认定事项改革方面，已分 7 批削减职业资格许可和认定事项 433 项，占本届政府成立之初设置总量的 70% 以上。2016 年年底，人社部公布了具有"硬约束"的资格目录清单，共计包括 151 项职业资格，并且只能减不能增。

在商事制度改革方面，工商登记前置审批事项削减了 90% 以上，目前各地工商部门在"三证合一"的基础上，整合社保登记证和统计登记证，抓紧推行"五证合一、一照一码"工作。

在减轻企业和个人负担方面，中央层面取消、停征、减免超过 400 项行政事业性收费和政府性基金项目，每年减轻企业和个人负担近千亿元。

在国务院的整体部署和要求下，各级地方政府也积极推进本级政府的简政放权工作。一是取消和下放本级政府的行政审批事项，清理和取消非行政许可事项和行政审批中介服务事项等。二是编制各级地方政府的权力清单和责任清单，并向社会开放，推动依法行政和问责机制的建立。目前，全国各个省份已全部公布省级政府部门权力清单和责任清单，绝大多数市（地、州）、县两级政府部门的权力清单和责任清单也都已经在网上公开。三是依托政务网络平台，规范行政审批流程，积极推进一站式、一门式政务服务。

上面的几项数字和措施，可以全面展示本届政府持之以恒地推进简政放权所取得的成效。这里我们通过国家发改委的例子，再次用数字来描述一下简政放权的部门景观。国家发改委是中国最重要的宏观经济管理部门之一，尤其在国家级重大项目审批、重要产品和服务价格的审定等领域负有重要职责。因此，其在简政放权方面的进展更是为社会各界所关注。有资料显示，截至2016年年底，国家发改委在简政放权方面取得的成效主要有以下几个方面。

（1）行政审批事项大幅减少。与2013年年初相比，取消或下放审批事项的比例已经超过60%。已全部取消非行政许可审批类别，全部取消了执业资格认定事项，包括价格评估人员、价格鉴证师、招标师职业资格认定以及价格评估机构资质认定等事项。

（2）投资障碍大幅减少。仅在2013年和2014年，就两次修订政府核准目录，中央层面核准的项目累计减少76%，国家发改委核准工作量连续两年减少50%。外商投资项目由"全面核准"改为"普遍备案+有限核准"，95%以上的外商投资项目实行了备案管理。境外投资项目除敏感国家、敏感地区、敏感行业以外，98%以上的境外投资项目取消核准，改为网上备案。

（3）政府定价范围大幅缩小。修订中央和31个省区市的定价目录，中央、地方具体定价项目分别减少80%和55%。同时，废止了1800余件价格领域规章和政策性文件，放开了除麻醉和第一类精神药品之外的2000多种药品政府定价，还放开了跨省跨区的电能交易价格。

二、面向未来的治理

创新性的商业实践通常都是领先于制度与法律进程的，不能强迫新生事物符合旧的制度框架，需要给创新留有试错的余地。发展带来的挑战需要通过制度层面的积极调整予以回应和因势利导，而不是用固有的条条框框去扼杀创新。从未来发展趋势看，支持和鼓励创新应成为政府监管与各项制度设计的基本原则。

1. 倡导包容性监管

面对创新型事物，已有的监管手段往往对其缺乏明确的规定。在这种情况下，行政监管机关要对新兴事物具有一定包容性。除非为了遏制明显的损害和确定性的损害风险，尽量不要采用设立准入门槛、行政禁令和行政处罚等剧烈的行政干预手段。在相关法律、法规对新兴事物尚没有明确定论的情况下，行政监管机关应当主要做好风险预警、信息服务等工作，不要在没有法律和法规依据的情况下增加互联网平台经营者的义务，减损其权利。应该真正将新的产业当成孩子加以培育，而不是当作潜在的"麻烦制造者"加以防范。

目前各方面对分享经济的监管理念已经形成初步共识，对底线之上、看得准的新业态要量身定做监管制度，对看不准的技术和业态实行更具弹性和包容性的监管方式。未来较长时期，分享经济治理应以包容创新为前提，一方面引导分享经济自身规范化发展，另一方面创新监管思维、监管模式、监管工具，在建立和完善补位性、底线性和保障性的制度和规范等方面多做工作、多下功夫。

☀ 专栏 10 – 1

分享经济的监管新规

2017 年 7 月 3 日，国家发改委、中央网信办等八部门联合发布《关于促进分享经济发展的指导意见》，明确了对分享经济的监管新要求。主要内容如下。

（1）合理界定不同行业领域分享经济的业态属性，分类细化管理。加强部门与地方制定出台准入政策、开展行业指导的衔接协调，避免用旧办法管制新业态，破除行业壁垒和地域限制。清理规范制约分享经济发展的行政许可、商事登记等事项，进一步取消或放宽资源提供者市场准入条件限制，审慎出台新的市场准入政策。拟出台各项市场准入、监管措施，必须事先公开征求公众意见，充分开展咨询评估，提高政策透明度。坚持底线思维，增强安全意识，对于与人民生命财产安全、社会稳定、文化安全、金融风险等密切相关的业态和模式，严格规范准入条件。

（2）坚持包容审慎的监管原则，探索建立政府、平台企业、行业协会以及资源提供者和消费者共同参与的分享经济多方协同治理机制。强化地方政府自主权和创造性，做好与现有社会治理体系和管理制度的衔接，完善分享经济发展行业指导和事中事后监管。充分利用云计算、物联网、大数据等技术，创新网络业务监管手段。加快网络交易监管服务平台建设，实施线上线下一体化管理。平台企业要加强内部治理和安全保障，强化社会责任担当，严格规范经营。行业协会等有关社会组织要推动出台行业服务标准和自律公约，完善社会监督。资源提供者和消费者要强化道德约束，实现共享共治，促进分享经济以文明方式发展。

（3）根据分享经济的不同形态和特点，科学合理界定平台企业、资源提供者和消费者的权利、责任及义务，明确追责标准和履责范围，研究建立平台企业履职尽责与依法获得责任豁免的联动协调机制，促进行业规范发展。平台企业应建立相应规则，严格落实网络主体资格审查，保护消费者合法权益，积极协助政府监督执法和权利人维权。资源提供者应履行信息公示义务，积极配合相关调查。消费者应依法合规使用分享资源。

（4）引导平台企业建立健全消费者投诉和纠纷解决机制，鼓励行业组织依法合规探索设立分享经济用户投诉和维权的第三方平台。依法严厉打击泄露和滥用用户个人信息等损害消费者权益的行为，加强对分享经济发展涉及的专利、版权、商标等知识产权的保护、创造、运用和服务。鼓励金融机构结合分享经济需求，创新金融产品和服务。研究制定适应分享经济特点的保险政策，积极利用保险等市场机制保障资源提供者和消费者的合法权益。

（5）鼓励和引导分享经济企业开展有效有序竞争。切实加强对分享经济领域平台企业垄断行为的监管与防范，维护消费者利益和社会公共利益，营造新旧业态、各类市场主体公平竞争的环境。严禁以违法手段开展竞争，严厉打击扰乱正常的生产经营秩序的行为。

（6）积极发挥全国信用信息共享平台、国家企业信用信息公示系统和金融信用信息基础数据库的作用，依法推进各类信用信息平台无缝对接，打破信息孤岛，建立政府和企业互动的信息共享合作机制，充分利用互联网信用数据，对现有征信体系进行补充完善，并向征信机构提供服务。积极引导平台企业利用大数据监测、用户双向评价、第三方认证、第三方信用评级等手段和机制，健全相关主体信用记录，强化对资源提供者的身份认证、信用评级和信用管理，提升源头治理能力。依法加强信用记录、风险预警、违法失信行为等信息在线披露，大力推动守信联合激励和失信联合惩戒。平台企业要健全信用信息保全机制，承担协查义务，并协同有关部门实施失信联合惩戒措施。

2. 对单边治理说不

新型治理走向协同监管是大势所趋。

就政府而言，既要创造宽松的发展环境，又要妥善处理创新引发的利益平衡矛盾。尤其是在发展初期，多数企业和产业仍处在探索创新阶段，政府可以在建立和完善补位性、底线性和保障性的制度和规范等方面多做一些工作，如及时修改已经明显不适用的法律法规，研究制定以用户安全保障为底线的创新准入政策，尽快完善适应新业态发展的社会保障机制，加快推进公共数据开放和社会信用体系建设，积极利用大数据等新技术手段实现精准治理。

对企业而言，企业内生性治理将成为社会协同治理的重要组成部分，并日益发挥重要的作用。平台企业在发展过程中形成的准入制度、交易规则、质量与安全保障、风险控制、信用评价机制等自律监管体系，既保障了自身的可持续发展，也成为政府实现有效监管的重要补充。企业在发展过程中形成的大数据为政府监管提供重要依据，在个人信息保护方面的责任也明显加大。

就社会组织而言，产业联盟、行业协会在加强产业间联系与协作、推进信息共享和标准化建设等方面将发挥越来越重要的作用。美国的 Indiegogo 公司、RocketHub 公司和 Wefunder 公司自发联合成立了众筹业务监管协会，英国的 Zopa 公司、Funding Circle 公司和 RateSetter 公司发起成立了 P2P 网贷协会，对加强行业自律、促进与监管部门沟通等发挥了重要作用。近年来国内分享经济各领域也出现了许多行业组织，在促进协调沟通、资源共享、行业自律等方面将发挥更大作用。

☀ 专栏 10 –2

阿里巴巴治理生态圈

新商业文明的治理不是"一个人的战斗"，也一定不是单向的、单一的治理模式。面对前所未有的商流、信息流、资金流和物流的量变和质变，面对前所未有的复杂性和矛盾，面对前所未有的挑战，没有一个开放的平台、一个生态化的系统、一个有机的规则体系是不可能完成这一历史使命的。

阿里巴巴集团与信息安全志愿者、深圳仲裁委、企业身份认证公司、信用评估公司等各方力量形成了治理的生态圈。此外在纠纷调解体系中，淘宝成立了"淘宝判定中心"，其评审员全部由买家和卖家自愿担当，充分利用了社会大众的力量实现了纠纷调解的效率最大化。

在淘宝判定中心，人人都是评审员。2012 年 12 月，淘宝判定中心悄然上线。淘宝判定中心源于淘宝网 2012 年旧版本中的申诉平台，本着淘宝卖家和买家共同参与的初衷，判定中心的入口逐渐开放，在买卖双方产生纠纷后，可以选择判定中心或者人工介入两种。想要获得判定资格，首先必须要有一个注册超过 1 年的淘宝账号，并绑定实名认证的支付宝。除此之外，评审员判定每一个案子的结果，票数差都将被记录在案，也就是说，评审员误判或者经常不认真判也会因此被剥夺资格。在面对目前比较纠结的案件时，判定中心表示将推出二审判定流程，为的是为双方提供最准确、最公正的评判。

判定中心的用意是希望集结社会上买家和卖家的力量，来一起解决那些连"小二"都无法判别的案件，从而让热爱淘宝的会员参与淘宝的管理。因为规则总归是由人制定的，每条规则的合理性站在卖家买家双方面前都需要经过判定校验。就如同法律一般，随着时代的推进而让其完善，并修改。

三、更精准的治理

平台企业相比政府机构有一些明显优势，比如可以充分运用技术化手段实现治理。网络交易平台相比传统的线下交易，有跨区域、跨行业、交互性等特点，很难继续依靠人工实现治理，因此目前大部分平台的治理模式是依靠技术手段识别、操作的。新技术手段下的治理方法能快速有效地识别虚假、危害信息，有着人工手段所无可比拟的优势。例如腾讯公司利用平台公司的数据库，从大数据中发现异常线索，通过微信、微博账号关联的手机号码、邮箱、QQ账号以及微店关联的淘宝店铺等信息，确定有不良销售行为的商家身份，并且能通过物流逆向查找寄件人的信息来确定其常住地等。再比如为防范刷单行为，易到用车推出名为"易盾"的征信平台系统，基于大数据采集和分析平台，建立了大约300个刷单模型，凭借指纹技术、可信身份信息系统与人脸识别系统，可以对司机的可信行为建立分值并进行风险测评，并根据不同场景建立了几十种反作弊规则，对发现新的风险与问题进行实时拦截、智能处罚。

1. 京东利用大数据打击假货

京东通过"京盾质量管理系统"的大数据分析，可以对质量投诉比例高的商品进行强制下架，然后通过第三方质检机构进行检测，对没问题的商品进行放行，对确认有质量问题的商家进行关店整顿，并依据平台管理规则给予高额的罚款。对于销售假冒商品的商家，除了永久性关店外，还要给予巨额罚款，并移送国家相关行政机关进行调查。

京东也构建了一套"网络关键词甄别系统"。在日常页面审核工作中，这套系统通过对违规关键词的检索，节省审核的时间和人力成本。京东此前已经研发出"正阳门"页面审核师系统，目前已经在该系统中嵌入了敏感词过滤和图像识别技术，能实现对无问题商品的自动审核，对于有问题和疑似有问题的商品则自动向审核师推送识别结果，再转由人工进行处理。

2. 阿里巴巴的假货主动防控模式

阿里巴巴自成体系的打假模式，就是通过智能识别、数据抓取与交叉分析、智能追踪、大数据建模等技术手段，将假货从 10 亿量级的在线商品中捞取出来。

以往排查假货信息是靠搜索关键词来确定的，这么做工程量大，准确率低。这两年，阿里巴巴安全技术人员开发的文本识别引擎已经升级为语法语义分析，在引入了机器学习算法后，能够取代之前的人工排查，做到全网数据监控和检索，支持多达 60 个维度的组合条件筛选，每天消息处理量 2 亿条以上。

从 2013 年开始，阿里巴巴逐步建立了专业的图片侵权假货识别系统，通过图片算法技术实时扫描，可以通过检测图片中的局部商标来识别图片中商品的品牌，进而判断该商品是否为假货。目前淘宝收集的各类违规假货样本的图库在 100 万种左右，系统每天调用超过 3 亿次。

在阿里巴巴平台，有数以亿计的活跃买家，这些买家也是阿里安全部判断是否"疑似假货"的依据之一。这种被戏称为"海底捞"的技术实名是数据提取和交叉分析。阿里巴巴利用"海底捞"的各种模型，捞取主动防控所需信息，使得平台假货得到管控，消费者利益得到较好的保障。

四、平台企业的担当

1. "避风港规则"和"红旗规则"

当前，我国互联网经济发展方兴未艾，各种创新层出不穷。这一轮互联网经济热潮的特点是兴起一批第三方互联网平台（以下简称"互联网平台"）。所谓"第三方互联网平台"，是指为交易双方服务的信息撮合网络。互联网平台不是交易的双方，并不直接提供商品和服务，而是为运用其平台进行交易的买方和卖方服务。当前，关于互联网平台应当对平台上的交易活动承担何种责任、多大责任的问题，正在日益被互联网平台经营者和各方所关注，讨论和使用较多的是"避风港规则"和"红旗规则"。

"避风港规则"源于美国1998年制定的《数字千年版权法案》（DMCA 法案）。这个规则的基本含义是，互联网平台上出现的内容侵犯他人著作权，而这些内容并非互联网平台经营者所生产、发布的，则当互联网平台被告知相关内容侵权时，有义务及时移除相关侵权内容，否则就要承担责任。反之，如果互联网平台没有被告知相关内容侵权，并且这些内容也不是互联网平台经营者自己生产、发布的，则无须承担责任。简单地说，就是互联网平台对于他人生产、发布的侵权内容，只需做到"你告知、我删除"，并非对平台上内容一概承担责任。

"红旗规则"的基本含义是，如果互联网平台上的侵权内容是显而易见的，就像迎风招展的红旗一样引人注目，则互联网平台有义务直接删除相关内容，无须他人告知，否则，互联网平台就要承担相应责任。"红旗规则"在立法中往往也被规定为"明知规则"，即如果互联网平台经营者明知侵权而不做删除，则承担责任。我国《信息网络传播权保护条例》第十四条和第二十三条就是这两个规则的具体规定。

2. 平台企业的责任

"避风港规则"和"红旗规则"尽管源于著作权法领域，但是其依据的原则却不仅仅在著作权法领域适用，而是逐渐向有关互联网平台责任其他领域扩散。比如我国《消费者权益保护法》第四十四条规定："网络交易平台提供者明知或者应知销售者或者服务者利用其平台侵害消费者合法权益，未采取必要措施的，依法与该销售者或者服务者承担连带责任。"这就体现了"红旗规则"的原理。从这两个规则可以提炼出以下互联网平台责任原则。

（1）权责一致原则。即互联网平台责任要和互联网平台拥有的能力、权力一致，有多少能力承担多少责任，能够行使多大权力承担多大责任，既不能强人所难，也不能听之任之。互联网平台作为互联网平台经营者和平台受益者，对其平台出现的违法侵权内容，具有一定的自我监管责任。但是这种自我监管责任，不能超出互联网平台的能力和权力，否则就会使互联网平台因为承担过于沉重的责任而步履维艰。当前世界上著名互联网平台公司主要源于美国而不是欧洲，就是因为欧洲对互联网平台规定过重的责任，而美国则通过"避风港规则"和"红旗规则"实现互联网平台的权责一致。具体言之，如果互联网平台上的不法内容一眼而知，或者甄别起来很容易，完全在互联网平台能力和权力范围之内，则互联网平台有义务及时清除，否则就要承担责任。反之，如果互联网平台上不法信息的甄别难度或者权限超出互联网平台的能力和权力，则不能苛求互联网平台就其承担责任。

（2）责任分担原则。即互联网平台责任应当由互联网平台经济的受益者——互联网平台经营者、平台交易双方、政府、社会团体共同承担。互联网平台经济作为一种新兴事物，注定会产生新的风险，不法分子利用互联网平台从事侵权或者犯罪活动就是互联网平台带来新风险的体现。对于互联网平台带来新风险的预防和消减责任，不应当全部由互联网平台经营者承担。诚然，互联网平台经营者也是互联网平台经济最大的受益者，但是互联网平台经济也极大地促进了社会经济发展，使得全社会同时受益。因此，作为全体社会利益的代表——政府，以及互联网平台上从事交易活动的消费者和商家也要承担相应的责任。比如对于一般的发生在互联网平台上的侵权活动，被害者也有义务通知互联网平台的经营者采取措施。对于严重侵犯社会公共利益的内容，政府有关监管机构也有义务提醒互联网平台经营者予以更正。不同主体分担责任的多少，主要由其从互联网平台经济中的获益程度以及其承担责任的能力、责任配置对经济效益的影响等因素决定。

（3）责任有限原则。责任有限原则是指互联网平台所承担的责任是有限的，不是无限的，具体限制由互联网平台性质决定。责任有限原则是权责一致原则、责任分担原则的必然结果。互联网平台的能力、权力是有限的，所以其责任也是有限的。正是因为互联网平台滋生风险的预防和减损责任由多方分担，所以互联网平台所承担的责任是有限的。互联网平台不可能对在其平台上发生的服务和交易承担兜底责任，如果规定互联网平台要为其平台上发生的所有不法活动、侵权活动或者犯罪活动承担兜底责任，则会扼杀互联网平台经济的生存空间。比如《消费者权益保护法》第四十四条第一款规定："消费者通过网络交易平台购买商品或者接受服务，其合法权益受到损害的，可以向销售者或者服务者要求赔偿。网络交易平台提供者不能提供销售者或者服务者的真实名称、地址和有效联系方式的，消费者也可以向网络交易平台提供者要求赔偿。"可见，网络交易平台对其平台上发生的侵犯消费者权益的行为，并不承担兜底责任，只要它提供销售者和服务者的真实信息，就能免责。

五、软法治理有力量

1. 不一样的网规

随着互联网应用的不断深入，网规治理的重要性不断凸出。网规治理的内在逻辑、思路原则、手段方法与法律既有相似之处，又有巨大差别，是一个独立的治理形态和治理规则体系。新浪微博的专家评判制度、腾讯实施的平台开放系列措施、京东商城在中国消费者协会设置的消保基金等都是网规的具体表现。网规具有鲜明的特点，一是它从产品的角度产生、运用规则，强调程序化、用户体验、可用性等；二是它的导向是规范与发展兼顾，实施最小干预；三是网规的制定完全从需求出发、边试边改，有深刻的企业文化印记；四是可以形成闭环，实施前可以测试，量化结果，随时调整修改；五是实行多元化治理，采用多角度、多手段验证网规适用性；六是采用技术治理、软件和大数据治理，针对某个问题设计一个程序解决，具体的治理程序99％靠系统或软件完成，只有1％靠人工完成；七是遵循治理成本最小化，所有问题网上解决，别人能做就发动大家解决。网规体系具有现有法律体系缺乏的东西，与法律体系具有较好的互补性。

虽然绝大多数网络交易平台都已经形成了符合自身发展的网规体系，但是不同类型的平台之间网规制定的完备度与成熟度仍存在较大差距，这跟行业发展的成熟度密切相关。作为网络交易平台的典型代表，电商平台已经形成了相对成熟、完备的网规体系，相比之下很多服务性产品的交易平台，如家政、美容等分享经济平台的网规体系尚不完善。例如上门按摩美容、预订保洁阿姨上门清洁等服务类平台对于服务人员的资质背景审核、服务质量、争议处理以及安全保障等规则仍处于模糊的阶段。服务类交易平台受制于现有法律的范围更大，安全性要求更高，管理的难度也更大。

2. 网规让电商更成熟

电商平台经过多年的发展，已经形成了广泛的市场，行业发展日益成熟，也逐渐形成了相对成熟、完备的网规治理体系。例如淘宝网的网规基础规则包括《淘宝规则》《淘宝网评价规则》《淘宝网商品品质抽检规则》等 7 项，行业市场规则包括《供销平台管理规范》《淘宝网中国质造市场管理规范》《淘宝网旅行市场管理规则》等 20 项，营销活动规则包括《淘金币基础招商标准》《阿里拍卖平台管理规范》《天天特价管理规范》等 8 项。再如京东网规涵盖了《京东开放平台总则》《京东开放平台卖家积分管理规则》等 3 项规则，《禁发商品及信息管理规范》《商品价格规范》等 33 项规范，以及《服饰行业标准》《鞋类行业标准》等 24 项行业标准。每一项都针对具体对象规定了交易过程中的各类事项。可以说，从市场准入到交易完成整个过程中涉及的方方面面基本完全覆盖。此外其形式也极其类似于法律条文，虽然没有硬法那般的强制力，但也是非常详细完整的企业管理规范，有一定的约束力和执行力。

网规由企业在具体实践中积累经验后制定，符合市场和用户需求，并很好地满足企业自身利益，因此对网规的制定有灵活性和人性化的要求，也有明显的个性化特征。例如，2010 年 9 月发布的《淘宝规则》，其中涵盖了一系列个性化的网规术语，如宝贝、拍下、绑定、包邮、延迟发货、竞拍、恶意评价等。还有个性化的处罚手段，如扣分、公示、警告、店铺屏蔽、限制发布商品、限制买家行为、关闭店铺、查封账户等。京东规则中则定义了如咚咚、结算、返利、自营商品、自提、京豆等。这些个性化的术语和手段为交易双方提供相同的语境，有助于更好地了解交易流程。

☀ **专栏 10 -3**

怎么让滴滴安全出行

安全保障是滴滴出行最主要的命门。2016 年 7 月 6 日，滴滴出行对外公布了其在安全方面的最新进展。从 6 月开始，滴滴平台已陆续上线 "分享行程" "紧急求助" "号码保护" 及 "人像认证" 等安全功能。

（1）"分享行程"，实时分享行车位置。"分享行程"分为手动分享和自动分享。分享的行程信息包括乘客订单的起点、终点、上下车时间、与目的地的距离、预计到达时间、车辆车牌信息以及车辆实时位置。手动分享的流程与分享打车券的流程相似。点击"分享行程"的按钮后，乘客可在微信、短信、QQ三个分享渠道中选择一个，把自己的行程信息分享给想要分享的亲友。自动分享只能通过短信这一个渠道，且需要乘客进行提前设置。乘客可在滴滴出行APP中"设置"菜单栏下的"行程安全"内设置紧急联系人、自动分享时间段等信息。

（2）"紧急求助"，一键上传车内录音。用户按下"紧急求助"按钮后，系统会给用户设置的所有紧急联系人发送短信。同时滴滴安全系统将会开始录音，并将录音实时传送至滴滴出行安全平台。滴滴客服人员会协助紧急联系人，提供力所能及的帮助，并配合警方处理情况、采集证据。值得一提的是，滴滴乘客端和司机端都将上线"紧急求助"功能。目前"紧急求助"已在乘客端全国上线。从七月开始，"紧急求助"将陆续在司机端上线，为乘客与司机的安全保障添砖加瓦。

（3）"人像认证"，司机出车、提现二次确认。滴滴通过"人脸识别""声纹识别"等生物识别技术对司机的身份信息进行二次确认。今后，凡是在滴滴出行平台上成功完成信息注册的司机，在接单前，都需要在滴滴司机端上进行"人像认证"，只有认证通过后才能开始接单。此外，当司机账户出现"登录地点突然改变"等异常情况后，司机在首次提现前，也需要进行"人像认证"，认证成功后才能提现。今后滴滴会定期更新升级"人像认证"系统，并逐步加入"声纹识别"类的深度学习算法的人工智能技术，从面部、声音等多个维度来做"人像认证"。

（4）"号码保护"，司乘信息不公开。"号码保护"是利用虚拟中间号的技术，保障司机、乘客手机号码彼此不公开的功能。司机、乘客在点击滴滴APP内的"安全通话"按钮后，可直接通过一个"虚拟号码"联系对方。乘客、司机在使用"号码保护"的过程中，可通过通话记录内留下的"虚拟号码"直接回拨给对方。需要注意的是，一旦乘客取消订单或者完成支付，"虚拟号码"就会失效。如有乘客在支付完成后需要联系司机，可致电滴滴出行客服人员寻求帮助。

（5）"三证验真""车型一致"。滴滴出行平台强制要求司机及车主进行"三证验真"。自滴滴平台成立以来，司机、车主在注册滴滴出行账户时，一直都需要提供"身份证""驾驶证"和"车辆行驶证"信息，只有三证信息全部真实有效才能成功注册。在司机、车主背景审核与筛查方面，滴滴与多个国家有关部门展开了紧密合作，对司机、车主进行严格审核与筛查，剔除可能威胁乘客安全的人员进入平台。

六、行业自律正在形成

对网络交易平台的治理离不开行业自律，行业协会以不同于政府的第三方机构的身份，对平台企业发展过程中遇到的治理难题起到越来越重要的作用，如行业规范的制定、市场纠纷的处理等。此外，行业协会也能起到政府和企业之间沟通桥梁的作用。我国互联网行业内比较权威、成立较早的协会是于 2001 年 5 月 25 日成立的中国互联网协会，它由国内从事互联网行业的网络运营商、服务提供商、设备制造商、系统集成商以及科研、教育机构等 70 多家互联网从业者共同发起成立，是由中国互联网行业及与互联网相关的企事业单位自愿结成的行业性的、全国性的非营利性的社会组织。行业协会在自上而下的政府管理范畴难以企及或者效果不佳的地方发挥着协调作用，在行业自律等方面发挥着重要作用。

行业协会以第三方机构的身份参与行业治理与监督，在企业之间、企业与用户之间可以担任沟通桥梁，因此对于行业内的纠纷处理、用户投诉等有着自身的优势。2008 年 9 月 25 日中国互联网协会调解中心成立，旨在化解互联网企业之间、互联网企业与权利人之间、互联网企业与消费者之间的矛盾。中国互联网协会调解中心已初步建立起全国性的互联网纠纷调解体系，与最高人民法院、地方法院及北京地区检察院建立了委托调解工作机制，并制定了《网络纠纷调解手册》，调解工作记录将作为法院诉讼审理的参考信息。

调解中心自成立以来受理了大量案件，仅在 2014 年，调解中心受理各地法院委托的涉网络知识产权侵权案件共 3087 件，涉及的影视剧、音乐、文字、图片、游戏、电子商务等领域的著作权侵权作品共2635部，涉案侵权商标10件，累计调解成功1415件。

行业自发形成的行业标准与规范在监管缺位的情况下可以发挥重要的补充作用。通常由于政策监管的滞后性，平台企业在治理过程中难免遇到政策或法律的空白地带，而此时行业自律和规范既为企业做到了引领作用，也实现了监督保障的功能。因此，行业自律可以有效填补监管空白。以分享经济为例，2016年6月，中国互联网协会发布了《中国互联网分享经济服务自律公约》，滴滴出行、WiFi（无线网）万能钥匙、36氪、饿了么、e袋洗、易到用车、小猪、优酷土豆等41家分享经济企业共同签署了此公约。7月11日，中国互联网协会分享经济工作委员会对外发布移动出行驾驶人员禁入标准，首次明确网约车驾驶人员资格审查的"负面清单"，有重大、暴力和危害公众安全的犯罪、严重治安违法、交通安全违法等三大类违法犯罪记录以及精神病人员，都将被一票否决，禁止进入移动出行平台。

☀ **专栏10－4**

中国互联网协会发布的行业自律公约

《中国互联网行业自律公约》

中国互联网协会在北京发布的《中国互联网行业自律公约》，为建立中国互联网行业自律机制提供了保障。此公约提出了31条自律条款，号召全行业加强沟通协作，研究、探讨我国互联网行业发展战略，对我国互联网行业的建设、发展和管理提出政策和立法建议。

《互联网新闻信息服务自律公约》

为加强行业自律，进一步规范互联网新闻信息服务行为，维护良好的互联网发展环境，促进我国互联网的快速健康发展，更好地为社会主义现代化建设服务，中国互联网协会制定了《互联网新闻信息服务自律公约》。

《中国互联网网络版权自律公约》

为维护网络著作权，规范互联网从业者行为，促进网络信息资源开发利用，推动互联网信息行业发展，中国互联网协会制定了《中国互联网网络版权自律公约》。

《博客服务自律公约》

为规范互联网博客服务，促进博客服务有序发展，中国互联网协会制定了《博客服务自律公约》，表示博客服务应当遵循文明守法、诚信自律、自觉维护国家利益和公共利益的原则。

《中国互联网协会反垃圾短信息自律公约》

为了有效地治理垃圾短信息及违法和不良短信息，维护用户的合法权益，建立规范的短信息服务市场秩序，促进短信息服务行业的健康稳定发展，中国互联网协会制定了《中国互联网协会反垃圾短信息自律公约》。

《反网络病毒自律公约》

为防范、治理网络病毒，打击制造、销售、传播恶意软件工具的地下黑客产业链，构筑良好互联网环境，维护广大互联网用户利益，中国互联网协会制定了《反网络病毒自律公约》。

《互联网终端软件服务行业自律公约》

为规范互联网终端软件服务，保障互联网用户的合法权益，维护公平和谐的市场竞争环境，促进互联网行业的健康发展，中国互联网协会组织业界代表企业、研究机构及法律专家等共同研究制定了《互联网终端软件服务行业自律公约》。

《中国互联网协会关于抵制非法网络公关行为的自律公约》

中国互联网协会会同百家互联网从业单位共同发起制定了《中国互联网协会关于抵制非法网络公关行为的自律公约》，对非法网络公关行为予以谴责，希望互联网从业单位和广大网民共同抵制非法网络公关行为，为营造文明诚信的网络环境，规范互联网市场经营行为和信息传播秩序，促进互联网健康发展而努力。

《互联网搜索引擎服务自律公约》

中国互联网协会制定了《互联网搜索引擎服务自律公约》，规范互联网搜索引擎服务，保护互联网用户的合法权益，维护公平竞争、合理有序的市场环境，促进我国互联网搜索引擎行业健康可持续发展。

《中国互联网分享经济服务自律公约》

中国互联网协会发布了《中国互联网分享经济服务自律公约》，共7章、32条，倡导诚实信用、公平竞争、自主创新、优化服务四项原则，包括尊重消费者知情权和选择权、保护用户人身安全与财产安全、保护用户个人信息安全、保护平台从业者人身安全与财产安全、保护平台从业者信息安全等内容。

七、立法的权衡艺术

根据新华社的一则新闻，2013 年 12 月 27 日，全国人大财经委召开了电子商务法起草组成立暨第一次全体会议，会议宣布了一个由领导小组、专家小组和工作小组组成的立法起草组成立，同时提出了一个三年期分两阶段的时间表，以及"开门立法、民主立法"的工作原则。对于关注中国电子商务发展尤其是电子商务立法的社会各界人士而言，这无疑是一个望眼欲穿并振奋人心的消息。

随着新兴产业的快速发展，尤其是"互联网＋"与经济社会各个领域的深度融合，释法、修法、立法工作提上日程，但出台一个高质量的法律所面临的难度超乎想象。一是技术的快速变化和创新的持续不断，内涵和外延都在不断扩展，无法对其活动边界做出精确界定。以电子商务为例，电子商务发展的高度流变性使得立法者很难跟上技术和商业变化的步伐，一个法律草案在它正式成文之时可能就已漏洞百出，并且不得不考虑下一次如何修订了。二是不同利益相关者群体之间存在着广泛的、多元的利益冲突。以电子商务为例，这一冲突不仅出现在监管部门与电子商务企业之间、电子商务企业与消费者之间、传统商家与电子商务企业之间，也出现于不同监管部门之间、平台企业和商家之间。要在众多利益群体错综复杂的利益诉求之间达成必要的共识和平衡无疑是十分困难的，立法过程难免充斥无休止的争论、媒体的喧嚣、利益相关者之间的博弈和讨价还价。最糟糕的情况可能是没有一个群体对立法工作满意，因为没有哪一个群体的诉求能得到完全的满足。

相对于大多数立法领域，互联网和电子商务领域不同观点之间的差异和对立要大得多，也更难达成共识，而这也使得立法者所面对的抉择和平衡更加困难。

1. 急进与缓进的权衡

急进论者认为，现行法律体系已经很难适应电子商务快速发展的需要。电子商务活动的绝大多数领域要么处于"法律真空"地带，要么由于相关的法律条文过于简略而处于"法律半真空"状态。缓进论者认为，即使存在着上述问题，也不意味着电子商务立法已经到了刻不容缓的地步。在立法时机和条件并不十分成熟的情况下，匆匆出台的法律难免会出现欲速则不达的情况——要么成为一部抑制电子商务发展活力的"恶法"，要么成为一部不会产生实质性作用、形同虚设的"纸面法律"。与其仓促立法，还不如在现行法律、法规和规章的基础上，通过修修补补和拾遗补阙的方式，逐步地填补法律的"真空"和"半真空"漏洞，不仅可以有效避免"恶法"和"纸面法律"的出现，也可以为市场自发秩序的形成和行业自治留下更大的空间，鼓励像淘宝这样的第三方交易平台去更加自由地探索电子商务的治理规则。

2. 综合与分立的权衡

立法者会面对这样一个定位问题，电子商务法应当是一部无所不包、大而全的综合性法律，涵盖电子商务活动方方面面的法律问题，还是针对不同问题和对象的诸多的、分立的单项法律，抑或是二者之间的一种折中？实际上，立法者既不可能制定一部大而全的、覆盖电子商务活动方方面面的法律，但也不会像针对传统的商业交易活动一样，制定一组相互分立的法律，而是在二者之间取得平衡。也就是说，针对电子商务交易流程——从市场准入、交易许可、第三方交易平台的法律责任、产品质量、广告和宣传、公平竞争、电子合同和票据，到消费者权利、争议解决、隐私保护、网站和交易安全等问题，制定一部综合性法律，而将税收、互联网金融、物流配送、电子支付体系、虚拟财产和虚拟货币、跨境电子商务交易和网络犯罪等问题留给专项的法律去解决。

3. 电子商务与传统商务的权衡

在制定电子商务法的时候，传统商务的问题将是无法绕开的。相对于传统商业交易活动而言，由于政府部门难以对电子商务交易的复杂性、特殊性和快速发展做出及时的应对，致使电子商务经营领域由于无章可循和征缴困难而成为"避税天堂",大量的关税、消费税、增值税、所得税、印花税被电子商务经营者正当合法地逃避了。与此同时,电子商务经营者的活动更多遵从的是第三方交易平台制定的"网规",而不是政府部门的监管——经营者的登记注册、经营范围的划定以及基于部门、行业和地域的监管。这一结果不仅仅影响到国家的税收,也不仅仅是第三方交易平台对政府部门监管权力的僭越,而且也会损害电子商务经营者与传统商务经营者之间的正当竞争与利益平衡关系,由此引发的一个矛盾就是法律的公平性和普适性问题。立法者在考虑电子商务立法问题时势必面临一个艰难的选择:是在承认电子商务现状的基础上,继续坚持电子商务立法的特殊性(相对于传统的商业交易的立法而言),还是以公平性和普适性原则为导向,考虑电子商务活动和传统商务活动之间的平衡?

4. 国际接轨与中国特色的权衡

在经济全球化和中国作为世界贸易组织成员国的背景下,讨论电子商务的立法问题使得另一个问题凸显出来,那就是如何在国际接轨和中国特色之间做出权衡取舍。由于互联网与生俱来的全球性、超国界、开放性特征,这一问题变得更加突出。目前国际社会关于互联网和电子商务的法律和政策取向,是自由放任主义占主导地位。自由放任主义观点不仅反对主权国家对跨国性电子商务活动的干预和监管,而且还认为,主权国家对传统贸易活动的法律和监管框架很难被移植到跨国性电子商务活动中,特别是在线的数字产品和服务贸易活动。事实上,互联网和电子商务领域的自由放任主义与发展中国家的利益是有某些冲突的,尤其是发达国家所倡导的跨境电子商务的免税和市场准入的自由化,会损害许多发展中国家的财政收入,并危及发展中国家对国内产业的保护。从国家主权的角度看,也应当慎重地看待与国际接轨问题,即与国际接轨是否符合国家利益的需要,尤其是在制定国内法律时更需要慎之又慎。

5. 自我治理与法律治理的权衡

电子商务立法的一个根本出发点是通过成文的、正式的法律条款来规制电子商务交易行为。但是,对电子商务的治理而言,立法和法律并不是唯一途径。相反，以社会规范、商业惯例、商家自律以及非国家的第三方机构为基础的自我治理机制，同样也可能达成法律及其执行机构所追求的目标，以保障电子商务交易活动的正常进行。从电子商务发展史来看，由于电子商务法律所存在的大量的"空白"，电子商务的治理主要依赖的是自我治理机制的演化和发展。当然，无论是对消费者、平台上的商家和平台之外的相关者的利益保护，还是对平台所拥有的市场力量的制衡，都需要将平台的规则置于正式法律的监督、审查和约束之下。同时，出于对平台所提供的互联网信息服务的监管、平台网络安全的监管，以及工商、税务、商务、海关、质检、知识产权等诸多部门的监管需要，也需要通过电子商务的专项法律来整合、替代大量分散、重叠、低层级的法规、规章。

八、信用的力量

信用治理是新型治理模式的重要工具。目前我国建立了社会信用体系建设的部际联席会议与工作机制，制定了社会信用体系规范纲要与基础制度，部署了统一社会信用代码、共享公共信用信息等重点工作，明确了守信联合奖励与失信联合惩戒等机制，初步形成了社会信用体系建设的基本框架，为信用治理奠定了基础。

以电子商务为例，其信用治理体现在三个方面。

一是通过全国信用信息共享平台与信用中国网站，电子商务的公共信用信息统一归集、共享查询取得成效。各地工商、市场监管部门将网络经营者的行政处罚信息记入信用档案，通过企业信用信息公示系统等及时向社会公布，并纳入当地信用信息共享平台，与全国信用信息共享平台对接。

二是电子商务的信用监管得到空前重视。国务院办公厅发布《关于运用大数据加强对市场主体服务和监管的若干意见》，要求推行网络经营者身份标识制度，完善网店实名制和交易信用评价制度，严厉打击电子商务领域违法失信行为，开展电子商务网站可信认证服务，推广应用网站可信标识，推进电子商务可信交易环境建设。

三是电子商务守信联合奖励失信联合惩戒工作得到顺利推进。国家工商总局正在制定《电子商务违法失信惩戒暂行办法》，将面向消费者即时推送网店黑、灰名单，为消费者理性网购提供消费提示、警示。各地工商、市场监管部门不断加强对网络经营者的督促检查工作，通过年度报告公示其开设网站以及从事网络经营的网店名称、网址等信息，对隐瞒真实情况、弄虚作假的，列入异常名录或标记为经营异常状态。对于严重违法失信的网络经营企业，一律列入"黑名单"实施约束管理，并实施网络违法失信惩戒。

根据国家发改委引入第三方征信机构参与重点行业信用建设与信用监管的统一部署，符合条件的第三方征信机构将参与建立电子商务行业各类市场主体信用记录、建立电子商务市场主体信用评价体系、监测电子商务行业信用状况、及时发布信用风险提示、开展电子商务企业信用调查、定期编制电子商务行业各大领域的信用报告等，充分利用移动互联网、大数据、虚拟现实等技术，推动信用信息的开发应用，为电子商务行业监管和行业自律提供基础支撑。

国家发改委与蚂蚁金服签署《关于落实联合奖惩措施的合作备忘录》（以下简称《备忘录》），蚂蚁金服旗下芝麻信用管理有限公司依据相关法律法规及监管要求，适时将归集的守信或失信信息与全国信用信息共享平台共享，包括并不限于自然人及企业守信和失信信息、企业金融纠纷判决信息等，使蚂蚁金服与全国信用信息共享平台归集的联合奖惩"红黑名单"等信用信息实现共享共用。蚂蚁金服通过消费金融、融资租赁、公共事业服务等不同应用场景的使用，实现对守信者的市场化激励和对失信者的差别化限制，不断提高守信激励的便捷化，扩大失信惩戒的覆盖面。蚂蚁金服还将积极参与国家发改委推动的运用大数据技术开展城市信用状况监测工作，重点在城市经济信用环境指数方面发挥优势。

第三方征信机构与地方电子商务信用建设中具有巨大的潜力。正信方晟参与了上海市人民政府信用实事项目——《为全市法人和市民在线免费提供一次信用报告》，2015年3月至11月，正信方晟依托上海市公共信用信息服务中心的数据，共计出具87万余份企业法人信用报告和240万余份自然人信用报告，实现日产96000份以上的信用报告生产能力，业已成为全国首家提供O2O信用评级服务模式的专业第三方信用服务机构。

☀ **专栏 10 –5**

58 同城的信用治理实践

58 同城致力于本地生活服务平台的信用体系建设，在信用体系建设上的成果主要如下：

（1）成立信息质量部，主抓生活服务类信用体系。58 同城在 2005 年公司成立之初即组建了信息质量部，主要致力于在 58 同城生活服务网站上的个人和商户的信用体系建设，包括对个人和商家发布信息的核实、确认，对欺诈信息校验、备注等，建立针对个人和商户的信用评价体系。为完善信用评价体系，58 同城积极寻求行业协作，与腾讯、百度、阿里巴巴、360 等业内知名公司成立联合工作组，实时共享情报信息和反欺诈资源与能力，同时成立了反欺诈联盟，寻求网民和反欺诈志愿者帮助。如今，反欺诈联盟的志愿者人数已超过 5000 人，日均举报信息 2000 条左右。

（2）成立 58 同城企业征信公司，主抓对商户的信用管理。2014 年，58 同城利用庞大的商家用户数据，通过大数据的算法，以 750 万商户本地生活服务的信用数据为基础，发起设立了 58 企业征信公司，通过整理、加工、清洗企业商户在 58 同城上的历史数据，对其进行信用评分和信用管理。

（3）成立金融事业部，建设本地生活服务网站黑名单数据库。58 同城在金融事业部成立之后，致力于为本地生活服务网站用户提供金融服务，包括信用类的贷款服务，通过此金融服务，联合其他金融服务机构，比如银行等，对用户的信用情况进行记录，从而形成基于本地生活服务的黑名单数据库。

（4）筹建申请个人征信公司。58 同城于 2014 年备案企业征信，同时展开了个人征信公司的筹建和备案工作，以每个月独立活跃用户 3.5 亿为基础，建立大数据处理，开发以本地生活服务为基础的个人征信评分和征信管理。

☀ **专栏 10 –6**

"小猪短租"建立信用保障体系的做法

"小猪短租"主要从四个方面建立信用保障体系：

（1）双方身份验证。在线交易的房客都会经过三重实名验证：验证房客绑定的手机号码、验证绑定房客银行卡的实名身份、通过国家二代身份证验证系统验证房客身份。平台对房东也有一套完善的验证机制，如人工审核房东的真实姓名、真实面孔、身份证信息等。此外，还建立了严格的用户隐私保护制度。

（2）安全线上交易。平台建立了安全可靠又灵活方便的第三方担保支付系统，支持多种付款和收款方式。房客不是直接支付给房东，而是由"小猪"代为担保，入住完成后才支付给房东。为保障房客资金安全，公司还制定了"虚假房源可获赔、无法入住有支援、乱收费用赔双倍、取消订单不担心"的一整套制度措施。

（3）提供保险后盾。公司与众安保险合作，为房客提供住宿意外保险服务，为房东提供家庭财产综合保险服务。

（4）点评积累信用。房客通过在线交易预订短租房，可以对入住经历进行点评，这些点评可以帮助其他房客了解房间和房东。与此同时，房东也可以对房客进行点评，其他房东也可以根据这些点评了解到房客是否受欢迎。任何点评都只能由发布者自己删除。

第十一章

新动能的中国版图

随着一系列国家战略的不断深入推进，各地积极谋划、引导先进生产要素持续积聚，促使技术进步、资本簇拥、人才流动，打造了良好的创新创业生态环境，迸发出强大的活力，新产业、新业态、新模式不断涌现，从东南沿海到东北老工业基地，从中部省份到西部内陆，一系列经济增长新亮点被发掘，一幅中国新动能版图也在隐隐浮现出来。

一、研发投入分布

2016 年全球创新指数报告显示，中国创新能力明显提升，全球排名第 25 位，较上年提升 4 位，是第一个跻身 25 强的中等收入经济体，成为全球创新领域标志性事件。创新能力的提升，与不断增加的研发投入密切相关。近年来，中国不断缩小与美国等富裕国家在研发支出或其他创新投入和产出指标方面的差距。统计公报显示，2016 年全国研发经费投入总量为 15440 亿元，比 2015 年增长 9.4%，研发经费投入强度（研发经费与 GDP 之比）为 2.10%，比 2012 年提高 0.17 个百分点，已达到中等发达国家水平，居发展中国家前列。2015 年全国基础研究经费为 670.6 亿元，占全社会研发经费的比重为 4.7%。其中，作为知识创新主体的高等学校和研究机构基础研究经费分别为 347.2 亿元和 295 亿元，比 2012 年分别增长 26% 和 49%。

分地区看，2016 年全国研发经费投入强度最多的 10 个省市，主要集中在东部地区，其中，北京、上海、天津三个直辖市研发经费投入强度排名前三位，分别为 5.96%，3.82% 和 3%，江苏、广东位居其后，研发投入强度均超过 2.5%，浙江、山东两省研发投入强度分别为 2.43% 和 2.34%，超过全国平均水平。中西部地区只有安徽、湖北、陕西，研发投入强度分别为 1.97%、

1.86%和2.19%，投入主体以科研院所和高校为主。总体来看，研发经费投入水平的提高为科技创新实现"并跑"和"领跑"创造了有利条件。2016年全国研发经费投入强度排名前十的地区如图11-1所示。

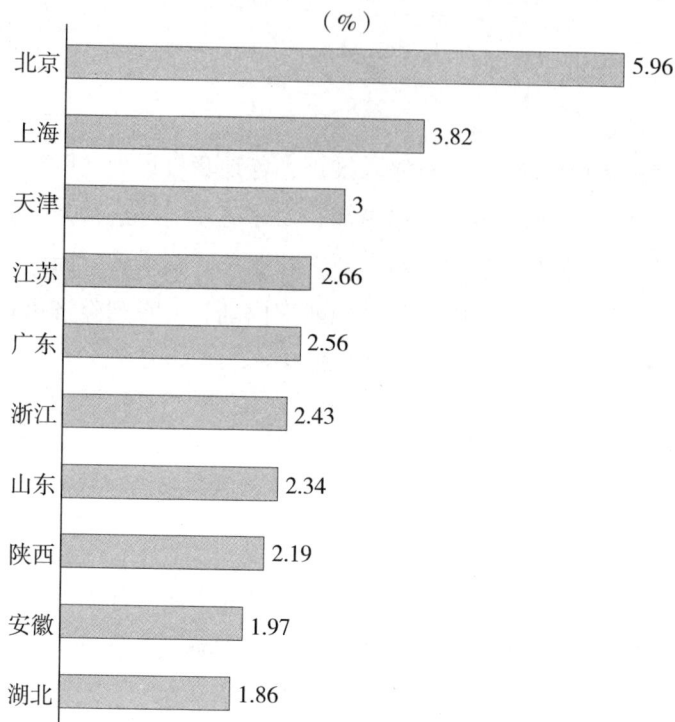

（%）

北京　5.96
上海　3.82
天津　3
江苏　2.66
广东　2.56
浙江　2.43
山东　2.34
陕西　2.19
安徽　1.97
湖北　1.86

图11-1　2016年全国研发经费投入强度排名前十的地区

二、专利申请分布

通常来说，专利数量代表了一个国家的科研水平、创新活力和市场成熟度。根据世界知识产权组织（WIPO）公布2015年全球专利申请报告显示，2015年全球创新者总共提交了290万项专利申请，其中中国提交的专利申请数量突破100万件，创下历史新高，也超过了美国、日本和韩国专利数相加的总量。

从国内专利申请授权情况看，2016年国家知识产权局共受理发明专利申请133.9万件，同比增长21.5%，连续6年位居世界首位；共授权发明专利40.4万件，其中，国内发明专利授权30.2万件，较2015年增长了3.9万件，同比增长 14.5%①。其中，江苏、广东、北京位居前三甲，发明专利申请量分别为 231000 件、155581 件、104643 件，安徽、河南、浙江、山东申请量均超过 8 万件，西部地区有重庆、四川位列第 8 和第 10 位，申请量超过 5 万件。2016 年全国发明专利申请量排名前十的地区如图 11 - 2 所示。

（件）

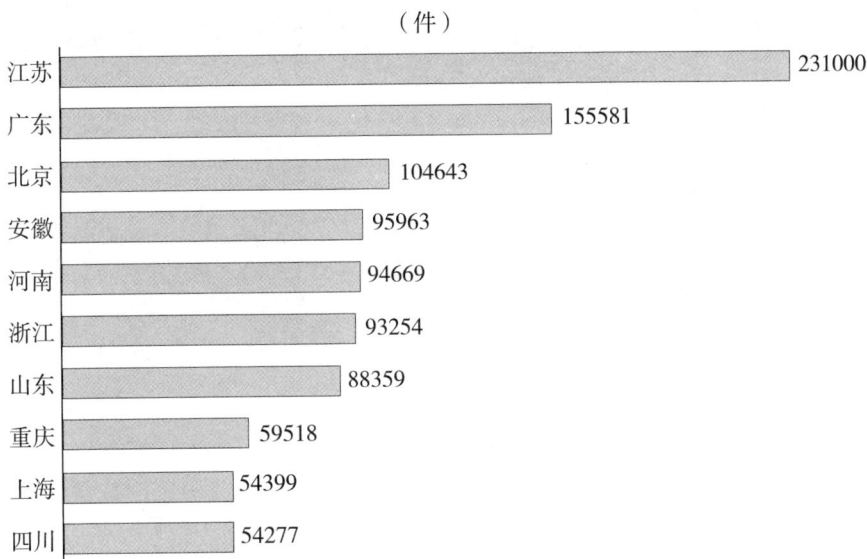

图 11 - 2　2016 年全国发明专利申请量排名前十的地区

从发明专利拥有量看，截至 2016 年年底，我国国内（不含港澳台）发明专利拥有量共计 110.3 万件，每万人口发明专利拥有量达到 8 件。我国每万人口发明专利拥有量排名前十位的地区依次为：北京、上海、江苏、浙江、广东、天津、陕西、辽宁、安徽和山东，以东部地区省份为主（见图 11 - 3）。

2016 年国家知识产权局共受理 PCT 专利申请 4.5 万件，同比增长 47.3%。其中，PCT 专利申请超过 100 件的省（区、市）达到 19 个，较 2015 年增加 3 个。其中，广东 2.36 万件，居第一位、北京、江苏、上海、山东、浙江均超过千件，上述 6 省市的 PCT 专利申请量占全国总量的近 9 成。

从申请主体角度看，2016 年我国发明专利申请受理量排名前十位的国内（不含港澳台）企业依次为：华为、中石化、乐视、中兴、OPPO、京东方、

① 数据来源：国家知识产权局。

格力、小米、努比亚和国家电网（见图 11 - 4），主要在广东和北京两地，各占 5 家；其中北京以国有企业为主，广东以民营企业为主，集中分布在信息通信产业，进一步证实了广东强大的创新能力，未来将对建设创新型省份，推动经济转型升级具有重要意义。

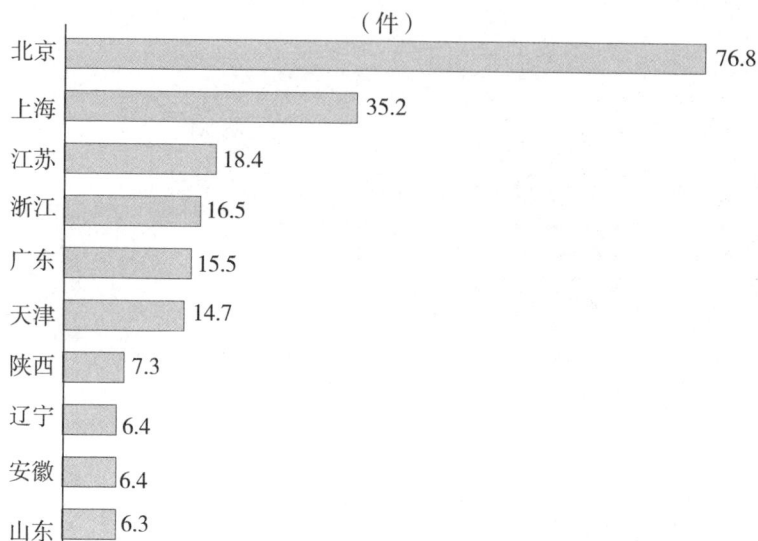

（件）

地区	数值
北京	76.8
上海	35.2
江苏	18.4
浙江	16.5
广东	15.5
天津	14.7
陕西	7.3
辽宁	6.4
安徽	6.4
山东	6.3

图 11 - 3　2016 年每万人口发明专利排行前十的地区

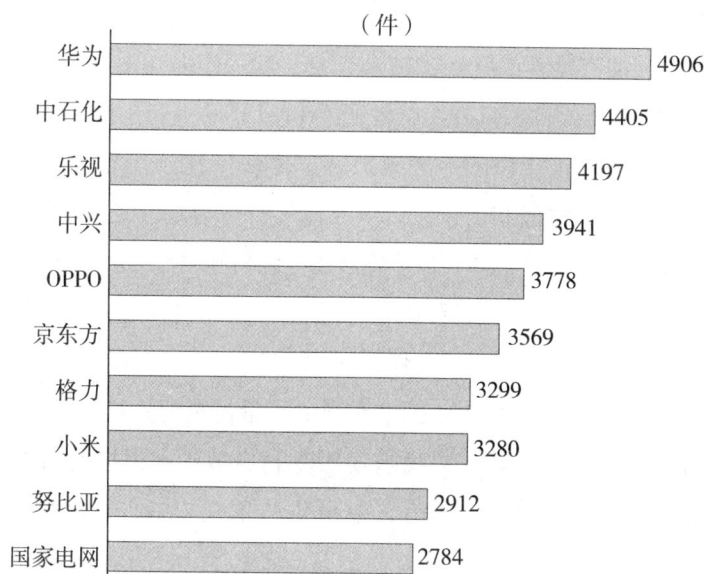

（件）

企业	数值
华为	4906
中石化	4405
乐视	4197
中兴	3941
OPPO	3778
京东方	3569
格力	3299
小米	3280
努比亚	2912
国家电网	2784

图 11 - 4　2016 年发明专利申请受理量排名前十的企业（不含港澳台）

三、高新技术产业分布

近年来，我国不断深入推进产学研用融合创新，攻克了一批制约高新技术产业发展的核心关键技术，取得了一批重大创新成果，在部分领域实现了产业化，打破了国际垄断格局，整体提升了我国的竞争力和产业化水平。一方面，科技创新投入的不断增加，发挥了明显的外溢效应。无人机、人脸支付、VR（虚拟现实）支付、智能机器人、共享单车等新产品、新业态、新服务不断涌现，各种各样的高科技产品和服务逐渐进入人们的生活。另一方面，移动互联网、大数据、云计算、物联网、人工智能、区块链等新技术也在推动我国高新技术产业快速发展。

数据显示，2016 年我国高技术产业增加值比上年增长 10.8%，明显快于规模以上工业增速，比较符合消费升级方向的新兴产品继续保持高速增长。

分地区看，2016 年江苏高新技术产业实现产值超过 6.7 万亿元，处于全国领先地位；广东、山东高新技术产业产值超过 5 万亿元，安徽、四川、新疆、天津紧随其后（见图 11 - 5）。上述地区高新技术产业发展较好，很重要的一个原因是高新区发展较好。经过 20 年的发展，国家高新区集聚了丰富的创新资源，创新了体制机制，优化提升了发展环境，涌现出一批具有竞争力的产业和企业；国家高新区已经成为我国高新技术产业发展的一面旗帜，成为我国依靠科技进步和技术创新推进经济社会发展、走中国特色自主创新道路的突出典范，成为引领科学发展、创新发展和可持续发展的战略先导。

值得注意的是，在互联网领域，中国企业已经从国内走向国际，全球化步伐在不断加快，腾讯、阿里巴巴、百度、蚂蚁金服、小米、京东、滴滴出行 7 家企业位居全球互联网企业 20 强；其中，阿里巴巴、京东作为电子商务领域的典型代表已经处于国际领先地位，在这些企业的带动下，中国各地涌现出一批创新型企业，未来将成为加速新旧动能转换的中坚力量。

（亿元）

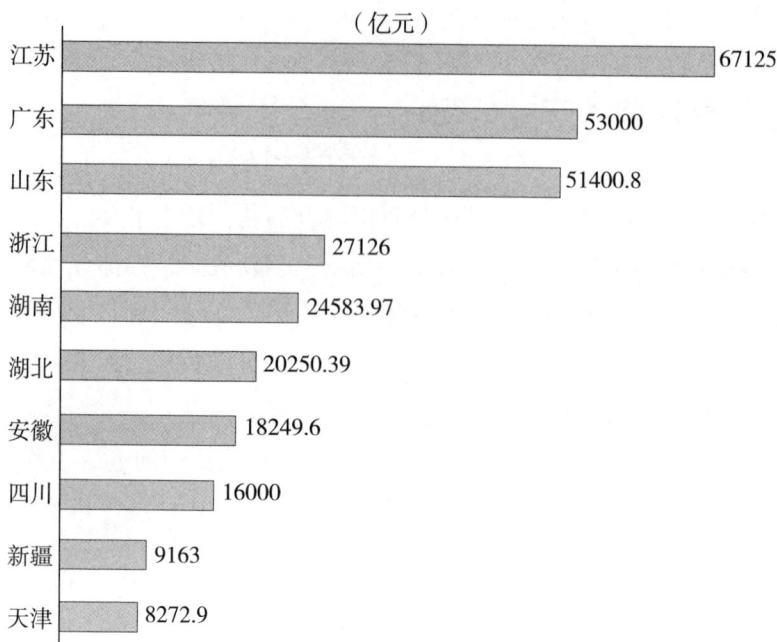

江苏	67125
广东	53000
山东	51400.8
浙江	27126
湖南	24583.97
湖北	20250.39
安徽	18249.6
四川	16000
新疆	9163
天津	8272.9

图 11 - 5   2016 年全国高新技术产业产值排名前十的地区

四、战略性新兴产业分布

近年来，随着国家战略性新兴产业发展规划的落地实施，各地积极培育发展节能环保、新一代信息技术、生物、高端装备制造、新能源、新材料、新能源汽车等战略性新兴产业，推动产业规模快速扩大。数据显示，2017 年 1—5 月，战略性新兴产业重点行业主营业务收入同比增长 13.3%，其中新能源发电、医药制造、电子测量仪器行业利润率分别达 32.1%、10.7% 和 10.1%；在新旧动能转换、结构优化调整过程中，中国经济交出了一份出色的成绩单。

分地区看，江苏、广东战略新兴产业的发展较为迅速，在全国处于领先地位。其中，江苏把发展战略性新兴产业作为转型升级工程的核心任务之一，近年来发展态势良好，已经形成相对均衡的产业发展体系，在智能装备、生物医药、新材料、电子及通信设备、航空航天、电子计算机及办公设备、新能源制造业等领域均取得了显著成效，2016 实现战略性新兴产值突破 48000

亿元。其中，深圳表现抢眼，2017 年一季度数据表明，深圳新兴产业（七大战略性新兴产业和四大未来产业）保持较好增长势头，实现增加值 1853.88 亿元（已剔除行业间交叉重复），占 GDP 比重达到 40.4%。与此同时，在四川、重庆、陕西等中西部省份，战略性新兴产业的发展也较为突出，未来在经济社会发展转型、新旧动能加速转化过程中，仍将承担更重要的角色。2016 年全国部分省区市战略性新兴产业发展情况如图 11-6 所示。

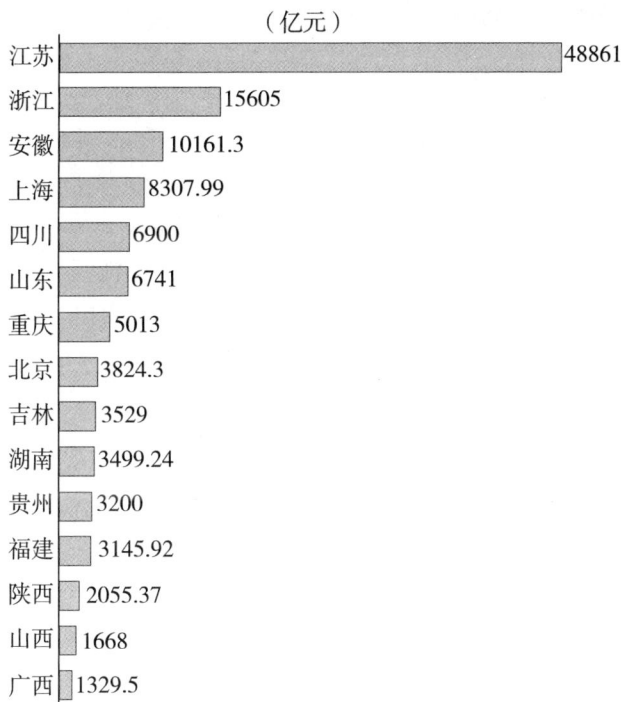

（亿元）

省区市	数值
江苏	48861
浙江	15605
安徽	10161.3
上海	8307.99
四川	6900
山东	6741
重庆	5013
北京	3824.3
吉林	3529
湖南	3499.24
贵州	3200
福建	3145.92
陕西	2055.37
山西	1668
广西	1329.5

图 11-6　2016 年全国部分省区市战略性新兴产业发展情况①

五、网络零售额分布

随着信息技术创新的普及应用，电子商务取得了快速发展，也让中国用短短 10 年时间，就发展成为了网络零售生态最大、网络零售平台最为先进的

---

① 广东数据缺失，山东、北京、湖南、福建为增加值数据。

国家。国家统计局数据显示，2016 年我国网上零售额达 51556 亿元，比上年增长 26.2%。其中网上商品零售额 41944 亿元，增长 25.6%，占社会消费品零售总额的比重为 12.6%，比上年提高 1.8 个百分点。在网上商品零售额中，吃类商品增长 28.5%，穿类商品增长 18.1%，用类商品增长 28.8%。2017年 4 月，阿里研究院发布的《新消费指数报告》显示，当前参与网络零售的有 4.93 亿月活跃用户，超过 1000 万商家，超过 10 亿商品，网络零售的发展，有力地促进了内需消费和流通效率提升，成为我国经济增长的新动能之一。

分地区看，2016 年网络零售额排名前 10 位的省市集中分布在东部地区，交易规模最大的是广东，11416.6 亿元，较上年增长 23.1%，广东也成为全国第一个，也是唯一一个网络零售额过万亿元的地区；其次是浙江，交易规模为 9335.1 亿元，接近万亿元规模，较上年增长 29.9%；北京、上海两市网络零售额超过 5000 亿元。在中西部省份中，四川、湖北、河南三省进入前 10 位，交易规模均过千亿元，其中河南较上年增长 47.2%，表现抢眼（见图 11 - 7 和表 11 - 1）。

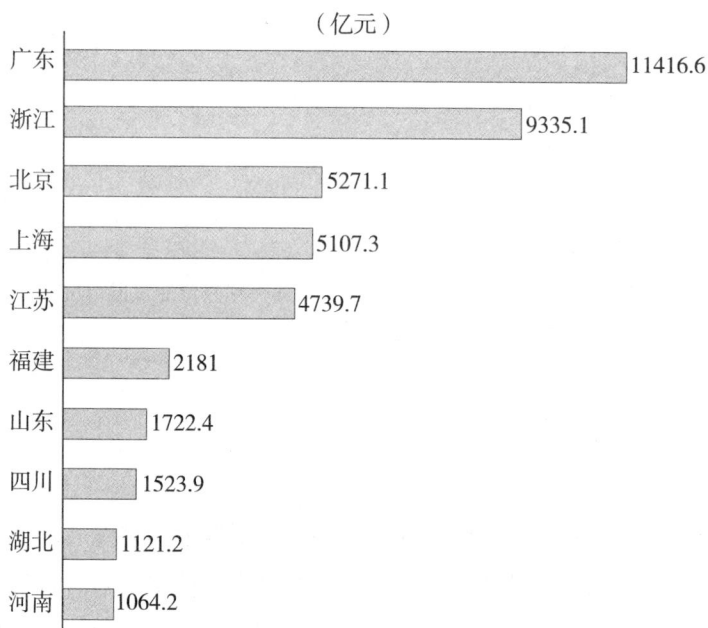

（亿元）

地区	金额
广东	11416.6
浙江	9335.1
北京	5271.1
上海	5107.3
江苏	4739.7
福建	2181
山东	1722.4
四川	1523.9
湖北	1121.2
河南	1064.2

图 11 - 7　2016 年全国网络零售额排名前十的地区

表 11-1　　　　　　　　2015—2016 年网络零售额增长情况

地区	2015 年	2016 年	增速
广东	9274.2 亿元	11416.6 亿元	23.1%
浙江	7186.4 亿元	9335.1 亿元	29.9%
北京	4486 亿元	5271.1 亿元	17.5%
上海	4169.2 亿元	5107.3 亿元	22.5%
江苏	3383.1 亿元	4739.7 亿元	40.1%
福建	1894.9 亿元	2181 亿元	15.1%
山东	1316.8 亿元	1722.4 亿元	30.8%
四川	1119.7 亿元	1523.9 亿元	36.1%
湖北	913.8 亿元	1121.2 亿元	22.7%
河南	723 亿元	1064.2 亿元	47.2%

值得注意的是，在互联网领域，中国企业已经从国内走向国际，全球化步伐在不断加快，腾讯、阿里巴巴、百度、蚂蚁金服、小米、京东、滴滴出行 7 家企业位居全球互联网企业 20 强；其中，阿里巴巴、京东作为电子商务领域的典型代表已经处于国际领先地位，在这些企业的带动下，中国各地涌现出一批创新型企业，未来将成为加速新旧动能转换的中坚力量。

六、新登记企业分布

自 2013 年启动商事制度改革以来，全国营商环境不断优化，充分激发了市场活力和社会创造力，全国新登记企业数量连创新高，初创企业活跃度持续提升。数据显示，2016 年新登记企业增长 24.5%，平均每天新增 1.5 万户，加上个体工商户等，各类市场主体每天新增 4.5 万户。2017 年 1—7 月，全国平均每天新设企业 1.6 万户，比商事制度改革前的 2013 年日均增加 9000 多户。

分地区看，近年来新登记企业数量靠前的地区仍然以东部省份为主，广东、江苏、山东、上海、浙江排名前五位；其中，2016 年广东新登记企业数为 79.1 万家，增长 29.38%，远远超过其他省份，浙江、山东两地新登记企业数均超过50万家。上海、北京两市新登记企业数均超过20万家,但增速相对较慢。

在中西部地区,河南、四川、湖北新登记企业数排名靠前,增长迅猛。其中,2016年河南新登记企业数24.59万家,增速接近30%,四川新登记企业数为22.5万家,增速为26.9%,湖北新登记企业数为21.2万家,增速为22.8%(见图11-8和表11-2)。大量中小微企业的涌现,推动一批新模式、新业态蓬勃兴起,为新常态下我国经济结构升级提供了强大新动能。

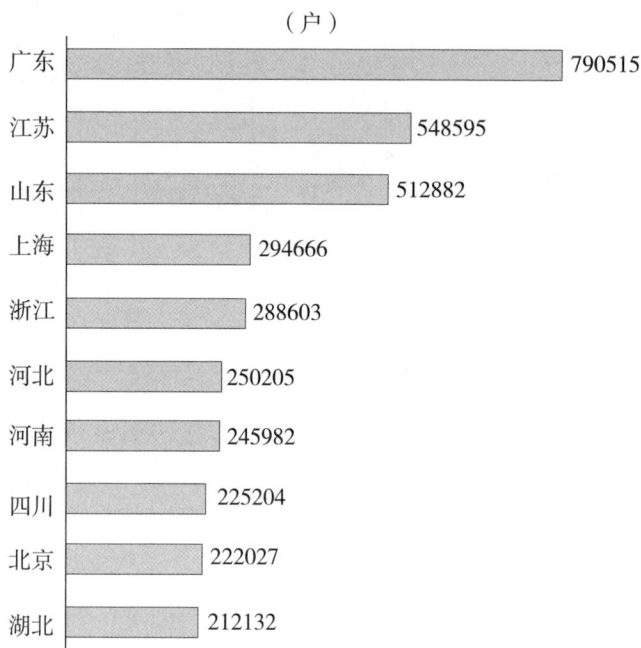

(户)

地区	数值
广东	790515
江苏	548595
山东	512882
上海	294666
浙江	288603
河北	250205
河南	245982
四川	225204
北京	222027
湖北	212132

图11-8 2016年全国新登记企业数量排名前十的地区

表11-2 近3年部分省市新登记企业增长情况

地区	2014年（家）	2015年（家）	2015年增速（%）	2016年（家）	2016年增速（%）
广东	498604	611003	22.54	790515	29.38
江苏	299259	420789	40.61	548595	30.37
山东	273189	404573	48.09	512882	26.77
上海	220637	253406	14.85	294666	16.28
浙江	230200	227464	-1.19	288603	26.88

续 表

地区	2014 年（家）	2015 年（家）	2015 年增速（%）	2016 年（家）	2016 年增速（%）
河北	152138	190369	25.13	250205	31.43
河南	162407	189504	16.68	245982	29.80
四川	143675	177448	23.51	225204	26.91
北京	177129	203226	14.73	222027	9.25
湖北	153816	172754	12.31	212132	22.79

七、技术市场交易额分布

技术市场是重要的生产要素市场，作为我国现代市场体系和国家创新体系的重要组成部分，在新时期肩负着统筹配置科技创新资源、健全技术创新市场导向机制、促进技术转移和成果转化的重要使命。自 1984 年我国开放技术市场以来，技术市场为促进科技与经济紧密结合，发挥科技第一生产力作用作出了重要贡献。

2016 年，我国技术市场贯彻落实《国家创新驱动发展战略纲要》和《"十三五"国家科技创新规划》，深入实施《促进科技成果转移转化行动方案》，进一步探索科技成果转移转化新机制，提出要加快完善科技成果转移转化服务体系，提出要加快促进技术要素与人才、资本等要素加速融合。

截至 2016 年 12 月 31 日，全国共登记技术合同 320437 项，成交金额 11406.98 亿元，同比增长 4.33% 和 15.97%。成交金额居前 12 位的省市依次为北京、湖北、上海、陕西、广东、江苏、天津、山东、辽宁、四川、重庆、安徽，除河北外，其他几个全面创新改革试验区均位列其中（见图 11-9 和表 11-3）。

值得关注的是，北京作为科学驱动型城市，拥有大量的研究所和高校，成为科技成果转移转化强势最强势地区，2016 年北京技术市场成交合同数为 74965 项，成交金额为 3940.80 亿元，远远超过其他地区。湖北、陕西也有大量的科研机构，成为中西部地区技术输出强省。

（亿元）

北京	2919.26
上海	810.48
广东	766.50
湖北	579.66
陕西	555.09
天津	435.70
江苏	393.67
山东	371.02
四川	250.05
辽宁	211.04

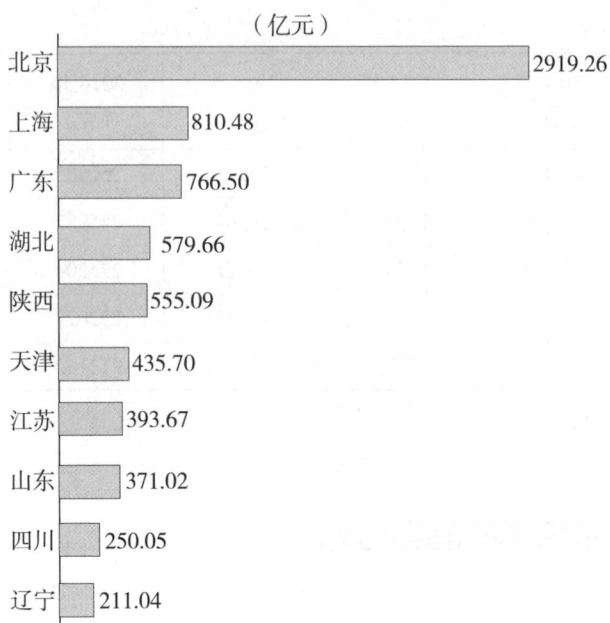

图 11－9　2016 年全国部分地区技术市场成交额

表 11－3　　　　　　　2016 年技术市场成交合同排名前 12 位地区

地区	项数（项）	成交额（亿元）	其中：技术交易额（亿元）
北京	74965	3940.80	2919.26
湖北	24248	927.73	579.66
上海	21203	822.86	810.48
陕西	21033	802.74	555.09
广东	17480	789.68	766.50
江苏	29507	729.26	393.67
天津	13060	602.32	435.70
山东	22260	420.24	371.02
辽宁	13376	340.81	211.04
四川	11609	304.88	250.05
重庆	2094	257.44	206.19
安徽	12969	217.74	120.46

数据来源：科学技术部火炬中心。

八、政府创业投资引导基金分布

政府引导基金指的是由各级政府通过预算安排，以单独出资或与社会资本共同出资设立，采用股权投资等市场化方式，引导社会各类资本投资经济社会发展的重点领域和薄弱环节，支持相关产业和领域发展的资金。在我国产业政策调整进程中，政府引导基金发挥了积极作用，既是市场经济条件下政府支持产业和企业发展的有效手段，又有利于转变政府职能，提高财政资金使用效益。

近年来，在行政体制改革大背景下，各地政府不断探索，通过财政注资设立了一大批政府引导基金。中央政府层面设立了集成电路产业投资基金、现代种业发展基金、农业产业发展基金、科技成果转化引导基金、文化产业投资基金、国家新兴产业创业投资引导基金、国家中小企业发展基金等政府引导基金，绝大部分涵盖新经济。

调研发现，现阶段我国促进新经济发展的政府产业引导基金可分成三类，一是股权投资引导基金，包括创投引导基金、新兴产业创投基金等；二是投融资风险补偿基金，包括天使投资风险补偿基金、贷款风险补偿基金、投贷联动风险基金；三是科技成果转化引导基金，这是中央基金的地方跟进。

从发展态势看，涉及新动能的政府引导基金，发展规模不断扩大，设立形式日益多样，设立主体逐渐由省级延伸至市区级。同时，政府投资引导基金地区发展不平衡，东部发达地区和中心城市基金密集，市场化运作程度高，基金作用凸显，中西部地区基金发展起步晚，但也呈现活跃态势。

分地区看，2016 年政府创业投资引导基金规模较大的省（自治区、直辖市）有，湖北、北京、广东、安徽、新疆、山东、福建、浙江等地。其中，新疆作为典型的西北地区，政府投资引导基金规模已突破 1000 亿元（见图 11 - 10）。

总的来说，我国政府产业引导基金创新财政投入方式，改变了传统的

（亿元）

地区	数值
湖北	5471.28
北京	4367.25
广东	1451.83
江苏	1180.49
安徽	1092.33
新疆	1015
重庆	968.5
山东	879.43
福建	821.33
浙江	801.33

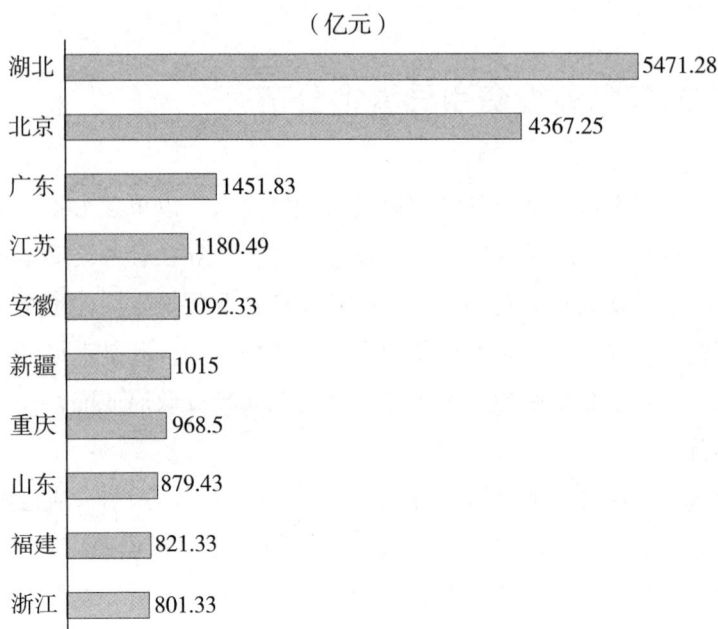

图 11 - 10　2016 年全国政府创业投资引导基金规模排名前十的地区

"直接补贴企业""直补项目"等发钱做法，发挥政府资金"四两拨千"的放大引导作用；有助于财政资金保值增值，有效放大基金的扶持力度和辐射范围；借助合作基金管理人的市场经验和专业能力，将有限的财政资金投入到真正有市场、有前景的行业企业；有助于处理好政府与市场的关系，发挥市场在资源配置中的决定性作用。

九、创业投资市场投资分布

金融对创新创业的支持是区域创新创业环境的重要组成部分，而融资便利性则是创业活动持续推进的基本条件，风险投资作为市场化程度较高的运作主体，具有独特的要素集成功能、筛选发现功能、企业培育功能、风险分散功能和资金放大功能。

数据显示，2016 年全国创业投资市场投资金额较大的省（自治区、直辖市）包括北京、上海、广东、浙江、江苏等发达地区，山东、湖南、

湖北等紧随其后。其中，北京创业投资市场金额超过 450 亿元，远远领先于其他省份（见图 11 – 11）。

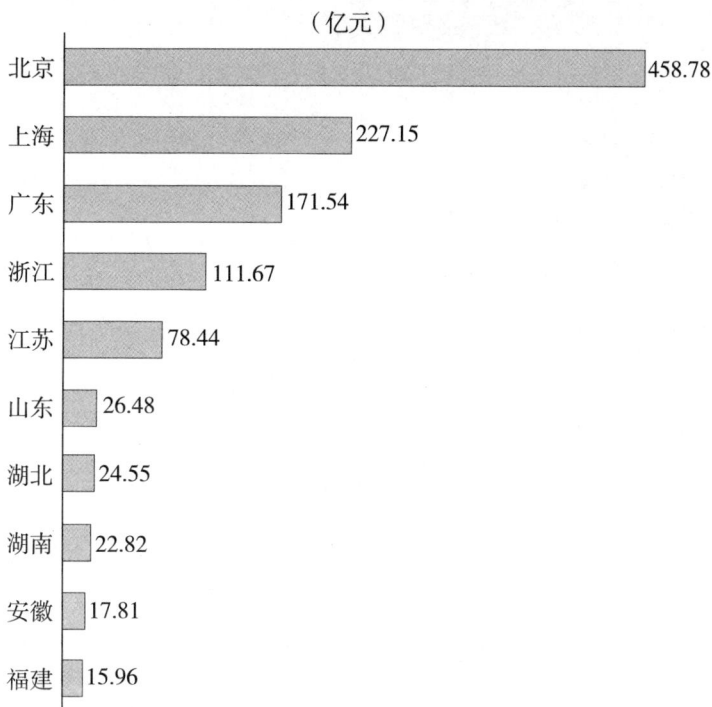

（亿元）

北京	458.78
上海	227.15
广东	171.54
浙江	111.67
江苏	78.44
山东	26.48
湖北	24.55
湖南	22.82
安徽	17.81
福建	15.96

图 11 – 11　2016 年全国创业投资市场投资金额排名前十的地区

　　从早期投资来看，政府引导基金和商业化母基金成为早期投资募集对象。政府投资引导基金规模的扩大，进一步盘活和鼓励社会资本与早期投资机构的对接，更好地为小企业"大"作为提供发展资金。2016 年全年共发生 2051 起早期投资案例，披露投资案例金额约为 122.40 亿元，同比上涨 20.1%；平均单笔投资金额为 596.78 万元，同比上涨 21.5%。分地区看，北京、上海、广东、浙江领先全国（见图 11 – 12），创新创业如火如荼。[①]

　　发达的创业投资市场为创新创业活动注入了强大的推动力。对于创业者来说，在创业初期拿到风险投资远比在企业成长期拿到风险投资更重要。融资的便利性和融资成功比例更高，能够有效保障创业活动的持续和创业的成功率。未来，创业风险投资将发挥越来越重要的作用。

---

① 数据来源：清科研究中心。

（亿元）

地区	金额
北京	45.59
上海	25.47
广东	14.19
浙江	11
江苏	4.38
福建	3.41
湖北	3.08
天津	2.4
四川	2.22
山东	1.88

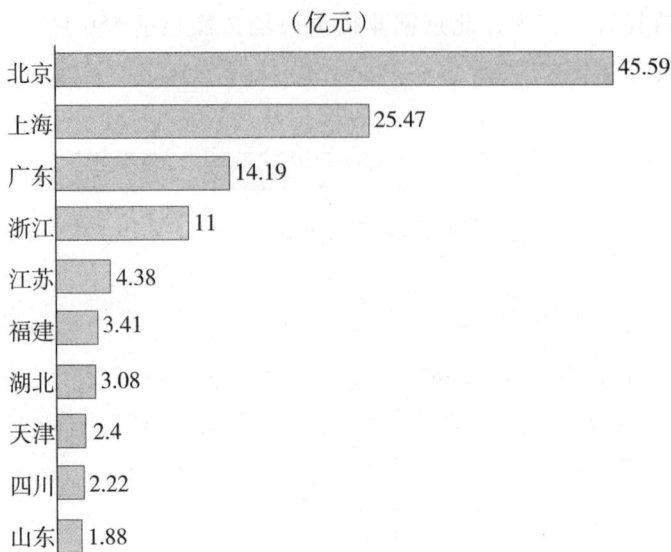

图 11 – 12　2016 年全国早期投资金额排名前十的地区

十、GDP 增速分布

GDP 是最重要的宏观经济统计指标之一，它是人们了解和把握一个国家（或地区）的宏观经济运行状况的有效工具，是制定经济政策的重要依据，也是检验经济政策科学性和有效性的重要手段。从地域角度看，GDP 不仅能够反映各个地区的经济总量，而且能够反映各个地区的产业结构、需求结构，这对于了解一个地区经济、产业、需求分布状况，制定正确的地区经济协调发展政策具有重要的意义。

在新常态下，经济发展呈现出速度变化、结构优化、动力转换的特点。数据显示，2016 年全国初步核算，全年国内生产总值 744127 亿元，按可比价格计算，比上年增长 6.7%。分季度看，一季度同比增长 6.7%，二季度增长 6.7%，三季度增长 6.7%，四季度增长 6.8%。分产业看，第一产业增加值 63671 亿元，比上年增长 3.3%；第二产业增加值 296236 亿元，增长 6.1%；第三产业增加值 384221 亿元，增长 7.8%。

分地域看，2016 年国内生产总值（GDP）进入万亿俱乐部的省份有 14

个，与 2015 年一样，分别为广东、江苏、山东、浙江、河南、河北、四川、湖北、湖南、上海、福建、安徽、北京、辽宁。但是，以上省份中，安徽、福建的经济规模排名分别上升 2 名、1 名，相对地，辽宁省的名次由第 11 名滑至 14 名，恰好跻身万亿俱乐部。

从 GDP 增速看，2016 年排名前 10 位地区分别是重庆、贵州、西藏、江西、天津、安徽、云南、福建、湖北、河南（见图 11－13）。其中，重庆和贵州分别增长 10.7%，10.5%，西藏增长 10%，尽管经济规模尚小，西藏和贵州奋起直追，增速保持两位数增长，成为新常态下经济发展的亮点。

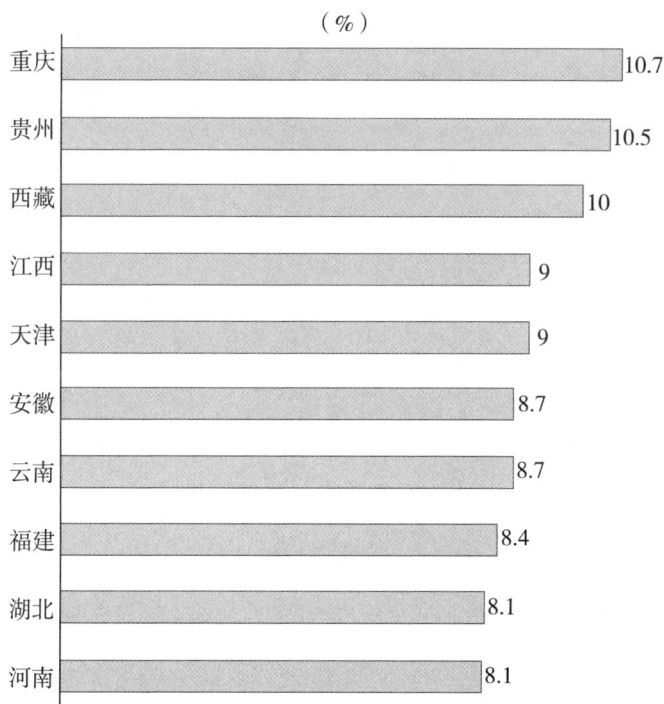

（%）

重庆	10.7
贵州	10.5
西藏	10
江西	9
天津	9
安徽	8.7
云南	8.7
福建	8.4
湖北	8.1
河南	8.1

图 11－13 2016 年全国 GDP 增速排名前十的地区

附录一

"培育新动能"省市调研报告

一、北京市"培育新动能"调研报告

近年来，北京市坚持城市战略定位，全面落实创新改革发展战略，积极培育新动能，加快推进制度、科技、人才、"双创"、金融等方面优化发展，大力深化体制机制改革，着力提高科技创新能力，积极完善人才服务体系，鼎力支持创新创业发展，优化金融保障环境，较好地体现出了首都地区的模范作用。

（一）发展现状

《京津冀系统推进全面创新改革试验方法》获批实施以来，北京市积极推进各项创新改革试验措施，发挥首都资源优势，重点推动制度、科技、人才、"双创"、金融等方面的改革政策制定与落地，并取得了明显效果。2016 年，高新技术产业产值达 5646.7 亿元，同比增长 9.1%；战略性新兴产业产值3824.3 亿元，同比增长 10.7%。

1. 制度创新取得实效

北京市在全面创新改革中优先主抓制度建设与创新，先后在优化科技成果转化、扩大科技资源开放共享、完善知识产权服务、开展药品上市许可试点等方面探索制度创新并取得实效。

2. 科技创新开花结果

自"全创改"实施以来，北京市大力推进"技术创新行动计划"，持续承接国家重大创新任务，实现了高端产业快速发展。2016 年发明专利申请量达 104643 件，同比增长 17.7%。

3. 人才改革全面推进

开展"研究员职称评审直通车"改革试点和财经专业领域职称评审改革试点，同时开展技术入股、股权奖励等多种形式的人才激励。出台了 20 项出入境"新政"，鼓励外籍高层次人才、外籍华人、创业团队外籍成员和外籍留学生这几类群体在中关村创新创业。

4. "双创"扶持成果丰硕

中关村创业大街形成创新创业生态圈，入驻机构增加到 48 家，总融资额达到 33.88 亿元。此外北京市还积极建设国际技术转移中心和国家技术转移集聚区，国际技术转移协作网络成员单位增加至 200 家，与 40 多个国家的 400 多个国际技术转移机构建立了长期合作关系。2016 年新增登记企业数 22.2 万，同比增长 9.4%。

5. 科技金融效果初显

支持科技企业利用股权市场、公司债券市场进行融资，率先开展"创新创业公司债券"试点，已有 5 家公司启动发债程序。支持北京市四板发挥多层次资本市场的基础性作用，累计服务中小微企业 3802 家，实现各项融资累计约 112.41 亿元。孵化培育出如三博脑科、科拓恒通、尚睿通等细分行业的领军企业。

（二）培育新动能的主要举措

在"培育新动能"的发展过程中，北京市结合自身实际情况，在协同创新、环境营造、机制导向、人才支撑、科技引领和金融扶持等多个方面做出了一系列举措。

1. 打造全国科技创新中心

坚持向前展望、提前谋局，构建近、中、远相结合的创新中心规划、方案和政策体系。推动央地协同创新机制进一步深化，统筹规划三大科技城作为全国科技创新中心建设的主平台，把中关村科学城建设成为原始创新策源地、自主创新主阵地；把怀柔科学城打造成为大科学装置集聚区和综合性国家科学中心；把未来科技城建设成为大型国有企业集团技术创新集聚区和引领产业转型升级的创新高地。

2. 健全创新市场导向机制

加大对国有企业、高校科研院所从事创新工作、成果转化、利益分配的政策支持力度。一是提高国有企业自主创新能力，加大国有资本经营预算对企业自主创新的支持力度，加大创新在国有企业负责人经营业绩考核中的比重，深化市属国资国企改革。二是实施科技成果转移转化行动。制定出台《北京市促进科技成果转移转化行动方案》，并加大力量促进高等学校、科研机构科技成果转化和产业化。三是深化科技项目经费管理改革，发布实施《北京市进一步完善财政科研项目和经费管理的若干政策措施》，赋予科研人员开展科研项目更多的自主权，加大激励力度。

3. 改革创新人才支持体制

积极深化人才发展体制机制改革，制定实施引进顶尖科学家及其创新团队的政策措施，出台《关于引进全球顶尖科学家及其创新团队的实施意见》，围绕未来 5 ~ 10 年能实现颠覆性技术突破，支持高等学校、科研院所、企业等单位在全球范围内遴选引进顶尖科学家及其创新团队。北京市公安局积极会同市科委、中关村管委会等单位制定了按照"条件明、材料少、程序简、效率高"的标准，制定了统一的《实施细则》，设立了中关村外国人服务大厅。

4. 强化金融支持创新功能

为了更好地发挥金融支持创新的强大力量，北京市努力构建起相应的政策体系、协调机制和服务平台。一是建立"综合型政策＋专项政策"科技金融政策体系，优化北京市科技金融服务环境。二是打造部门工作协调机制，推动监管权力下移，建立科技金融工作协作机制，成立北京市科技金融专业委员会、科技金融服务创新工作领导小组，服务首都科技金融创新中心建设。三是搭建新型投资服务平台，努力探索适合中关村企业全生命周期发展的综合金融服务模式，为科技小微企业孵化、融资提供前端服务。组建"北京用友幸福联创投资中心""北京创新工场创业投资中心"等市场化运作的投资服务平台。

二、天津市"培育新动能"调研报告

天津市是京津冀系统推进全面创新改革试验地区的主战场之一，担负着推动建设全国先进制造研发基地、健全市场配置创新资源机制以及探索完善金融创新服务体系三大任务。天津市加快贯彻落实国家要求，建立工作协调机制，加大推进力度，在金融创新、商事制度改革、简政放权、优化创新创业服务等多个方面取得了一定成效。

（一）发展现状

天津市大力推进重点改革任务，不断落实改革举措，推动新旧动能加速转换，完善创新创业服务，对支撑经济稳定增长发挥了重要作用。

1. 新产业新产品蓬勃发展

2016 年，天津市工业保持平稳增长，产业和产品结构持续优化，高新技术产业产值 8272.9 亿元，同比增长 2.77%，新产品产量增长较快。

一是新产业快速成长。航空航天、医疗设备制造等新兴产业蓬勃发展，正在形成工业稳增长的新动力。

二是新产品发展良好。在电子信息、智能制造、节能环保等新技术的推动下，符合转型升级趋势的高附加值产品产量增长较快。

2. 新业态新模式方兴未艾

2016 年，天津市商贸经济运行总体平稳，消费升级态势明显，网络消费比重突破 10%，商业综合体快速发展，"互联网 +"推动新服务孕育成长。

一是新业态迅速壮大。作为新兴消费业态的典型代表，网络消费保持高位增长，比重持续提高，2016 年网络零售额 767.5 亿元。

二是新商业模式加速发展。集休闲、购物、餐饮、娱乐为一体的商业综合体凭借功能集聚优势，在实体零售业态中表现突出，商户数量、营业面积、销售规模有较快增长。

三是新服务层出不穷。传统行业与互联网加快融合，推动网络约车、远程教育、在线医疗、智慧社区等新服务模式不断涌现，带动"互联网 +"相关服务业较快增长。互联网和相关服务、软件和信息技术服务业营业收入合计占规模以上营利性服务业的 1/5。

3. 新主体新成果快速增加

随着简政放权改革深入推进，创新创业环境不断优化，市场活力和社会创造力得到显著激发与释放，2016 年全年新增登记企业数 16.9 万家，同比增长 18.2%。在稳增长和促就业等方面发挥了重要作用，科技型企业快速成长，专利拥有量增长较快。创新产出数量不断提升，2016 年，全市发明专利申请量 38153 件，同比增长 35.8%。

4. 创新创业服务不断优化

一是创新创业集聚发展势头强劲。天津市科技型企业总数超过 8.6 万家，比 2010 年增长 5 倍以上。

二是众创空间建设成效显著，天津已认定市级众创空间 138 个。

三是"双创"服务体系不断完善。滨海新区中心商务区列入国家首批 28 个"双创"示范基地，全市共认定市级小企业创新创业基地 86 家。

（二）培育新动能的主要举措

国务院批复京津冀方案后，天津市对系统推进全面创新改革工作进行了部署，重点推动以下几个方面的工作。

1. 稳步推进全面创新改革试验各项工作

天津市形成具体的落实方案，细化分解了 5 大方面 94 项改革任务以及需要中央授权支持的 16 项改革举措。在探索建立京津冀区域创新资源开放共享机制方面，三地相关部门已经在基础研究、生态环境保护、科技战略研究、大型科研仪器协作共用、国际科技合作等方面建立了全面合作关系。

2. 加快推动自贸区改革试验

《总体方案》90 项改革任务有 72 项落地，两批 175 项制度创新举措有 151 项被实施，自贸试验区与各区联动发展机制初步形成。自挂牌以来，截至 2016 年 9 月底，自贸区新增市场主体 24321 户，注册资本 7875.97 亿元。

3. 扎实推进金融改革创新

一是全面启动金融创新运营示范区建设，大力推进天津市自贸试验区金融改革创新。出台实施了《天津市金融改革创新三年行动计划（2016—2018 年)》《关于金融支持中国（天津）自由贸易试验区建设的指导意见》等一批支持政策，对"十三五"时期天津市金融创新工作进行安排部署。

二是积极推进租赁业发展在全国形成领先优势。在全国率先出台支持租赁业发展的地方政府规范性文件、率先开展融资租赁司法政策试点、率先开展融资租赁合同登记试点、率先开展单机单船租赁业务等十余项创新试点。搭建服务平台为租赁企业发展提供"专家＋管家"的一站式服务。

4. 全面推进事中事后制度改革创新

近年来，按照国务院推进"双随机、一公开"的部署，天津市积极探索简政放权后加强事中事后监管的新办法，建立了以"信息公示、风险分类、随机联查、结果告知、联合惩戒"为关键环节，"五环相扣"的链条式监管体系，编织了跨部门、全覆盖、紧密衔接、实时监管的"联合监管网"，取得了良好成效。

5. 推动科技型企业创新发展

天津市把推动科技型企业创新发展的重点任务总结为推动实施"六大工程"和优化四项服务措施，即实施领军企业培育、高端人才引进、"小升高"、"小壮大"、并购"双百"、企业上市融资这"六大工程"，优化政府、技术平台、科技金融和园区这"四大服务"。

三、河北省"培育新动能"调研报告

今年以来，国务院批复了《京津冀系统推进全面创新改革试验方案》，国家发展改革委、科技部印发了《京津冀系统推进全面创新改革试验方案》和《河北省系统推进石保廊区域全面创新改革试验方案》。围绕落实全面创新改革试验任务，河北省建立完善组织推进机制，加强与京津的对接协作，在实现创新驱动发展转型、培育壮大新动能方面取得了一定的成效。

（一）发展现状

近年来，河北省新经济保持持续快速发展势头，对全省经济增长的拉动作用日益显现。

1. 新业态、新模式蓬勃发展

1—9月，全省规模以上高新技术产业实现增加值1468.6亿元，增长14.8%，同比提高3.8个百分点，高于规上工业增速9.2个百分点。"互联网＋"与传统服务业的融合加快，1—9月全省电商交易额1.38万亿元，增长30.1%，电子商务、网络消费、休闲旅游等新业态、新模式蓬勃发展，新业态、新模式不断涌现。

2. 一批创新政策落地实施

河北省积极推动相关领域改革，探索创新政策先行先试。省委、省政府出台了《关于加快科技创新建设创新型河北的决定》，制定了扶持高层次创新团队、提升产业创新能力、优化科技资源配置等 16 个实施细则，创新政策体系更加完善。目前，扩大高校和科研院所科研自主权、简化企业债审批程序等 5 项改革政策已经实施，开展药品上市许可持有人制度试点、提高科研人员成果转化收益分配比例等 8 项改革政策年底前有望落地。

3. 深化区域合作，创新发展成效不断显现

河北省不断深化区域合作，与京津共同推动京津冀大数据综合试验区建设、与中关村合作共建一批产业园区、与清华大学合作共建转化基地，同时与京津科研院所合作，推动大型科学仪器设备、重大科学基础设施和科技信息资源共享共用，重点产业关键技术协同攻关能力进一步增强。

（二）培育新动能的主要举措

1. 加强规划政策引导

制定出台了《河北省战略性新兴产业发展"十三五"规划》，明确了"十三五"时期河北战略性新兴产业发展的总体要求、重点任务、重点产业基地、重大专项工程和保障措施。成立了省战略性新兴产业领导小组以及推进"双创""互联网＋"和大数据发展省级部门联席会议制度，强化组织领导，力促各项政策落到实处。

2. 深化体制机制改革

一是深入推动全面创新改革。会同京津两市制定了《京津冀全面创新改革试验方案》，配套出台了《河北省石保廊全面创新改革试验方案》，积极推进石家庄、保定、廊坊开展全面创新改革先行先试，努力破除体制机制束缚和障碍，营造良好创新创业环境生态。二是深化"放管服"改革。积极推进行政审批事项清理下放，省级行政审批事项由 2012 年的 1495 项精减到目前的 436 项，非行政许可审批事项全部取消，取消和减免涉企行政事业性收费和政府性基金 600 多项。

3. 强化产业示范基地建设

河北省印发了《河北省战略性新兴产业示范基地管理办法》，首批在光电子、卫星导航等领域筛选了 14 个示范基地予以集中支持，集聚各类资源要素，打造一批百亿级、千亿级新兴产业集聚区。

4. 组织实施高技术产业化和应用示范工程

围绕高端装备制造、新一代信息技术、生物、新材料等战略性新兴产业重点领域，依托优势企业或高成长性创新型企业，集中支持一批技术含量高、带动作用大、示范性强的重大产业化项目，培育新的经济增长点。同时，在社会治理、公共服务、智能制造等领域，依托优势企业支持建设一批具有明确市场需求的互联网＋、大数据、物联网等基础性、平台性应用示范项目。

5. 着力提升产业创新能力

出台了《关于发展众创空间推进大众创新创业的实施意见》《关于提升产业创新能力实施细则》等文件，大力支持各类创新创业平台载体建设，提升创新创业技术支撑能力。围绕创新创业发展需求，努力贯通技术链、创新链、产业链，打造技术创新平台支撑。目前，全省已建成省级以上企业技术中心 492 家、工程实验室 123 家，建设重点实验室、工程技术研究中心 363 家，产业技术研究院 28 家。

6. 加强创新创业服务

围绕"大众创业、万众创新"，积极建设众创空间和科技企业孵化器，搭建专业化、网络化创新创业服务平台，为创新创业主体提供多方位服务。目前，全省建设省级以上众创空间 200 多家，省级以上科技企业孵化器达到 61 家，新增科技型中小企业 9000 家、高新技术企业 400 家，总数达到 3.8 万家和 1636 家。并且建设了"河北省就业创业云平台"，促进就业创业数据资源全省共享和互联互通。此外还积极促进重大科研仪器向社会共享，解决中小企业研发检测仪器设备不足的难题。

7. 积极发展创业投资

河北省相继成立了省战略性新兴产业创业投资引导基金、省科技成果转化引导基金、省级中小企业发展基金、京津冀协同创新科技成果转化引导基金和天使基金（种子基金），发挥政府资金杠杆作用，努力缓解创新创业融资难、融资贵问题，积极为初创期、早中期新兴产业中小企业提供资金支持。

四、辽宁省"培育新动能"调研报告

为了实现创新驱动发展转型、培育壮大新动能、扭转经济增长下滑态势，辽宁省依托良好的制造业基础，在科技创新、转型升级、产业金融、国企改革、人才支撑、对外开放、行政改革等重点领域先行先试，通过智能升级有效推动了老工业基地焕发新春，在全国形成了先进装备创新制造的新模式。

（一）发展现状

作为传统的老工业基地，辽宁省经济下行压力巨大。面对经济下行压力，以高端装备制造、电子信息制造、软件和信息服务业为代表的新兴产业逆势上扬，成为辽宁省转型发展的重要支撑力量。

1. 装备制造业加快结构调整和转型升级步伐

高端装备制造业加速发展，并取得明显成效。辽宁省每年组织实施《辽宁省企业技术创新重点项目计划》，安排新产品开发、重大装备研制、产学研合作、关键共性技术研发、产品质量提升等 5 类计划项目，"十二五"期间列入计划项目共计 3515 项，取得了显著的成效。2016 年，辽宁省发明专利申请量 25561 件，同比增长 32.22%。

围绕国内外市场需求和产业发展新形势，一批填补国内乃至国际空白的重大产品相继被研制成功，如世界首台特高压交流升压变压器（400MVA/1000kV）、国内首套 10 万空分装置压缩机、国内首支瓦锡兰系列 82T 超大型船用曲轴、国内首个具有自主知识产权的 CP-300 自升式海洋钻井平台等。同时，新松机器人、沈阳机床厂等智能制造企业蓬勃发展。以新松机器人为例，新松机器人先后攻克了一系列关键技术难题，申请专利 600 余项，90% 以上的科技成果已迅速转化为生产力，构建了国际一流水准的生产制造体系。

2. 电子信息制造业新兴领域发展态势较好

集成电路行业快速增长，大连英特尔、沈阳芯源等重点企业产值幅度均达到 20% 以上。数字视听行业发展平稳，以华录为代表的重点企业不断加大创新研发力度，均实现了 10% 以上的增长。重点企业中，日佳电子转变生产模式，同比增长超100%；路明科技、岩崎电器、金三维科技、华奇电力等多家企业产值同比实现增长。

3. 软件和信息技术产业向服务化方向转型

在软件产品、信息技术咨询和管理服务、嵌入式系统软件等三大子行业中，信息技术咨询和管理服务的产值已占全省软件行业产值的55.2%，居于主导地位。软件外包出口平稳增长，保持全国领先发展优势。省内东软、华信等骨干企业不但能够承接高端的外包业务，而且有的已经实现了自主知识产权产品的出口。

（二）培育新动能的主要举措

1. 组织开展智能升级的顶层设计

辽宁省围绕老工业基地智能升级制定了一系列政策，形成了智能升级推动经济发展的顶层设计。制定了《辽宁省工业互联网发展行动计划》《辽宁省培育和发展新兴产业三年滚动实施方案》等，积极推进"中国制造2025"发展战略，围绕智能制造综合标准化与新模式应用、建立首台（套）重大技术装备保险补偿机制、工业强基工程等，共筹措12844万元资金，推动企业提升产业优势，率先在高端装备制造、新一代信息技术、新能源、新材料等方面实现突破。

2. 重点推进沈阳市全面创新改革试验

作为全国8个全面创新改革试验区之一，沈阳市制定了《沈阳市系统推进全面创新改革试验方案》，围绕推进新型工业化进程在7个领域先行先试，并提出了一些突破性举措，如沈阳市将打造世界级材料与制造研发产业基地，探索互联网与制造业融合发展新模式，发展个性化定制、众包设计、云制造等新型制造模式。

3. 创新制造业智能升级的财政补贴

2015年沈阳市发布《沈阳市制造业智能升级三年行动计划》，智能升级项目的补助将按照年度实际投资金额的20%给予补助，最高不超过2000万元。采购本地机器人、智能制造成套装备和系统集成应用软件的，利用银行或其他金融机构贷款实施智能升级的项目，给予补助。

4. 设立省产业（创业）投资引导基金

鼓励和引导社会资本更多地投入到本省经济社会发展的重要领域，增强经济发展的动力和活力。2015 年起，省财政多渠道筹措资金，设立了首期规模为 100 亿元的省产业（创业）投资引导基金，并吸引社会资本增加对重点产业和领域的投入。目前辽宁省政府已批准成立 9 支产业投资基金，投资规模 37.25 亿元，引导基金出资 5.1 亿元。同时，还批准了 33 个引导基金直接投资项目，总投资规模 136.6 亿元，其中引导基金直接投资 10.4 亿元。

5. 完善智能升级的金融支撑体系

辽宁省推动科技金融专营机构建设，出台了《关于推进科技金融服务工作的指导意见》，2016 年新设科技金融专营机构 10 家。为缓解科技型企业融资难题，辽宁省设立知识产权质押融资风险补偿基金，引导银行等金融机构进一步拓展知识产权质押融资，服务大众创新、万众创业，实现科技产业创新驱动发展。

五、上海市"培育新动能"调研报告

近年来，上海市以建设具有全球影响力的科技创新中心为引领，以创新为主要驱动力，注重发挥改革前沿、要素汇聚的综合优势，大力推进简政放权、支持创新创业，开拓了转型升级新通道。

（一）发展现状

1. 新领域快速崛起

一批百亿乃至千亿级的新领域快速崛起。高端医疗器械领域，正加速迈向高端、高效、高附加值；北斗导航领域，逐渐培育形成新产业链，目前已有上百家企业，产值年增长 30% 以上；网络视听领域，增速远超全国网络视听产业和全市信息服务产业，占据全国市场约 1/4 份额，咪咕视讯、天翼视讯等一批龙头企业项目先后落户；互联网教育领域，上海市拥有互联网教育企业近 150 家，集聚沪江网等一批龙头企业，企业注册会员达近亿人，经营收入超亿元；机器人领域，新技术全国领先，培育出新时达等多个年销售额千万级的优势企业；3D 打印领域，先后在装备、软件、材料等领域进行了布局，形成了光韵达、曼恒数字等一批细分领域优势企业。

2. 新动能加快集聚并开始发力

一是战略性新兴产业成为新生动能。2016 年上海战略性新兴产业工业总产值达 8307.99 亿元，同比增长 1.5%。

二是先进制造业与服务业加速融合发展。上海市把制造业服务化作为转型升级的重要方向。

3. 良好的环境提供了重要支撑

一是加强引导和服务。上海市提出发展思路"三转"，即从抓大企业大项目向扶持小微、草根企业转变，从强调有形资产投资向更加注重研发、人力资本等无形资产投入转变，从偏好给予优惠政策向注重营造良好营商环境转变。2016 年新增登记企业数 29.53 万家，同比增长 16%。

二是加大研发创新投入。2016 年研发投入占 GDP 比重 3.8%，同比增长 10%；发明专利申请量 54399 件，同比增长 15.7%。

三是新产业集聚发展格局逐步形成。上海在静安、长宁等区县围绕软件和云计算、电子商务、新能源汽车等领域建设了 6 个战略性新兴产业示范基地。闵行、徐汇、金山等六大生物医药产业园区工业总产值约占全市 70% 以上，临港产业区成为上海高端装备产业重要集聚区。

（二）培育新动能的主要举措

1. 形成了一套完整的政策体系

按照习近平总书记的要求，上海要加快向具有全球影响力的科技创新中心进军。2015 年 5 月，出台了《关于加快建设具有全球影响力的科技创新中心的意见》，提出了面向经济发展主战场，促进以科技创新为核心的全面创新、集聚和用好创新人才、培育创新型企业的"22 条意见"。近年来，还出台了《关于本市加快培育和发展战略性新兴产业的实施意见》《张江国家自主创新示范区企业股权和分红激励试行办法》等相关政策。

2. 开展了一批先行先试改革试点

上海贯彻落实国家创新驱动发展战略，以体制机制改革创新为切入点，制定了《上海系统推进全面创新改革试验加快建设具有全球影响力的科技创新中心方案》，将在完善股权激励机制、探索开展投贷联动等金融服务模式创新、开展海外人才永久居留便利服务等 10 个方向开展先行先试。

3. 突破了一批关键核心技术

近年来，上海坚持以增强自主发展能力为主线，以重大发展需求和技术突破为动力，加快集成电路装备、高端医疗器械、北斗导航、机器人、大数据等方向的科技布局、技术攻关和成果产业化。例如上海兆芯完成基于 28 纳米工艺技术的自主 CPU（中央处理器）芯片研发并顺利实现流片，整体性能接近业界主流水平。联影公司形成了自主知识产权的业界首台动态多极 3.0T 磁共振系统等高端医学影响装备。

4. 建立了一个多层次创新服务体系

优化提升上海研发公共服务平台功能，加快推进创新功能型平台建设。加快建设上海产业技术研究院，完善专业技术服务和科技转化平台，成立国家技术转移东部中心，积极探索创新技术转移转化新模式、新业态、新路径。启动建设国家科技创新资源上海数据中心，为企业等各类创新主体提供科技服务。

5. 打造了一批新产业发展集聚区

充分发挥全面创新改革试验区、自贸试验区、张江国家自主创新示范区的"三区"联动优势，打造一批创新要素集聚、创新特色鲜明、创新功能突出、适宜创新创业、具有较强辐射带动力的创新集聚区，带动全市经济发展。

依托创意产业集聚区、生产性服务业功能区等园区的软硬件优势，上海市着力打造一批具有国际竞争力的"四新"创新基地，涉及工业机器人、3D 打印、高端医疗器械、互联网金融等 30 多个产业领域。同时打造"四新"经济示范区，建立网络视听、智慧照明、集成电路、物联网等 17 个人才实训基地，着力培养一批满足"四新"经济发展需求的高端技术人才。上海还十分注重产业创新联盟建设，先后成立智慧应急产业联盟、上海智能交通系统产业联盟、上海首席信息官联盟，积极推动同业企业的沟通交流和科研合作。

六、安徽省"培育新动能"调研报告

2016 年，安徽省全面落实创新改革发展战略，积极培育新动能。以技术创新为突破，人才激励为支撑，金融扶持为催化剂，简政放权为保障，推动创新、创业、战略性新兴产业等领域深入发展。

（一）发展现状

1. 创建科学中心和产业创新中心

技术创新方面，安徽省围绕建设有重要影响力的综合性国家科学中心和产业创新中心，构建"源头创新—技术开发—成果转化—企业孵化—新兴产业"全链条式竞争优势。

一是谋划建设量子信息国家实验室，制定《量子信息与量子科技创新研究院筹建方案》。

二是建设合肥综合性国家科学中心。

三是建设一批研发创新平台。24 个战略性新兴产业基地中，省级创新平台的覆盖率达到 79%。

四是建设一批科技成果转移平台。中国科学技术大学先进技术研究院等新型研发机构纳入试点，即将开展体制机制创新。

五是建设创新创业梯级孵化平台，深入实施"创业江淮"行动计划。2016 年，全省研发投入占 GDP 比重 1.97%，同比增长 0.5%；发明专利申请量 95963 件，同比增长 40.5%。

2. 大众创业持续发力

目前，全省已建设科技企业孵化器 109 家，其中国家级 17 家。备案建设市级以上众创空间 66 家，集聚创业团队 1520 个。已培育国家级小微企业创新创业示范基地 3 个、省级小微企业创业基地 135 个。2016 年新增登记企业19.4 万家，同比增长 30%。在全省新增的市场主体中民营经济占比超过90%，第三产业超过 80%，新创造就业岗位近 90 万个。

3. 战兴产业规模扩大

培育战略性新兴产业方面，安徽省呈现产业规模不断扩大、创新能力持续增强、龙头拉动作用凸显、产业链条渐趋完整的良好态势。2016 年，全省战略性新兴产业实现产值 10161.3 亿元，增长 16.4%。

（二）培育新动能的主要举措

1. 推进技术创新

一是建设高水平创新平台。规划建设合肥国家综合性科学中心；量子信息国家实验室建设等列入 2016 年部省工作会商议题并开展先行建设；支持建设国家级研发机构，对 8 家新建国家级研发机构给予奖励 1200 万元；加快推进新型研发机构建设。

二是加强产学研合作，提升协同创新能力。征集企业技术需求、难题和高校科研成果，搭建产学研合作对接平台。谋划组建了一批产业技术创新联盟。牵头组建安徽省新能源汽车、功能膜、高分子基金属浆料等 104 个产业技术创新联盟。

三是为企业创新减负和增加动力。针对企业创新面临较大风险、创新意愿不强、创新能力弱、激励不足等问题，落实国家支持创新的税收优惠政策，落实企业股权和分红权激励；创新知识产权保护，在合肥、芜湖、蚌埠三市（简称"合芜蚌"）高新区等区域实施专利、商标、版权"三合一"综合执法试点。

2. 激发人才活力

一是为高校院所创新松绑。加快科技成果转化政策落地，将科研人员科技成果转化收益比例由 50% 提高到 70%，对领导干部享受成果转化收益做出了明确规定；完善省级科研项目资金管理，建立非财政经费课题经费管理机制，目前有 80 多所省属高校出台了非财政经费项目管理办法；创新高校院所工资激励机制；进一步下放职称制度管理权限，让高校院所有更多创新自主权。

二是为高层次人才集聚疏通障碍。针对高校院所、国有企业人才引进机制不活等问题，在创新人才发展的培养、评价、流动和激励等环节创新体制机制；率先在全国开展编制周转池试点，破解高校"空编不用"和"无编可用"的矛盾；鼓励高校院所与企业间人才自由流动。

3. 加强金融支持

一是建立健全地方金融体系。大力推进地方金融体系建设，通过不断"招行引金"，金融体系逐步健全，各金融业态基本实现全覆盖；探索组建地方金融控股集团。

二是大力发展股权投资基金。安徽产业发展基金设立进展顺利，安徽高新投、安徽开发投资 2 只母基金启动运营，皖江基金、中小企业基金群、高新技术产业基金群、安徽产业并购基金、安徽产业升级基金、科讯智能等子基金（群）相继设立，部分子基金（群）已开展项目投资。

三是发展科技金融。加大对科技型企业的信贷支持，引导各家银行在合芜蚌自主创新试验区建设、自主创新、科技型中小企业等领域挖掘信贷潜力，促进早投、快投、多投。利用科技型企业的商标、专利等知识产权，拓展科技型企业有效抵质押物范围，积极引导金融机构扩大对科技型企业的信贷投放。推进科技型企业上市及发债融资，支持符合条件的科技创新型企业上市，全省共有 53 家科技型上市公司，占省境内上市公司总数（91 家）的 58%。

4. 推动政府创新管理改革

针对科技资金管理分散，政府创新管理体系、信用体系不健全等问题，深化科技管理体制改革，整合省级财政科技项目和资金，建设公开统一的省级科技计划管理平台；率先在全国探索建立权责清单制度体系，科技领域省级权力事项精减 69%；加快社会信用体系建设，组建首家市场化运行的安徽省征信公司，建立全省统一的信用信息互联互通平台，即将出台全省失信被执行人信用监督、警示和惩戒机制实施意见。

七、湖北省"培育新动能"调研报告

近年来，湖北省以新技术、新产业、新模式和新业态等"四新"为培育新动能的发展战略重点，加快推动经济结构调整和产业升级，积极推动经济发展方式和发展新旧动能的转换，在经济下行压力不断加大的新常态下，依然保持了较快的增长速度。

（一）发展现状

1. 技术创新能力不断增强

从创新资源看，湖北省是我国高等教育和科研院所资源高度密集的省份之一，位居全国前列，中西部之首，创新资源优势明显。其中，国家级科技平台78个，国家级企业中心46个。从创新成果看，2016年湖北省发明专利申请量为43789个，同比增长44.98%。

2. 新兴产业规模不断扩大

2015年，湖北省战略性新兴产业产值突破1万亿元，占GDP的比重达到8.5%，是2010年的2倍左右。2016年，湖北省高技术产业产值20250亿元，同比增长11.5%，新增登记企业数21.22万家，同比增长22.8%。

3. 新兴业态呈爆发式增长

新兴服务业是新业态最为集中，也是增长最快的领域。电子商务蓬勃发展，2016年全省网络零售额1121.1亿元。

4. 新型商业模式快速发展

最近几年，湖北省相继出现了一批有全国性影响的新公司、新模式。例如，武汉斗鱼成为全国最大的全民直播平台，每天有1500万人观看斗鱼网络直播；卷皮网成为全国最大的平价电商折扣平台；宁美国度则根据每个用户的定制需求，采用互联网DIY的方式销售电脑，目前已经成为国内同行中的领先者，年在线销售电脑量可达100万台。

（二）培育新动能的主要举措

湖北省根据本地实际，因省制宜，初步探索出一条培育新动能的新路子，主要做法如下。

1. 积极推进体制机制改革，营造良好发展环境

一是着力推动武汉市全面创新改革试验，积极在产业创新中心、科技管理、人才、科技金融等领域取得突破。

二是积极推进科技成果转化机制改革，先后出台《湖北省科技成果转化暂行办法及实施细则》等，增强了大学和科研院所对科技成果的使用权、处置权和收益权。

三是推进行政审批和监管改革，进一步精简各类审批事项、权力事项和核准目录。

四是推进企业登记制度改革，降低企业运营成本，在全国率先实施"五证合一"登记制度改革。

2. 积极推进投融资体制改革，加大投资力度

一是积极推进财政创新改革，加大财政投入力度。以"政府引导、市场运作"的方式设立三大基金。其中，由财政投入支持的创业投资引导基金的规模已达到 6.6 亿元，引导各类社会资本 37.6 亿元；推动财政专项资金改革试点，设立股权投资引导基金；设立长江经济带产业投资基金，政府出资 400 亿元，吸引社会资本 1600 亿元。

二是积极拓宽创新创业融资渠道，开展中小企业集合债券、票据、信托等金融产品创新，加大金融机构对科技成果转化的支持力度。目前，湖北省通过金融产品创新的融资达 260 亿元，惠及 2000 余家科技型企业。

三是积极推动天使投资发展。由政府发起设立的天使投资有两家，在武汉市还有 600 余家由社会资本设立的创投、风投等股权投资机构。

3. 加快推进科技孵化器和众创空间建设，激发创新活力

一是积极依托东湖高新区和其他省内高新区，引导政府、大学、科研院所、大企业等多种主体建设各类科技创新孵化器。截至 2016 年 9 月，全省共有各级各类科技孵化器近 300 家。

二是积极发展低成本、便利化、全要素和开放式的"众创空间"，截至 2016 年 9 月，全省共有各级各类众创空间近 200 家。

三是鼓励高校院所和企业所拥有的科技资源向科技创新活动开放共享，降低科技创新成本。

4. 大力推进"互联网＋"制造，加快传统工业的升级改造

湖北省是传统的工业和制造业大省，加快推进对传统工业的升级改造至关重要。

一是出台《中国制造 2025 湖北行动纲要》，确定了新一代信息技术、智能装备等十大重点领域。

二是以湖北工业云平台为载体，实施两化融合示范工程，在抓好 500 家试点示范企业的同时，着力培育一批数字企业，打造一批行业应用解决方案

供应商。

三是大力发展生产性服务业，积极围绕工业软件、现代物流、工业设计、融资担保等，推动制造业与服务业融合发展。

5. 积极推动高新产业园区发展，加快新业态的空间集聚

以东湖高新区为代表的各种高新产业园区发挥着领头羊、主力军的作用。以东湖高新区为例，该区建立创新孵化生态体系，从"中国光谷"起步，其特色产业已经从光通信和激光产业扩展到信息技术、生物、机电一体化等产业。该区加快实施国际化战略，有 70 家企业在美国、法国、英国等 50 个国家和地区投资建立研发中心、制造工厂等项目 137 个，有 104 家世界 500 强企业在东湖高新区建立研发中心、共享中心。

八、广东省"培育新动能"调研报告

近年来，在新形势新要求下，广东省把创新驱动发展战略作为核心战略、优先战略和总抓手，作为新常态下转变经济发展方式、提高经济发展质量效益的关键，加快建设创新驱动发展先行，着力构建以创新为主要引领和支撑的经济体系和发展模式，同步推进科技创新和体制机制创新。

（一）发展现状

在创新驱动发展战略的实施带动下，"十二五"以来，广东省高技术产业和战略性新兴产业得到快速发展，全省高技术产业和战略性新兴产业发展取得明显成效。

1. 产业发展保持良好势头

从产业增速来看，新兴产业成为经济发展的重要引擎。2016 年，高技术制造业增值 8817.68 亿元，同比增长 11.7%。2016 年新增登记企业数 79.05 万家，同比增长 29.38%。

2. 产业发展质量日益提高

全省高技术制造业单位能耗仅为工业平均水平的一半，产业综合效率不断提升。从专利水平来看，产业发展动力不断增强。2016 年，发明专利申请量 155581 件，同比增长 49.68%，研发投入占 GDP 比重 2.52%，同比增长 0.8%。

3. 产业支撑能力日益增强

战略性新兴产业已成为全省经济保持快速发展和产业结构优化升级的重要支撑力量。创新型企业成为打造新动能的重要支撑。如深圳华大基因集团产前临检和肿瘤检测业务拓展迅速，专注于智能制造和大数据的博创智能装备股份有限公司也实现高速增长。

（二）培育新动能的主要举措

1. 不断完善政策体系

明确广东省实施创新驱动发展战略顶层设计，并从五个方面进一步深化完善创新驱动发展政策体系。在重点领域改革创新方面，启动实施了经营性领域技术入股改革、高校科研体制、国有企业、三网融合等改革；在完善市场准入环境方面，进一步完善了简政放权、企业投资项目清单管理等政策措施；在加强督促考核方面，建立了创新驱动发展工作考核指标体系。2015 年以来，广东省以省委、省政府名义印发的设计创新驱动发展战略的政策文件近 40 份。

2. 稳步推进重大平台建设

全面创新改革试验和珠三角自主创新示范区是广东省实施创新驱动发展战略的两大引领型创新平台。印发《珠三角国家自主创新示范区建设实施方案（2016—2020）》，将形成以深圳市、广州市为龙头，以珠三角 7 个市国家高新技术产业开发区为支撑，辐射带动粤东西北协同发展的创新格局，带动全省国家高新技术产业开发区达到 11 家。

3. 不断完善区域创新

坚持抓住高新技术企业这个"牛鼻子"。启动实施高新技术企业培育计划，推动新型研发机构等创新平台快速发展，出台支持新型研发机构发展的政策措施。推动组建新的省科学院，推进重大科技基础设施建设。

4. 深入推进高水平大学建设

安排 50 亿元专项资金支持高水平大学建设。同时，高校科研体制机制改革不断深化，出台《关于进一步改革科技人员职称评价的若干意见》，在科技人才评价体制、机制、对象、方式和领域等方面进行全方位改革。

5. 加大力度做好人才引进

广东省在全国率先探索实行"海外人才绿卡制度",进一步加强高层次人才引进。

一是探索实施外籍高层次人才引进政策。《广东自贸区建设和创新驱动发展的 16 项出入境政策措施》得到批复,为外籍高层次人才和创新创业人才提供出入境和停居留便利。

二是实施"珠江人才计划"。五批共引进创新创业团队 117 个、领军人才 89 名。

三是推进建设博士后科研流动站。截至 2016 年 9 月,全省共设博士后科研流动站 148 家,博士后科研工作站 363 家,累计培养博士后 8000 余人。

6. 增强科技成果转化能力

组织实施智能机器人、干细胞与组织工程、计算与通信芯片等 9 大重大科技专项,促进产业技术的集成创新与应用。修订实施《广东省促进科技成果转化条例》,在国内率先出台经营性领域技术入股改革实施方案。建立科技与产业对接的有效机制,举办广东省科技成果与产业对接会,达成合作意向 50 多项。深入推进省部院产学研合作。

7. 提升创新创业孵化能力

一是加快发展创业孵化体系。实施孵化器倍增计划,率先出台科技企业孵化器创业投资及风险补偿政策措施,形成"创业辅导+天使投资"等个性化孵化服务模式。

二是不断强化科技金融支撑。新设立重大科技专项创业投资基金,政府引导基金规模已超 50 亿元。

三是不断完善配套服务体系。推动知识产权贯标工作,新增佛山市、中山市两个知识产权示范城市和顺德区、花都区、阳江市 3 个国家知识产权快速维权中心。加快产品质量检测公共服务平台建设,拥有国家质检中心 59 个,机构数量全国第一,综合测试能力居全国前列。

8. 积极引进全球创新资源

近年来,广东省进一步加强与美国、日本、韩国等发达国家以及港澳台地区在新兴产业领域的交流与合作。

一是推动建立双边联合资助体系。已与十多个发达国家（地区）的科研机构和大学建立了常态化的合作关系及工作机制。

二是推进园区国际化发展。加快建设广州市中新知识城等园区，建设了德国先进技术推广中心和德国先进装备国产化中心。

三是积极开展粤港澳科技创新合作。继续推进实施粤港联合创新资助项目，优先支持移动互联网、大数据技术、高端制造装备等新兴技术领域的粤港合作项目。

九、四川省"培育新动能"调研报告

近年来，四川围绕创新驱动发展和全面创新改革试验，在简政放权、创新创业投融资、财税支持、人才发展、军民融合等方面大胆实践、重点突破，推动经济转型升级。

（一）发展现状

近年来，四川省着重培育发展高端成长型产业、战略性新兴产业，大力支持企业发展新技术、新产品、新业态，借助"全创改"试验，在培育新动能方面取得了一定成效。

1. 新产业新产品势头良好

战略性新兴产业和高技术产业稳步发展。2016 年，全省高技术产业产值16000 亿元，同比增长 18.52%，战略性新兴产业产值 6900 亿元，同比增长21.66%。重点项目建设推进情况良好，发展后劲有所增强。同时高附加值、高技术产品也在快速增长。城市轨道车辆、智能手机、工业机器人等产品大幅增长。其中，新能源汽车增长约 4 倍，城市轨道车辆增长约 2 倍，智能手机增长 73%。

2. 新业态新模式不断涌现

电子商务交易增长迅速。在"互联网＋"趋势下，四川省电商创新频出，过去 4 年以交易额年均增长 50% 以上快速成长，2016 年四川省实现网络零售额 1523.9 亿元，在西部省份中表现突出。众包、众筹等新业态迅猛发展。其中，人人快递、麒麟众筹、洪七公餐饮众筹等平台成为中国西部地区众包、众筹领域的亮点。从 2014 年 5 月起，洪七公众筹已完成 8 个项目超过 449.1 万元的融资。

3. 转型升级步伐正在加快

近年来，四川省坚持以新的发展理念为引领，着力推进工业供给侧结构性改革，深入开展先进制造强省建设，推动工业经济运行保持总体平稳、稳中有进的基本态势。工业总量稳中有升，工业投资和技改投资回升明显。

4. 创新驱动成效初步显现

创新成果高速增长。2016 年，发明专利申请量 54277 件，同比增长 34.23%，研发投入占 GDP 比重 1.68%，市场主体持续增多。2016 年，各类市场主体数 74 万，同比增长 14.98%，其中科技型企业新增近万家。"双创"环境不断完善。截至目前，全省共有"四众"平台企业 825 家，其中以提供众创服务为主的 472 家，以提供众包服务为主的 178 家，以提供众扶服务为主的 157 家，以提供众筹服务为主的 18 家。

5. 军民融合试点有序推进

推动军民深度融合发展，是四川省全面创新改革试验的核心主题。四川省通过探索民参军新机制，合理解决民参军准入门槛高、准入程序繁杂、信息交流不畅等问题。建成全国唯一的军民两用技术交易平台，设立 100 亿元的省级军民融合产业发展基金，成立军民融合高技术产业联盟，与 12 家中央军工集团签订战略合作协议，推进十大军民融合高技术产业基地建设。

（二）培育新动能的主要举措

在培育新动能的发展过程中，四川省结合全面创新改革试验，在体制机制改革、创新生态培育、试点示范等多个方面做出了一些举措。

1. 推进全面创新改革，释放制度改革红利

四川省在纵深推进"全创改"方面，做出了以下工作。

一是列出 9 张任务清单，其中包括综合改革内容清单、军民融合发展改革试点内容清单、技术攻关清单、成果转化清单等。

二是推进行政管理体制改革。"放、管、服"改革分别减少行政审批前置条件的 37%、中介服务事项的 57%，市级行政许可削减 91%，电子政务大厅网上预审率 95.4%。

2. 深化科技体制改革，促进科技成果转化

一是按照"深化一批、改制一批、新建一批、转化一批"的总体思路，积极稳妥推进 42 家科研院所开展首批改革试点。

二是加快推进大概 30 所高校开展创新改革，对科技人员转移转化科研成果进行激励，如成都市出台科技成果转化"成都新十条"，完成 50 项科技成果确权，其中有 12 个项目实现了成功转化。

三是制定出台军民融合发展五年规划和军民融合发展十条，构建"1 + N"产业发展体系。

3. 推动商事制度改革，降低市场准入条件

放开市场准入，支持改革发展。放宽企业名称限制、企业住所登记限制，推进落实企业集群注册，降低服务业准入门槛，放宽经营范围核定，支持新兴行业登记发证。

4. 构建创新生态系统，打造良好"双创"环境

一是发布并落实《关于共同推进大众创业万众创新工作的意见》，制定《创业四川行动工作实施方案（2016—2020）》，建立了"双创"工作会商和协同推进机制，全面激发创新创业活力。

二是促进科技金融融合。设立 50 亿元的省级新兴产业创业投资引导基金，推动四川省纳入了国家新兴产业企业融资担保风险补偿首批试点。

三是强化创新创业载体建设。积极建设国家级、省级工程实验室和工程研究中心。加快区域创新平台建设，如成都实施了"创业天府"行动计划，去年以来，仅"菁蓉汇"系列活动就带动全市开展各类创新创业活动超过 1500 场，吸引了 60 多万创客参与，获得意向投资超 200 亿元。

四是加强"双创"宣传活动，营造创新创业氛围。比如，组织参加"创响中国巡回接力成都站活动"暨"成都全球创新创业交易会"等系列活动；举办成都全球创新创业交易会，在更大范围、更高层次、更宽领域开展创新创业经验交流、成果展示和交易等活动。

十、陕西省"培育新动能"调研报告

为了实现创新驱动发展转型、培育壮大新动能，陕西省以军民深度融合

发展与统筹科技资源改革为两大主攻方向，开展全面创新改革先行先试，极大地促进了陕西省经济发展。

（一）发展现状

陕西省以电子制造、高端装备制造、新材料等为战略性新兴产业，其中以软件服务、大数据、云计算、移动互联网等为代表的新一代信息技术产业保持了快速发展势头，逐渐成为陕西转型发展的重要支撑力量。2016年，战略性新兴产业增加值2055.37亿元，同比增长14.2%；新增市场主体38.65万个，同比增长19.7%；发明专利申请量22565件，同比增长30.27%。

1. 三大战略性新兴产业发展势头良好

在电子制造产业领域，以高端存储器制造、智能终端制造为重点的电子制造产业保持了25%左右的高速增长。以西安美光、西安华天等为代表的封装测试产业也步入了快速发展轨道，陕西成为国内重要的集成电路生产基地。烽火、凌云、长岭、黄河等军工电子企业快速增长。

高端装备制造产业领域，以航空、卫星应用等为代表的高端装备制造产业保持平稳增长。航空产业围绕"运-20""新舟600/700""运-8"等型号，强化整机研发、生产能力建设。卫星应用产业重点推动北斗导航地面基站、应急移动卫星通信系统等一批重大项目。

新材料领域，陕西省高性能结构材料、复合材料在经济下行情况下发展平稳。西北有色金属研究院在超导材料、层状金属复合材料、金属纤维等领域居于全国领先地位。

2. 新一代信息技术产业发展动能强劲

新一代信息技术产业已成为陕西省经济主要发展动力。软件园、软件新城、沣西新城等园区的集聚效应进一步显现，聚集相关企业2000余家，从业人员超过16万人。

大数据和云计算领域，一是大数据存储迅速发展，西咸新区沣西新城已发展成为陕西省乃至西北地区重要的大数据产业集聚区。二是大数据应用方面，已形成了覆盖金融、环保、先进制造等十多个行业的大数据产业集群，聚集了陕鼓集团、未来国际等一批行业领军企业。

集成电路设计服务领域，陕西省聚集了联咏、华迅等100余家企业，在手机基带芯片、存储芯片等领域具备国内一流的研发实力。西安华芯半导体有限公司研发的"2GB DRAM 芯片"是国内唯一自主可控、性能优良的存储器芯片。华迅微电子公司自主研发了中国第一款 GPS 导航芯片。

行业软件应用服务领域，陕西省在煤炭、石油、电力、通信等行业应用软件服务方面，聚集了西电捷通、合众思壮等 500 余家优秀企业。西电捷通是我国无线网络安全领域的领军企业，提出了 20 余项国际领先的网络安全协议技术，布局了 800 余项全球专利，打破了美国在网络安全协议技术领域的垄断。

移动互联网领域，形成了泰为软件、活跃网络、极客软件、瑜乐软件等 80 余家移动互联网应用开发集群。西安极客软件科技有限公司的"文件大师"应用，以专业、强大的手机文件管理功能，在全球揽获超过 7000 万用户。

（二）培育新动能的主要举措

创新是发展的不懈动力。近年来，陕西省通过加速军民深度融合、统筹科技资源改革形成了一系列创新的政策举措，对培育新动能起到了举足轻重的作用。

1. 建立了重点科技服务平台

一是建立了陕西省科技资源统筹中心，先后投入财政资金近 5 亿元，支持中心搭建资源共享等 5 大平台与仪器设施共享等 12 个子系统。

二是建立了陕西省技术大市场，建立了以网上技术交易平台、实体性质的技术交易中心为主的技术交易公共服务体系。

2. 推动了社会资本积极投入

一是设立了陕西省科技成果转化引导基金，截至目前，引导基金已出资 2.63 亿元投资西科天使等 8 个子基金，实现 9.32 倍放大效应，投资企业 104 家。

二是设立了陕西省新兴产业创投基金，目前共有循环经济、高端装备等 10 支基金获得国家批复，总规模为 26.4 亿元。截至 2016 年上半年，10 支基金完成投资 14.57 亿元，投资企业 67 家。

3. 推动了"产、学、研、用"协同创新

一是提高了高等学校科技创新水平和社会服务能力,建立了一批优势专业链群,解决了一些区域经济社会发展重大科技问题。

二是支持西安电子科技大学信息感知技术等30个协同创新中心建设,解决高校科研资源配置分散等问题。

三是推动了职业教育校企合作,组建了陕西装备制造业、杨凌现代农业等25个职业教育集团。

4. 促进了军民融合成果转化

军民融合创新企业快速成长,目前发展至500多家。建立了军民科技成果转化平台,以资本金注入和项目补助方式支持西北工业技术研究院实施军工民用技术成果工程化和产业化项目23个,孵化企业19家,实现产值44亿元。

5. 激发了社会创新创业活力

全国大众创业万众创新活动周西安分会场、创新创业大集市等活动成功举办,并组建成立了陕西创新创业联盟,建设科技企业孵化器79家,入孵企业3734家,拥有98个各类科技公共服务机构或平台,在孵企业从业人员达到62394人。

6. 形成了"一院一所模式"

"一院一所模式"全称为中科院西安光学精密机械研究所(以下简称"西安光机所")和西北有色金属研究院(以下简称"西北有色院")的科技创新发展模式。西安光机所探索出"开放办所、专业孵化、择机退出、创业生态"的创新模式,形成了"人才聚集—资金投入—企业规模化发展—反哺科研"的良性价值链,已扶持孵化企业100余家。有色院坚持"三位一体、母体控股、股权激励、资本运作"发展模式,先后建立研究所15家、中试基地6个、孵化科技企业29家。2016年制定《"一院一所模式"复制推广工作方案》,选择30家科研院所作为首批推广单位。

十一、浙江省"培育新动能"调研报告

近年来,浙江省经济稳中有进、稳中向好,产业结构调整加速进行,新

动能正逐渐成为浙江经济发展的新亮点和新引擎。政府高度重视人才、技术、财税等相关配套措施不断创新和完善，成为新动能得以快速发展的重要保障。

（一）发展现状

近年来，浙江省物联网、大数据及云计算等产业快速发展，新业态加速聚集，新模式不断涌现。战略性新兴产业已经成为浙江省经济发展的新引擎，2016 年，高新技术产业产值 27126 亿元，同比增长 12.6%；全省战略性新兴产业产值 15605 亿元，同比增长 6.2%，对规模以上工业经济增长的贡献率达到 29%，成为带动工业经济增长的关键力量。研发投入占 GDP 比重 2.43%，同比增长 2.97%；发明专利申请量 93254 件，同比增长 37.8%。

1. 新技术异军突起

一是物联网发展势头良好。全省拥有物联网产业相关上市公司 20 余家，主营业务收入超亿元的企业 50 多家，海康威视、大华股份、中控科技等企业在业内已形成较强竞争优势，并保持快速发展，增速达 30% 以上。

二是大数据及云计算产业稳步发展。开放全国首个省级政府数据统一开放平台。杭州市把云计算产业发展作为实施"一号工程"的重要内容，云集行业龙头，形成了全国大数据产业集聚优势。据初步统计，前三季度杭州市云计算及大数据产业实现主营业务收入 866.7 亿元，同比增长 20.6%。

2. 新业态加速集聚

"互联网＋商贸"领域，全国约有 85% 的网络零售、70% 的跨境电商交易和 60% 的企业间电商交易依托浙江省的电商平台完成，2016 年网络零售额达到 9335.1 亿元。

"互联网＋金融"领域，网络借贷、股权众筹等互联网金融多业态迅速兴起，支付宝、余额宝、阿里小微贷、众安在线等互联网金融产品快速发展，阿里小微贷累计投放贷款超过 1700 亿元，服务小微企业超过 70 万家，不良率小于 1%。

"互联网＋健康医疗"领域，杭州市健康信息的产业规模与实力在全国处于领先地位。创建于 2010 年的浙江省挂号网已成长为国际上用户规模最大的互联网医疗平台。

3. 新模式不断涌现

电子商务领域，杭州市以中国（杭州）跨境电子商务综合试验区、国家电子商务示范城市为契机，全力加快推进跨境电子商务发展。目前杭州市运用各平台开展跨境电子商务的企业接近 4000 家，全市跨境电子商务产业园达到 11 个，面积 291.7 万平方米，入驻企业 1570 家。

交通出行领域，2016 年 8 月杭州市公共自行车公司在 100 处服务点推出"扫码租车"功能，标志着公共自行车也进入了移动互联网时代。

创业服务领域，杭州市未来科技城开发了 O2O 云服务平台，依托搭建的线上线下服务体系，为创新创业者提供更优质的服务。2016 年，新增企业数 30.8 万个，同比增长 34.5%。

（二）培育新动能的主要举措

面对转型升级的新使命和打造经济增长新引擎的新任务，相关部门切实采取了强有力的政策举措。

1. 着力落实载体建设

一是开展特色小镇建设。出台《浙江省人民政府关于加快特色小镇规划建设的指导意见》，启动特色小镇建设，着力推进产业集聚、产业创新和产业升级。设立浙江省天使梦想基金，重点扶持梦想小镇中的创新创业团队。

二是支持建设科技城。全省财政分别安排了 12 亿元、9 亿元支持青山湖科技城和未来科技城的建设，为杭州市创新大走廊的打造提供了有力支撑。

三是大力推进全省中小企业公共服务平台建设，杭州市入围首批全国小微企业创新创业基地示范城市。

四是推进建设城西科创大走廊。印发《杭州城西科创大走廊规划》，推进建设以浙大紫金港校区、未来科技城和青山湖科技城为核心，科技特色小镇为支点的杭州城西科创大走廊。

2. 完善科技创新投入机制

完善科技创新投入机制，增强科技发展软硬实力。财政重点扶持高技术产业培育、重大科技研发与基础研究投入、创新服务平台和市场建设、人才队伍建设培养和完善创新创业环境等方面。每年安排科技资金 3 亿元，设立省级科技型中小企业扶持专项。"十二五"期间，省财政共安排科技经费近 6

亿元支持公共平台、省级重点实验室等载体建设。

3. 创新财政扶持

积极探索政府产业基金，通过市场化运作模式，引导金融资本和社会资本支持经济发展。2015 年，设立总规模为 200 亿元的政府产业基金，重点支持信息、环保、健康、旅游、时尚、高端装备等产业以及现代农业发展。各级政府产业基金与社会资本合作设立的基金近 130 余支，总规模 923 亿元，其中政府出资 226 亿元，社会资本出资 697 亿元，政府资金扩大逾 4 倍。

4. 着力优化发展环境

一是深化商事制度改革。出台《浙江省人民政府办公厅关于实行企业"五证合一"登记制度的通知》，在全国首推"五证合一、一照一码"登记模式。

二是完善信用体系建设。大力推广"税银互动"守信激励措施，全面完成纳税信用评价工作，A 级纳税人名单通过网站向社会公开发布，并发送"信用浙江"平台供社会各界查询运用。

三是完善创业政策扶持体系。通过金融扶持、经费补助、税费减免等手段相结合，鼓励各类人群自主创业，其中主要包括小额担保贷款及贴息、创业培训补贴、创业补助、创业社保补贴、税收减免等政策措施。

四是加强创新人才引进培育。通过实施"金蓝领"培训工程、"百校千企"工程、"千企千师"培养行动，近三年累计培养"四新"经济高技能人才 12000 余人。积极打造海外高层次人才创新园，六年来已引进约 2000 名海归人才，200 多位"千人计划"专家。出台"人才新政 25 条"，健全完善用人机制。

五是加强对"大众创业、万众创新"的用地支持。优先保障新产业、新业态的用地，鼓励各地积极盘活存量。积极研究探索创新工业用地分年期出让、年租金制度、"先租后让"等灵活的出让制度、小微企业园区产权分割转让和用地供应政策。

十二、深圳市"培育新动能"调研报告

深圳市近年来认真落实党中央、国务院的决策部署，主动适应引领经济发展新常态，坚持以创新培育新动能，形成了以创新为主要引领和支撑的经济体系和发展模式，有力促进了有质量的稳定增长、可持续的全面发展。

（一）发展现状

1. 新兴产业快速发展，引擎地位不断增强

近年来，深圳生物、互联网、新能源、新材料、文化创意和新一代信息技术七大战略性新兴产业年均增长20%以上，为同期GDP增速的2倍，对经济增长贡献率超过50%。2016年，高新技术产业产值19300亿元，同比增长11.56%。

2. 创新成果密集涌现，关键领域取得突破

2016年，研发投入占GDP比重4.1%，同比增长1.23%；全年新增登记企业数386704家，同比增长28.93%。截至2016年上半年，各级各类创新载体累计达到1421家，科技创新平台支撑和服务功能进一步增强。2016年发明专利申请量56336件，同比增长40.74%。

3. 企业梯队良性发展，后备力量不断壮大

深圳涌现了一批行业龙头企业，竞争力持续提升。华为是全球最大的移动通信设备企业和第三大智能手机厂商，比亚迪成为全球唯一同时具备新能源电池和整车生产能力的企业，迈瑞是全球领先的医疗设备和解决方案供应商，华大基因成为全球最大的基因测序和基因组学研究机构，大疆科技已经占领了消费级无人机全球70%的市场份额。与此同时，催生孵化了一大批科技型中小企业，成为深圳创新驱动的重要生力军。科技型企业约3万家，占广东省科技型企业总数的60%。

4. 资源能源消耗持续下降

万元GDP能耗和水耗分别由2010年的0.513吨标准煤、20.3立方米下降到0.392吨标准煤、11.4立方米。空气质量大幅提升，灰霾天数由2010年的112天降至2015年的35天，23年来最少。以更少的资源能源消耗、更低的环境成本支撑了更高质量的可持续发展。

（二）培育新动能的主要举措

1. 把创新确立为城市发展主导战略

深圳市于2008年制定了全国首部国家创新型城市总体规划，出台了自主

创新"33 条"、创新驱动发展"1 + 10"文件等一系列政策措施。形成了完备的战略性新兴产业和未来产业发展规划和配套政策体系，制定了物联网、三网融合、电子商务、云计算、互联网 + 等行动文件。

2. 着力加强科技创新

一是强化创新创业创投创客四创联动。2015 年和 2016 年共安排 1. 6 亿元支持创客空间。注重建设科技企业孵化育成体系。

二是发展新型研发机构。2015 年以来新组建智能机器人、基因免疫治疗、神经科学、大数据、石墨烯等一批新型研发机构，推进科学发现、技术发明、产业发展"三发"一体化发展。

三是加大基础研究和科技攻关投入力度。

3. 打造国际创新中心

面向全球布局研发网络，与芬兰等 9 个国家签署科技合作协议。过去 5 年，深圳企业在境外新设投资 1000 万元以上的研发机构 255 家，技术贸易额增长了 2. 4 倍，主导或参与研制国际标准、国家标准、行业标准 2083 项。推进"深港创新圈"建设，两地累计投入 4 亿元资助合作项目 69 项，6 所香港高校在深建立产学研基地，实现深港两地在人才、科技和产业等方面的优势互补。

4. 创新财税支持方式

一是出台《新兴产业专项资金多元化扶持方式改革方案》，实施战略性新兴产业和未来专项扶持计划（每年安排 50 亿元财政资金），累计支持产业化项目超过 10000 个。

二是实施科技创新券制度，以普惠性政策提高全社会的创新积极性，满足中小微企业和创客个人购买科技服务的资金和技术需求。

三是设立政府投资引导基金支持创新创业。

5. 推动战略性新兴产业集聚发展

出台优化空间资源配置促进产业转型升级"1 + 6"文件，重点保障战略性新兴产业用地需求。"十二五"期间，规划建设了 23 个战略性新兴产业基地（集聚区），推动新兴产业集聚发展、集约发展。全力推进坝光国际生物谷等 15 个重点区域开发建设，积极打造产业发展新的增长极。

6. 营造良好的外部环境

一是深化商事登记制度改革。如改"先证后照"为"先照后证",企业登记前置审批事项由原来的 149 项削减为 12 项,实行"多证合一,一照一码"等。目前全市 95% 以上的商事主体设立登记和 70% 以上的变更登记均在网上办理。

二是构建信息监管、信用约束、联动监管的事中事后监管体系。推进信用"一张网"工程和失信联合惩戒体系建设;创新开展大数据分析特色的前海企业信用画像(企业信用评价)项目,对前海蛇口自贸片区 3.5 万多家企业进行信用评级,为政府培育扶持和重点监管提供精准目标。

三是完善知识产权投融资机制体制。推出"深智贷""微知贷"等知识产权质押贷款产品,支持创新性企业在初创期的发展。2016 年第一批知识产权专项资金资助共计 3.2 万项,资助金额 1.6 亿元。

四是开放式引进培养创新人才。将引进海外人才的"孔雀计划"专项资金从 5 亿元增加到 10 亿元,累计引进"珠江人才计划""孔雀计划"创新团队 95 个。吸引了包括光启超材料、大疆无人机、柔宇柔性显示、超多维 3D 显示等一大批团队在内的大批高层次人才来深创业。

☀ 专栏

深圳成为创新驱动经济转型发展的排头兵①

深圳深入实施创新驱动发展战略,着力推进供给侧结构性改革,以科技创新培育新动能、创造新供给、催生新需求,努力建设现代化国际化创新型城市,稳步推进各项工作,取得了良好的进展。

一是战略性新兴产业发展迅猛。2009 年起,深圳先后出台生物、互联网、新能源、新材料、文化创意、新一代信息技术、节能环保七大战略性新兴产业规划及配套政策,根据市场发展,及时制定了物联网、三网融合、电子商务、云计算、"互联网+"等行动文件。深入推进国家战略性新兴产业区域集聚发展试点,规划建设了 23 个战略性新兴产业基地(集聚区)。同时,通过

---

① 参考资料:http://sz.people.com.cn/n2/2017/0404/c202846-29964799.html。

制度创新、政策创新推动科技创新和产业发展。如深圳出台《新兴产业专项资金多元化扶持方式改革方案》，实施战略性新兴产业专项扶持计划，累计支持产业化项目超过12000个；开展"产业链＋创新链"融合发展专项，每年组织实施重大科技攻关项目100项以上。

在政策鼓励、资金扶持、技术突破等一套"组合拳"的催生下，深圳战略性新兴产业发展迅猛。数据显示，深圳战略性新兴产业增加值从2012年的3878.22亿元，增长至2016年的7847.72亿元，年均增速15.9%，占GDP的比重逐年提升，从29.9%增长至40.3%，对GDP的贡献率提高至53%左右。深圳已经成为国内战略性新兴产业规模最大、集聚性最强的城市。

二是科技创新成果持续涌现。作为创新型城市的典范，深圳的科技投入与产出在全国处于领先地位。2016年全社会研发投入超过800亿元，占GDP比重达到4.1%，研发投入强度全球仅次于以色列。全年专利申请量达到145294件，同比增长37.7%。其中发明专利申请量首次超过5万件，达到56336件，占申请总量的38.8%，全市有效发明专利达到9.5万件。其中，PCT（专利合作协定）国际专利申请连续13年排名全国第一，2016年全市PCT国际专利申请19648件，占全省PCT申请总量的83%，占国内PCT申请总量的46%，在全国继续保持绝对领先优势。全市创新意识和创新能力进一步增强，创新驱动发展成效显著。

三是商事制度改革激发创业活力。根据《深圳市2016年中小企业发展情况报告》，截至2016年年底，深圳全市工商登记注册的中小企业149.8万家，占企业总数的99.7%。2016年深圳新增中小企业37.3万家，同比增长33.1%。中小企业上缴税收2910.45亿元，约占深圳全市企业上缴税收的51.5%。深圳统计局数据显示，2016年年末全市常住人口1190.84万人，每千人拥有商事主体227户，每千人拥有企业129户，创业密度居全国首位。

四是创新型企业增长迅速。截至2016年年底，深圳市国家级高新技术企业达到8037家，其中中小企业占比超过80%；进入创新型中小微企业培育梯队的企业达到2670家，同比增长64.8%；中小企业授权专利数65230件，占深圳授权专利总数的68.4%。数据显示，2016年深圳专利申请千件以上企业达7家，百件以上企业达68家，排名前十的大型企业专利申请量为全市申请总量的15.3%。十件以下的中小企业为12698家，共申请专利39075件，占企业申请总数的 34%。此外，深圳中小板和创业板上市企业增至 156 家，首发募集资金 1113 亿元，连续 10 年位居全国大中城市首位。在创新驱动发展战略的引领下，深圳创新型企业正呈现出主体多、能力强、创新活跃的特点。

在新旧动能加速转换的关键时期，深圳经济保持平稳健康发展。2016 年，深圳实现生产总值 19492.6 亿元，增长 9%，稳居国内大中城市第四位；公共财政收入 7901 亿元，其中地方一般公共预算收入 3136 亿元，4 年翻了一番多，单位面积（平方公里）产出 GDP 和地方财政收入分别为 9.76 亿元、1.6 亿元，居全国首位，实现了质量、速度有机统一和效益、结构同步优化。

✦ 专栏

"全创改"地区授权推进的先行先试改革举措

【京津冀】

立足三省（市）功能定位和各自比较优势，推动区域创新资源整合共享，建立健全区域创新体系，弥合发展差距、贯穿产业链条、重组区域资源。充分发挥全国科技创新中心的辐射带动作用，共同构建分工合理的创新发展格局，打造全国科技创新高地。

（一）健全科技创新的市场配置资源协同机制

1. 积极推进在北京建设全国知识产权运营公共服务平台，在天津市、河北省（仅指石家庄市、保定市、廊坊市，下同）以企业为主体建设知识产权支撑和服务平台，在三地开展专利代办服务和专利权质押登记工作，研究建立知识产权风险补偿机制。（涉及部门：知识产权局）

2. 加快创新药和医疗器械审评审批，开展药品上市许可持有人制度试点，允许药品上市许可持有人与生产企业相分离。试点实施跨地区研产分离，允许北京市、天津市、河北省的生物医药企业在试验区内异地设立生产基地。（涉及部门：食品药品监管总局）

3. 试点完善国有技术类无形资产转让制度，支持北京市、天津市、河北省国有企业以技术类无形资产作价出资、转让、置换、吸收增量投资入股等形式加快成果转化，积极探索转化方式多样化、转化价格市场化。（涉及部门：国资委）

（二）完善科技金融融合创新体系

1. 在符合国家规定、相关省级政府签订协议明确日常监管职责和风险处置责任的前提下，审慎探索京津冀通过清理整顿验收的区域性股权市场开展跨地区合作经营，投资者可在京津冀三地的区域性股权市场进行投资。（涉及部门：证监会）

2. 支持京津冀地区战略性新兴产业和"双创"孵化产业通过发行债券进行低成本融资，对于北京市、天津市、河北省企业申请发行战略性新兴产业专项债券、"双创"孵化专项债券的，进一步简化程序、提高审核效率，开展债券品种创新。（涉及部门：发改委）

3. 研究论证在北京市、天津市、河北省开展小额贷款公司跨地区经营试点必要性和可行性。（涉及部门：银监会）

4. 按照国家税制改革的总体方向和要求，对包括天使投资在内的投向种子期、初创期等创新活动的投资，研究探索相关税收支持政策；研究探索高新技术企业和科技型中小企业对科研人员科技成果转化股权激励的个人所得税递延纳税政策；研究探索对符合条件的众创空间等新型孵化机构适用的科技企业孵化器税收优惠政策。（涉及部门：财政部、税务总局、科技部、发改委）

（三）营造高效的成果转化环境

1. 赋予京津冀区域内符合条件的科研机构、高等学校等事业单位科技成果的自主处置使用权，完善科研人员成果转化收益分配机制，高校院所结合实际依法自主决定对成果完成人及其团队的科技成果转化收益奖励。（涉及部门：科技部、教育部、财政部）

2. 探索推进耕地占补平衡制度改革，在遵守现有法律法规基础上，将京津冀区域优先纳入国家政策统筹范围，在保持基本农田保有量和耕地保有量及现有用地集约节约利用前提下，对京津冀一体化具有重要促进作用的交通等国家重点基础设施项目，在符合城市总体规划、土地利用总体规划的条件下，允许依法缴纳耕地开垦费后，直接报批农用地转用。（涉及部门：国土资源部、财政部）

（四）优化创新型人才培养和引进的体制机制

1. 开展放宽外商投资人才中介机构股权比例政策试点，在中关村国家自主创新示范区设立中外合资人才中介机构，外方合资者可拥有不超过70%的股权，对外国投资者在中国（天津）自由贸易试验区内设立人才中介机构，按国务院关于中国（天津）自由贸易试验区总体方案有关规定执行，在此基础上，进一步研究鼓励北京市、天津市、河北省外资人才中介机构发展的政策措施。鼓励国内人力资源服务机构与国外人力资源服务机构开展合作，积极参与国际人才竞争与合作。（涉及部门：人力资源和社会保障部、商务部）

2. 授权开展"双师型"（教师＋技师）队伍建设试点，允许北京市、天津市、河北省有条件的省（市）属高等院校从企业聘用符合条件的企业高级技师、高级工程师担任学校教师。（涉及部门：教育部、人力资源和社会保障部）

3. 试点允许在京津冀高校的外国学生经所在高校同意并出具推荐函，在中关村国家自主创新示范区、天津滨海国家自主创新示范区、石（家庄）保（定）廊（坊）地区国家级高新技术产业开发区及国家级经济技术开发区实施兼职创业活动（不包括注册企业），也可以申请在学习类居留许可上加注"创业"。

上述人员可凭高校毕业证书、创业计划申请加注"创业"的私人事务类居留许可，也可凭创办企业注册证明等材料向人力资源和社会保障部、外国专家局申请工作许可，向公安机关出入境管理部门申请工作类居留许可。（涉及部门：教育部、公安部、人力资源和社会保障部、外专局）

4. 试点允许符合条件的中外合作、中外合资企业在本地区设立自费出国留学中介机构，研究制定相关管理办法，界定好经营者范围和条件，明确可经营领域。（涉及部门：教育部、人力资源和社会保障部、商务部）

（五）推动形成区域开放创新新局面

1. 开展"限额内可兑换"外汇改革试点，给予中关村国家自主创新示范区、天津滨海国家自主创新示范区、石（家庄）保（定）廊（坊）地区国家级高新技术产业开发区及国家级经济技术开发区企业每家每年一定规模的资本项下收付双向额度，并可自由兑换。相关跨境资金应用于自身的生产经营活动、试验区内及境外项目建设，并符合国家和试验区产业宏观调控方向，不得开展跨境套利等活动。（涉及部门：外汇局、发改委、人民银行）

2. 在中关村国家自主创新示范区、天津滨海国家自主创新示范区、石（家庄）保（定）廊（坊）地区国家级高新技术产业开发区及国家级经济技术开发区内开展合格境内个人投资者境外投资试点，支持本地区符合条件并投资于高新技术产业项目和企业的个人直接投资境外资本市场。（涉及部门：人民银行、外汇局、证监会）

3. 北京市、天津市、河北省落实人民银行扩大全口径跨境融资宏观审慎管理试点，在试点框架下进一步研究开展中长期国际商业贷款等跨境融资业务。（涉及部门：人民银行、发改委）

4. 落实新修订的高新技术企业认定管理办法，北京市、天津市、河北省主要从事创新创业服务的科技型中小微企业经认定为高新技术企业的，享受企业所得税减免优惠政策。（涉及部门：科技部、财政部、税务总局）

5. 开展京津冀重点区域创新政策交叉覆盖试点，继续推动中关村国家自主创新示范区加快建设国家科技金融创新中心，在示范区开展政策先行先试、业务创新管理等科技金融创新试点。鼓励有意愿的民间资本依法设立服务于科技创新的民营银行，强化中关村国家自主创新示范区与天津滨海国家自主创新示范区的有效联动。（涉及部门：银监会、财政部、人民银行）

【上海市】

全面贯彻落实国家关于深化体制机制改革、加快实施创新驱动发展战略的有关要求，加快实施普惠性财税、创新产品采购、成果转化激励等政策，加强知识产权运用和保护，改革行业准入和市场监管、科研院所和高校科研管理等制度，完善产业技术创新、人才发展等机制，推进开放合作创新。在此基础上，结合上海市特点，在研究探索鼓励创新创业的普惠税制、开展投贷联动等金融服务模式创新、改革药品注册和生产管理制度、建立符合科学规律的国家科学中心运行管理制度等10个方面进行重点突破和先行先试。

（一）研究探索鼓励创新创业的普惠税制

1. 按照国家税制改革的总体方向与要求，对包括天使投资在内的投向种子期、初创期等创新活动的投资，研究探索相关税收支持政策。（涉及部门：财政部、税务总局）

2. 落实新修订的研发费用加计扣除政策，研究探索鼓励促进研究开发和科研成果转化的便利化措施。（涉及部门：财政部、科技部、税务总局）

（二）探索开展投贷联动等金融服务模式创新

1. 争取新设以服务科技创新为主的民营银行，建立灵活的运作、考核和分配机制，探索与科技创新企业发展需要相适应的银行信贷产品，开展针对科技型中小企业的金融服务创新。选择符合条件的银行业金融机构，探索试点为企业创新活动提供股权和债权相结合的融资服务方式，与创业投资、股权投资机构实现投贷联动。（涉及部门：银监会、人民银行）

2. 探索设立服务于现代科技类企业的专业证券类机构，为科技企业提供债权融资、股权投资、夹层投资、并购融资等融资服务，在上市培育、并购交易等方面提供专业化服务。（涉及部门：证监会）

3. 支持符合条件的银行业金融机构在沪成立科技企业金融服务事业部，在企业贷款准入标准、信贷审批审查机制、考核激励机制方面建立特别的制度。（涉及部门：银监会、人民银行）

（三）改革股权托管交易中心市场制度

支持上海股权托管交易中心设立科技创新专门板块，支持上海地区为开展股权众筹融资试点创造条件。（涉及部门：证监会）

（四）落实和探索高新技术企业认定政策

落实新修订的高新技术企业认定管理办法，积极探索促进高新技术产业发展的便利化措施。（涉及部门：科技部、财政部、税务总局）

（五）完善股权激励机制

实施股权奖励递延纳税试点政策，对高新技术企业和科技型中小企业转化科技成果给予个人的股权奖励，递延至取得股权分红或转让股权时纳税，并加强和改进相关配套管理措施。（涉及部门：财政部、税务总局、科技部）

（六）探索发展新型产业技术研发组织

从事科技研发的民办非企业单位，登记开办时允许其国有资产份额突破合法总财产的1/3，发展国有资本和民间资本共同参与的非营利性新型产业技术研发组织。（涉及部门：民政部、科技部）

（七）开展海外人才永久居留便利服务等试点

在上海开展海外人才永久居留、出入境便利服务以及在沪外国留学生毕业后直接留沪就业等政策试点。推进张江国家自主创新示范区建设国际人才试验区，建设海外人才离岸创业基地。（涉及部门：公安部、人力资源和社会保障部、外专局等）

（八）简化外商投资管理

支持外资创业投资、股权投资机构创新发展，积极探索外资创业投资、股权投资机构投资项目管理新模式。（涉及部门：发改委、商务部）

（九）改革药品注册和生产管理制度

探索开展药品审评审批制度改革，试点实施上市许可和生产许可分离的药品上市许可持有人制度，允许上市许可持有人委托生产企业生产药品。（涉及部门：食品药品监管总局）

（十）建立符合科学规律的国家科学中心运行管理制度

完善重大科技基础设施运行保障机制，支持国家科学中心发起组织多学科交叉前沿研究计划，探索设立全国性科学基金会，探索实施科研组织新体制，参与承担国家科技计划管理改革任务，建立生命科学研究涉及的动物实验设施建设、临床研究等事项的行政审批绿色通道。（涉及部门：发改委、科技部、财政部、税务总局、教育部、中科院、民政部、自然科学基金会等）

【广东省】

（一）完善知识产权审判审理机制

建立巡回审判工作机制，推进知识产权民事、刑事、行政案件的"三审合一"。探索建立跨地区知识产权案件异地审理机制，支持跨地区知识产权案件异地审理，打破对侵权行为的地方保护。[牵头单位：省高院、省知识产权局；责任单位：省新闻出版广电局（版权局）]

（二）完善知识产权保护机制

研究制订新商业模式等新形态创新成果的知识产权保护办法。加快知识产权快速维权机制建设，在刀具、陶瓷、皮具等多个产业集群及中国（广东）自由贸易试验区建设知识产权快速维权平台，逐步形成专利密集型产业知识产权快速维权体系。[牵头单位：广东省知识产权局；责任单位：广东省工商局、广东省新闻出版广电局（版权局）、广东省高院]

（三）推进创业板改革创新

研究特殊股权结构类创业企业到创业板上市的制度设计，积极研究推动符合一定条件但尚未盈利的互联网和科技创新企业到创业板发行上市。（牵头单位：深圳证券交易所；责任单位：广东省金融办、广东证监局、深圳市人

民政府、深圳证监局)

(四) 推进投贷联动试点

按照国家统一部署,根据试点条件和要求,积极主动推进相关准备工作,争取纳入投贷联动试点地区,鼓励符合条件的银行业金融机构在依法合规、风险可控的前提下,与创业投资、股权投资机构等实现投贷联动,大力支持科技创新型企业的发展。(牵头单位:广东银监局;责任单位:广东省科技厅、广东省金融办、人民银行广州分行、广东证监局)

(五) 推进专利保险试点

积极争取国家授权在珠三角地区全面开展全国专利保险试点,常态化开展专利执行保险、侵犯专利权责任保险,探索知识产权综合责任保险、知识产权海外侵权责任保险和专利代理人执业保险等专利保险新险种。(牵头单位:广东省知识产权局;责任单位:广东保监局)

(六) 推进工业产品生产许可证审批制度改革

减少审批事项,简化审核形式,优化审批流程,落实企业主体责任,实施随机抽查监管方式,实现从事前审批向事中事后监管转变。(牵头单位:广东省质监局;责任单位:广东省发改委、广东省经信委)

(七) 开展创新药物临床试验审批制度改革试点

争取开展创新药物临床试验审批制度改革试点,进一步简化和改进药品临床试验审批程序,对临床试验申请,只重点审查其临床价值和受试者保护等关键内容,并进一步强化申请人、临床试验机构及伦理委员会保护受试者的责任。(牵头单位:广东省食品药品监管局;责任单位:广东省卫生计生委)

(八) 开展药品上市许可持有人制度试点

实施药品上市许可与生产许可分离管理模式,允许药品研发机构和科研人员取得药品批准文号,并对药品质量承担责任。(牵头单位:广东省食品药品监管局)

(九) 扩大高等教育办学自主权

研究扩大广东研究生招生规模,在研究生招生计划上给予政策倾斜和支持。加强对全省学位授权统筹,研究做好本省硕士学位授权单位及授权学科布局。(牵头单位:广东省教育厅;责任单位:广东省发改委)

（十）探索开展知识产权证券化业务

探索建立健全知识产权证券化涉及的著作权、专利权权属登记、转让、信用评级、法制保障等方面机制和规则，研究开展全国知识产权证券化试点。[牵头单位：广东省知识产权局；责任单位：广东省新闻出版广电局（版权局）、广东省金融办、广东证监局]

（十一）扩大中外合作办学自主权

将本科学历教育中外合作办学项目纳入省部联合审批机制，逐步取消高等专科及以下中外合作办学项目备案。引进世界知名大学到广东办学，建设一批与港澳台地区合作办学项目，以及若干专业化、开放式、国际化特色学院。（牵头单位：广东省教育厅；责任单位：广东省发改委、广东省财政厅）

（十二）改革创新外国人才来华工作就业管理新模式

试点整合外国专家来华工作许可和外国人入境就业许可，实行外国人才分类管理，提供不同层次的管理和服务。（牵头单位：广东省人力资源和社会保障厅；责任单位：广东省公安厅、广东省外办）

（十三）推进粤港澳职业资格互认试点

积极推动粤港澳职业资格互认试点工作，允许港澳地区取得专业资格的人员到广东提供专业服务。（牵头单位：广东省人力资源和社会保障厅；责任单位：广东省发改委、广东省商务厅、广东省港澳办、广东省食品药品监管局）

（十四）完善外籍高层次人才引进政策

推进外籍高层次人才永久居留政策与子女入学、社会保障等有效衔接。对符合条件的外籍高层次人才及随行家属来粤提供签证居留和通关便利措施。（牵头单位：广东省委组织部；责任单位：广东省教育厅、广东省公安厅、广东省人力资源和社会保障厅、广东省商务厅、广东省外办、广东省港澳办、海关总署广东分署）

（十五）制订实施粤港澳科技合作发展研究计划

推动地方创新券和经费跨粤港澳三地使用。充分发挥广州南沙、深圳前海、珠海横琴等粤港澳合作重大平台的作用，设立面向香港的国家级科技成果孵化基地和粤港澳青年创业基地。（牵头单位：广东省科技厅；责任单位：广东省港澳办、广州市人民政府、深圳市人民政府、珠海市人民政府）

（十六）研究探索支持创新发展的税收政策

研究探索高新技术企业和科技型中小企业对科研人员科技成果转化股权激励的个人所得税递延纳税政策。按照国家税制改革的总体方向与要求，对包括天使投资在内的投向种子期、初创期等创新活动的投资，研究探索相关税收支持政策。研究探索对符合条件的众创空间等新型孵化机构适用科技企业孵化器税收优惠政策。落实国家关于对符合条件的创投企业采取股权投资方式投资于未上市中小高新技术企业实施税收优惠的政策。（牵头单位：广东省财政厅；责任单位：广东省科技厅、广东省国税局、广东省地税局、广东广东证监局）

【安徽省】

结合安徽省实际情况，授权在科技基础设施建设、普惠性税收政策、人才培养与引进4个方面开展先行先试。

（一）发展方面的政策

1. 支持合肥综合性国家科学中心建设。支持合肥依托同步辐射、全超导托卡马克和稳态强磁场等大科学装置，建设综合性国家科学中心。继续在合肥布局一批重大科学装置，打造高度集聚的重大科技基础设施集群。支持合肥综合性国家科学中心建设。（涉及部门：发改委、科技部、中科院、财政部）

2. 支持合芜蚌国家自主创新示范区建设。在合芜蚌自主创新综合试验区基础上建设国家自主创新示范区，作为安徽省系统推进全面创新改革试验的核心区和引智示范区。（涉及部门：科技部、发改委、财政部、教育部、国土资源部、外专局）

3. 支持安徽省战略性新兴产业集聚发展基地建设。安徽省以战略性新兴产业集聚发展基地建设为产业创新和升级的突破口和主要抓手，首批已确定支持合肥新型显示、芜湖机器人、合芜新能源汽车等14个产业基地建设，按程序申请将符合条件的基地列入国家战略性新兴产业区域集聚发展试点，并选择一批基地进行省部共建。（涉及部门：发改委、财政部）

4. 支持安徽省创新平台建设。在安徽省建设一批创新研发平台。（涉及部门：发改委、科技部、工信部、教育部、质检总局）

5. 支持驻皖高校和省属高校发展。按照国务院关于统筹推进世界一流大学和一流学科建设总体方案等文件要求，支持中国科学技术大学、合肥工业大学以及具备条件的省属高校，推进世界一流大学和一流学科建设。对驻皖高校和省属高校，在资金分配、科研平台、项目承接、队伍建设、研究生招生等方面予以支持。（涉及部门：教育部、中科院、财政部）

（二）改革方面的政策

1. 试点实施普惠性税收优惠政策。结合税收实际征管工作和社会配套管理措施，研究探索高新技术企业和科技型中小企业对科研人员科技成果转化股权激励的个人所得税递延纳税政策。（涉及部门：财政部、税务总局）

按照国家税制改革的总体方向与要求，对包括天使投资在内的投向种子期、初创期等创新活动的投资，研究探索相关税收支持政策。（涉及部门：财政部、税务总局）

研究探索对符合条件的众创空间等新型孵化机构适用科技企业孵化器税收优惠政策。（涉及部门：财政部、税务总局）

2. 扩大高校院所的管理自主权。将编制备案制管理改革试点扩大到在皖所有地方所属本科高校和有条件的科研院所。改革绩效工资审批管理制度，高校院所绩效工资不再比照当地公务员津贴补贴标准，探索在绩效工资总量控制的情况下，允许高校院所自主分配。（涉及部门：中央编办、人力资源和社会保障部、教育部、财政部）

3. 支持安徽省开展军民融合创新试验。开展国家军民融合创新示范区创建和设立工作，授权安徽省在省级军民融合组织管理体系、工作运行体系和政策制度体系建设方面进行先行先试。授权中央、军队驻皖相关单位参与安徽省军民融合相关改革试验。推进国防科技资源开放共享，开展军地人才双向流动试点。在规划、政策、资金、项目建设等方面加大对合肥、芜湖国家级军民结合产业示范基地的支持力度，进一步发挥产业基地的集聚发展和引领带动作用。（涉及部门：发改委、国防科工局、科技部、工信部、财政部、教育部）

4. 推进武器装备科研生产许可改革等相关工作。引导优质社会资源和优势民营企业进入武器装备科研生产和维修领域。根据国务院、中央军委的统一部署，推进武器装备科研生产许可与装备承制单位资格联合受理联合审查、武器装备科研生产许可证单位履约信誉评级等相关工作。（涉及部门：国防科工局、中央军委装备发展部）

5. 支持高分重大专项推广应用。支持高分辨率对地观测系统安徽数据与应用中心开展面向长江经济带及大别山革命老区的产业化示范应用，在农业、林业、交通、生态和环境保护、城市管理、国土资源等重点领域取得突破，提高政府现代治理能力和产业化水平。（涉及部门：国防科工局、发改委、财政部）

（三）开放方面的政策

1. 支持安徽省加强中德合作。比照中国与新加坡的合作模式，依托安徽省有条件的国家级开发区，共建中德合作产业园。支持安徽省对外开展整车制造项目合资。（涉及部门：商务部、发改委、工信部、科技部、外专局）

2. 放宽海外高层次人才引进限制。为海外高层次人才在华停居留提供便利。可以为急需紧缺高层次外籍人才办理有效期不超过 5 年的"外国人来华工作许可"。（涉及部门：外专局、公安部）

3. 促进国际贸易便利化。支持安徽省有条件的地区按程序设立海关特殊监管区域，对安徽省"单一窗口"建设给予适当倾斜的指导帮助。支持安徽省申建汽车整车进口口岸。（涉及部门：发改委、商务部、财政部、质检总局、工信部）

（四）保障方面的政策

1. 支持建设多层次资本市场。建立新三板与安徽省区域性股权市场的合作对接机制，支持安徽省区域性股权市场运营机构在符合《中国证监会关于进一步推进全国中小企业股份转让系统发展的若干意见》有关规定的前提下，开展新三板的推荐业务试点。（涉及部门：证监会）

2. 推进金融组织创新。积极支持符合条件的民间资本在合芜蚌和条件具备的城市依法发起设立民营银行。支持中国工商银行、中国农业银行、中国银行、中国建设银行、交通银行等国有金融机构在皖设立科技支行或科技信贷专营事业部，实施差别化的信贷管理制度和监管、考核机制。推动安徽省农村信用联社企业化改革工作。（涉及部门：银监会、人民银行）

支持安徽省依法组建征信机构，继续推进小微企业信用体系建设。支持安徽省公共部门的信用信息纳入金融信用信息基础数据库，利用金融信用信息基础数据库的平台作用，助力地方经济发展。（涉及部门：人民银行）

支持有条件的金融企业在风险可控的前提下，按照法律法规和金融行业监管规定，探索地方金融控股集团运营模式。支持符合条件的保险公司在安徽省设立科技保险支公司，探索科技保险业务。（涉及部门：人民银行、证监会、银监会）

3. 支持安徽省探索金融服务创新。积极推进准备工作，按照国家统一部署和试点的条件与要求，争取纳入投贷联动试点地区。（涉及部门：银监会、证监会、人民银行）

先期试点开展知识产权信托交易。（涉及部门：知识产权局）

积极推广中国（上海）自由贸易试验区可复制改革试点经验，适时扩大跨国公司外汇资金集中运营试点。（涉及部门：外汇局）

【四川省】

结合四川省实际情况，授权在军民融合科技生产体系、科技成果转化机制、装备采购模式等方面开展先行先试。

（一）建立军民深度融合发展领导体制和工作体制

1. 加强与国家层面衔接，适时建立"省（四川省委和省政府）、部（国家有关部委）、军（军队有关部门、军工集团公司）"共同参与的军民融合创新改革领导机制和工作体制。（涉及部门：发改委、国防科工局、中央军委战略规划办公室、中央军委装备发展部、工信部、国资委、科技部、财政部）

2. 支持中央在四川军工单位经主管部门授权，参与四川系统推进国家全面创新改革试验有关试点工作。（涉及部门：国防科工局、中央军委战略规划办公室、中央军委装备发展部）

（二）构建一体化的军民融合科研生产体系

1. 建立军工质量体系认证、军工保密资格认证、武器装备科研生产许可审查、装备承制单位资格审查工作协调机制，推进武器装备科研生产许可、武器装备承制单位资格联合审查。（涉及部门：国防科工局、中央军委装备发展部）

2. 开展民营企业军工能力建设国家投资改革试点，对具备武器装备科研生产资质、承担重点军品任务的民营企业，在企业自愿的前提下，采取投资入股、租赁、借用、调配等多种方式，支持其加快技术改造，提升武器装备科研生产能力。（涉及部门：国防科工局）

3. 研究下放国防科技工业社会投资项目核准、备案管理权限。（涉及部

门：国防科工局）

4. 除从事战略武器装备研制生产、关系国家战略安全和涉及国家核心机密的核心军工能力的领域外，允许符合要求的各类投资主体参与军工企业股份制改造，支持符合条件的民口企业与军工企业组建混合所有制企业。（涉及部门：国防科工局、财政部、国资委）

5. 推进军工单位和军工科研院所后勤社会化改革。（涉及部门：国防科工局、国资委、财政部）

6. 支持从事生产经营活动类的军工科研院所非经营性资产转经营性资产。（涉及部门：财政部、国防科工局）

7. 探索建立军工资源共享机制，分类推进国防科技实验室、军工重大试验设施、大型科研仪器等向社会开放。（涉及部门：国防科工局、财政部）

（三）创新军用科技成果转化机制

1. 探索改革军用技术成果使用、处置管理制度，允许军用技术成果在符合保密要求的前提下，按照市场规则进行流动和交易。（涉及部门：国防科工局、中央军委装备发展部、工信部）

2. 建立军用技术再研发降密、解密机制。（涉及部门：国防科工局、中央军委装备发展部）

（四）创新装备采购模式

创新军品采购信息发布机制，在四川省建立武器装备采购服务四川分中心，开通武器装备采购信息网四川查询点。（涉及部门：中央军委装备发展部）

（五）完善军民深度融合发展配套政策体系

1. 试点军品研制生产单位政策普惠。（涉及部门：国防科工局、中央军委装备发展部、财政部）

2. 探索部分军品价格市场化形成机制。（涉及部门：财政部、国防科工局、中央军委装备发展部）

（六）培养军民融合创新型人才

依托中国工程物理研究院，以"部、省、院共建"模式建设绵阳科技城大学。（涉及部门：教育部、中央军委装备发展部、国防科工局、科技部）

（七）推进金融服务创新

1. 支持成都市高新区、绵阳市深化促进科技和金融结合试点工作。（涉

及部门：科技部、人民银行、银监会、证监会）

2. 积极主动推进相关准备工作，按照国家统一部署，根据试点的条件和要求，争取纳入投贷联动试点地区，鼓励符合条件的银行业金融机构在依法合规、风险可控的前提下，与创业投资机构、股权投资机构等实现投贷联动，大力支持科技创新企业发展。（涉及部门：银监会、科技部、人民银行）

（八）完善支持创新创业的财税政策

1. 研究探索对投向种子期、初创期等创新活动投资的税收支持政策。（涉及部门：财政部、税务总局、科技部）

2. 研究探索科技型中小企业对科研人员科技成果转化股权激励的个人所得税优惠政策。（涉及部门：财政部、税务总局、科技部）

3. 研究探索对符合条件的众创空间等新型孵化机构适用科技企业孵化器税收优惠政策。（涉及部门：财政部、税务总局、科技部）

（九）完善科技人员激励政策

1. 开展高校院所去行政化改革。（涉及部门：中央编办、人力资源和社会保障部）

2. 开展四川省高校外国留学生中取得硕士及以上学位的优秀毕业生直接留川就业试点。（涉及部门：外专局、人力资源和社会保障部、公安部）

3. 对经人才主管部门认定的外籍高层次人才，可为其及家属提供办理居留许可和永久居留的便利。（涉及部门：公安部、人力资源和社会保障部、外专局）

4. 支持中央在四川省高校院所由主管部门授权参与全面创新改革试验相关试点。（涉及部门：科技部、财政部、教育部、人力资源和社会保障部、知识产权局）

5. 建设海外人才离岸创新创业基地，探索离岸架构企业在注册等方面的制度创新。（涉及部门：中国科协）

（十）开展低空领域开放试点

在成德绵地区开展通用航空低空领域开放试点。（涉及部门：中央军委战略规划办公室、发改委）

（十一）实行严格的知识产权保护制度

1. 研究设立成都知识产权法院的相关问题。（涉及部门：中央编办）

2. 在有条件的地方探索开展专利、商标、版权集中高效的知识产权管理体制改革试点。探索推进知识产权综合行政执法，在有条件的地方探索建立专利、商标、版权"三合一"综合执法机制。（涉及部门：知识产权局）

3. 探索成德绵地区跨区域知识产权行政执法，健全知识产权侵权查处机制，建立重点产业知识产权快速维权组织体系。（涉及部门：知识产权局）

4. 放宽知识产权服务业准入条件，扩大专利代理领域开放程度，放宽对专利代理机构股东或合伙人的条件限制。（涉及部门：知识产权局）

【武汉市】

结合武汉市实际情况，在产业创新发展、人才引进培养使用和激励、科技金融创新、知识产权保护、财政税收等方面开展先行先试。

1. 支持武汉市建设国家存储器产业研发和生产基地。（涉及部门：工信部、发改委）

2. 支持在武汉市设立国家级生物样本信息资源库。（涉及部门：科技部）

3. 支持武汉市在光电子信息、高端装备制造、商用航天、智能网联和新能源汽车、生物健康等领域建设制造业创新中心、技术创新中心、高技术产业基地。（涉及部门：工信部、科技部、发改委）

4. 支持武汉市创建"中国制造2025"试点示范城市。（涉及部门：工信部）

5. 授权武汉市开展关于智能网联及新能源汽车的生产资质审批试点。（涉及部门：工信部）

6. 支持武汉市创建国家级军民融合创新示范区。在航天航空、海洋工程装备、光电子信息技术等领域推进军民融合发展。（涉及部门：发改委、科技部、工信部、财政部、国防科工局）

7. 支持武汉市率先开展智能交通工具（含智能无人汽车等）研发和试验，国家层面研究制定相关政策、法律、法规予以保障。（涉及部门：公安部）

8. 研究探索高新技术企业和科技型中小企业对科研人员科技成果转化股权激励的个人所得税递延纳税政策，结合税收实际征管工作和社会配套管理措施统筹提出政策建议。（涉及部门：财政部、税务总局、科技部）

9. 按照国家税制改革的总体方向和要求，对包括天使投资在内的投向种子期、初创期等创新活动的投资，研究探索相关税收支持政策。（涉及部门：财政部、税务总局）

10. 研究探索对符合条件的众创空间等新型孵化机构适用科技企业孵化器税收优惠政策。（涉及部门：财政部、税务总局）

11. 支持地方股权和产权交易市场建设。在符合国家规定、相关省级政府签订协议明确日常监管职责和风险处置责任的前提下，审慎探索武汉股权托管交易中心建设长江中游地区区域股权交易市场，探索建立与"新三板"的合作对接机制。（涉及部门：证监会）

12. 支持符合条件的民间资本依法发起设立民营银行，积极开展科技金融服务。（涉及部门：银监会）

13. 按照国家统一部署，根据试点的条件和要求，争取纳入投贷联动试点地区，鼓励符合条件的银行业金融机构在依法依规、风险可控的前提下，与创业投资机构、股权投资机构等实现投贷联动。（涉及部门：银监会、人民银行）

14. 支持武汉创建保险创新综合试验区，研究探讨设立科技保险公司和再保险公司的可行性。（涉及部门：保监会）

15. 支持东湖国家自主创新示范区建立开放性金融高地和资本特区。允许注册在东湖国家自主创新示范区内的科技型企业开展境外人民币贷款业务，允许科技型企业境外发行人民币债券，探索在东湖国家自主创新示范区试点跨国公司外汇资金集中运营管理。（涉及部门：人民银行、银监会）

16. 允许高校、科研院所担任六级以上管理岗位领导职务的科研人员经批准辞去领导职务后离岗创业，在3年内保留人事关系。（涉及部门：教育部、科技部、人力资源和社会保障部）

17. 落实科技人员正常出国交流制度，放宽出国次数及停留时间的限制。（涉及部门：教育部、科技部、人力资源和社会保障部）

18. 支持武汉市建设人力资源服务产业园，鼓励在汉人力资源服务机构走出去与国外人才资源服务机构开展合作，在境外设立分支机构。（涉及部门：人力资源和社会保障部、商务部）

19. 对已获得在华永久居留资格或已持有工作类居留许可的外籍高层次人才和创新创业人才，提供个人担保和雇佣合同，可以携带外籍家政服务人员入境，由用人单位为其向省人社厅提出申请，省人社厅审批并为其办理相关手续。（涉及部门：人力资源和社会保障部）

20. 完善外籍高层次人才引进服务政策，为外籍高层次人才在汉停居留提供便利。（涉及部门：外专局、公安部、人力资源和社会保障部）

21. 授予武汉市领事认证自办权，批准武汉市可以为符合条件的外国人办理有效期不超过3年的《外国人来华工作许可》。（涉及部门：外专局）

22. 推进知识产权民事、刑事、行政案件的"三审合一"审判机制，探索建立跨地区知识产权案件异地审理机制，支持跨地区知识产权案件异地审理，打破对侵权行为的地方保护。（涉及部门：知识产权局）

23. 推进知识产权综合行政执法，探索建立专利、商标、版权"三合一"综合执法机制。（涉及部门：知识产权局）

24. 支持具备条件的在武汉高校开展"一流大学、一流学科"建设。（涉及部门：教育部）

25. 根据国家质检中心管理要求和布局规划，支持武汉市围绕国家重点产业、区域支柱产业、地方特色优势产业、战略性新兴产业和高技术产业等发展需要，搭建高水平检验检测公共技术服务平台。积极开展光电子、地球空间信息、生物医药和智能制造等领域技术标准研制工作。（涉及部门：质检总局）

【西安市】

结合西安市实际情况，授权在军民融合创新改革、统筹科技资源创新改革2个方面开展先行先试。

（一）军民融合创新改革试验

1. 设立军民融合领导机构，实施成效考核和绩效评估，形成省、市政府和国家有关部委、军方、军工单位共同推进机制。（涉及部门：发改委、工信部、国防科工局、中央军委装备发展部、财政部）

2. 除从事战略武器装备科研生产、关系国家战略安全和涉及国家核心机密的核心军工能力领域外，推进军工企业进行股份制改造和混合所有制改革。允许社会资本参股军工企业，以股权推动军民深度融合。（涉及部门：发改委、国防科工局、国资委、财政部）

3. 推动军工科研院所事转企改革。积极推动划分为从事生产经营活动类的军工科研院所企业化转制。对于完成转企改革的军工科研院所，在过渡期内，原有的正常事业费继续拨付。（涉及部门：国防科工局、财政部）

4. 试行精简优化军工资质办理。探索"四证"联合受理、联合审查机

制，推进武器装备科研生产许可、装备承制单位资格等联合审查工作。（涉及部门：国防科工局、中央军委装备发展部）

5. 试行军民融合统计制度改革。试行军工经济属地化分级统计，建立属地化军民融合产业统计体系。（涉及部门：工信部、国防科工局、发改委）

6. 试行军品研制生产单位政策普惠。国家条保资金、预研资金、科研经费、两维经费等支持政策，军品研制生产单位享受同等待遇。对民参军企业能力建设，推动采取股权投资、后补助、奖励、调配、租赁等方式给予支持。（涉及部门：国防科工局、财政部、发改委、国资委）

7. 优化军工发展支持机制。军工项目配套的水、电、路、气等设施建设，以及相关物资供应等，纳入国家项目投资范畴。积极引导地方政府以股权投入形式参与军工项目投资建设。优先保障重大军工项目建设用地指标。（涉及部门：财政部、发改委、国土资源部）

8. 试行军工单位知识产权、科技成果以及价值500万元以上的设备，在确保国家秘密前提下，在陕西省科技资源统筹中心共享平台进行备案，向民用领域开放共享。开展国防专利解密和权益归属试点。（涉及部门：国防科工局、财政部、科技部、中央军委装备发展部）

9. 试行军品科研生产领域采用先进适用的民用标准，推进军民产品和技术标准通用化。（涉及部门：质检总局、工信部、国防科工局）

10. 试行军工单位竞争性采购制度改革。引导提高外协配套率，推进军工单位按照"同等优先，择优选用"的原则采购外部技术装备和服务。（涉及部门：中央军委装备发展部、国防科工局）

11. 深化军队保障社会化改革。试行基础设施建设军民两用，开放户县等军用机场。（涉及部门：发改委、中央军委装备发展部）

（二）统筹科技资源创新改革试验

1. 深化科研院所创新改革。加大股权激励力度，支持符合条件的转制科研院所，开展股权和分红激励。（涉及部门：财政部、科技部、国资委）

2. 试行推进科技成果转化改革。财政资金支持形成的科技成果，除涉及国防、国家安全、国家利益、重大社会公共利益外，2年内未能转化的，必须公开挂牌交易，或由科技行政管理部门依法强制许可实施。（涉及部门：科技部）

3. 试行科研人员创新激励制度。提高科技成果完成人或团队转化成果的积极性，在不变更职务科技成果权属的前提下，成果完成人或团队可与单位协商实施转让、许可和作价入股。推动科技型企业员工按照国家规定以专利技术等知识产权出资入股。（涉及部门：科技部、教育部）

4. 试行科技金融服务模式创新。选择符合条件的金融机构依法开展投贷联动、投保联动等。（涉及部门：人民银行、证监会、银监会、科技部）

5. 试行知识产权综合管理改革。开展专利、商标、版权等综合知识产权行政管理体制改革。依法加大侵权损害赔偿力度，在操作层面完善侵权举证规则的适用情形。（涉及部门：知识产权局、中央军委装备发展部）

6. 试行人才分类评价制度改革。对从事基础和前沿技术研究、应用研究、成果转化等不同活动的科研人员进行分类评价，完善科技人才职称评价标准和方式。（涉及部门：人力资源和社会保障部、教育部、科技部、外专局）

【沈阳市】

结合沈阳市实际情况，授权在国有企业改革、科技成果转化机制、深化国际合作等方面开展先行先试。

1. 打造世界级材料与制造研发产业高地。（涉及部门：科技部、中科院）

2. 依托中国科学院机器人与智能制造创新研究院、东北大学、沈阳新松机器人股份有限公司、沈阳机床集团股份有限公司，建立制造业创新中心。（涉及部门：工信部、科技部）

3. 利用现有科研院所和企业资源，围绕实施新型工业化战略和产业发展方向，创建核心基础零部件（元器件）、先进基础工艺、关键基础材料、产业技术基础公共服务平台。（涉及部门：工信部、科技部）

4. 在沈阳高校和科研院所科技成果使用、处置、分配不再审批或备案。（涉及部门：教育部、中科院）

5. 国家设立的在沈阳高校和符合条件的科研院所结合实际依法自主决定对成果完成人及其团队的科技成果转化收益奖励。（涉及部门：教育部、中科院）

6. 依托现有交易平台，开展企业化东北科技成果和知识产权运营交易，规范发展东北科技成果和知识产权交易业务，构建科技成果评估、挂牌、交易一体化体系。（涉及部门：知识产权局、科技部）

7. 促进科技与金融结合，深化科技、专利保险试点，研究建立地方知识产权、股权质押融资风险补偿机制，鼓励金融机构加大对企业创新创业活动的信贷支持。（涉及部门：知识产权局、科技部、人民银行、银监会）

8. 依托现有产业基础，结合国家产业发展整体布局，加快建设飞机整机合作装配线、航空发动机及燃气轮机、重要航空零部件、通用航空制造等四个研发制造基地。（涉及部门：发改委、国防科工局）

9. 根据全面创新改革试验的需要，支持沈阳市开展土地利用总体规划调整完善。（涉及部门：国土资源部）

10. 鼓励设立民营银行，研究设立保险公司等法人金融机构，支持符合条件的装备制造企业发起或联合设立金融租赁公司。（涉及部门：银监会）

11. 促进第三方支付等机构规范发展。（涉及部门：人民银行）

12. 积极支持符合条件的沈阳装备制造业企业、科技型中小企业上市融资。（涉及部门：证监会）

13. 开展跨境人民币创新业务试点。（涉及部门：人民银行）

14. 开展电子商务金融创新试点，建设城市移动金融安全可信服务管理系统（TSM）。（涉及部门：人民银行、工信部）

15. 支持沈阳金融商贸开发区健康发展，条件成熟时申请成为国家级经济技术开发区。（涉及部门：商务部、发改委、国土资源部、人民银行）

16. 在沈阳综合保税区深入推进境内外维修业务和融资租赁业务，积极做好中国（上海）自由贸易试验区可复制改革试点经验推广工作。（涉及部门：商务部、质检总局）

17. 充分利用现有中韩自贸区平台，深化沈阳市与韩国地方友好城市的经贸合作。（涉及部门：商务部、发改委、工信部、质检总局）

18. 支持建设中国服务外包示范城市。（涉及部门：商务部、发改委、工信部）

19. 研究开通"一带一路"沈阳经满洲里通往欧洲的中欧班列。（涉及部门：发改委、质检总局）

20. 支持沈阳市企业开展多种形式的国际产能合作和企业"走出去"。（涉及部门：商务部、财政部）

21. 营造外籍人员工作生活良好环境，优化沈阳口岸72小时过境免签政策，免签人员在沈阳、大连口岸实现互通进出，扩大免签人员停留范围。（涉

及部门：公安部）

22. 鼓励在沈阳高校和企业引进国外优质教育资源和教学模式，建立独立学院或合作办学，加快培养国际化创新人才。（涉及部门：教育部、外专局）

23. 深化人事制度改革，根据国家规定，逐步推进公务员职务和职级并行制度，建立干部跨领域交流机制。（涉及部门：人力资源和社会保障部、财政部）

24. 推进相对集中行政许可权改革试点，大力削减审批事项，再造审批流程，建设综合审批联动平台，着力提高审批效能。（涉及部门：中央编办、国务院法制办）

25. 配合国家研究探索高新技术企业和科技型中小企业对科研人员科技成果转化股权激励的个人所得税递延纳税政策。（涉及部门：财政部、税务总局、科技部）

26. 对包括天使投资在内的投向种子期、初创期等创新活动的投资，研究探索相关税收支持政策。（涉及部门：财政部、税务总局、科技部）

27. 研究探索对符合条件的众创空间等新型孵化机构适用科技企业孵化器税收政策。（涉及部门：财政部、税务总局、科技部）

新产业、新业态、新商业模式
统计监测主要指标

（一）"三新"经济综合情况

"三新"经济增加值　增加值指常住单位通过生产过程创造的新增价值和转移的固定资产折旧价值。其既可以用生产法计算，即增加值等于总产出减去中间投入，也可以用收入法计算，即增加值等于劳动者报酬、生产税净额、固定资产折旧和营业盈余这四项生产要素所得的合计。"三新"经济增加值是指所有在"三新"经济范围之内的常住单位增加值的合计。根据"三新"经济常住单位经济活动的三次产业属性，"三新"经济增加值可向下分类为第一产业"三新"经济增加值、第二产业"三新"经济增加值、第三产业"三新"经济增加值，"三新"经济增加值也就等于第一、第二、第三产业"三新"经济增加值的合计。根据关注目的、对象的不同，"三新"经济还可分为不同的重点领域，如新兴现代农业、战略性新兴产业、新产品、新服务、高技术产业、孵化器、企业创新、互联网平台、电子商务、互联网金融、城市商业综合体、开发园区等，相应地可计算各重点领域的"三新"经济增加值。由于各重点领域的范围有所重叠，"三新"经济增加值不能由各重点领域增加值的合计得出。

经济活动人口中硕士及以上学历人数比例　指全部经济活动人口中硕士及以上学历人数所占的比例，反映劳动者素质和受教育程度。

四上企业从业人员中专业技术人员占比　指全部四上企业从业人员中专业技术人员所占的比例，反映专业技术岗位人才情况。

非信息部门信息人员比重　指非信息技术行业从业人员中信息技术人员所占的比例，反映各行业利用信息技术的能力。

每万名就业人员 R&D（研究与开发）人员全时当量　指每万名就业人员中 R&D 人员全时人员数和非全时人员折算为全时人员数的总和，反映研发人员的投入规模和强度。

高技能人才占技能劳动者比例 指在技能劳动者中高技能人才劳动者所占的比例,反映推动"三新"经济发展所需的高技能人才情况。

新登记注册市场主体数量增长率 指在工商部门中新登记的企业、个体工商户等各类市场主体数量与基期相比增加的百分比,反映商事制度改革成效,体现"三新"经济发展的市场基础。

科技企业孵化器数量增长率 指国家认定的科技企业孵化器数量与基期相比增加的百分比,反映政府和市场在培育和扶植科技企业成长发展方面的投入情况。

国家级高新技术开发区企业单位数增长率 指国家级高新技术开发区中企业单位数量与基期相比增加的百分比,反映政府对"三新"经济发展的扶持效果。

采用四众模式单位数增长率 指采用众创、众包、众扶、众筹等模式的单位数量与基期相比增加的百分比,反映四众模式对培育"三新"经济的支撑情况。

创业板、新三板挂牌公司数量增长率 指创业板、新三板上挂牌的公司数量与基期相比增加的百分比,通过反映资本市场活力体现"三新"经济发展的市场基础。

实际利用外资增长率 指实际使用外资金额与基期相比增加的百分比,通过衡量利用外商直接投资情况反映开放经济活力。

对外直接投资增长率 指对外直接投资金额与基期相比增加的百分比,通过衡量对外直接投资情况反映开放经济活力。

快递业务量增长率 指快递业务件数与基期相比增加的百分比,从物流发展的角度体现经济活力。

R&D 经费支出与 GDP 之比 指全社会 R&D 经费支出与国内生产总值的比率,反映全社会研发经费的投入强度。

企业 R&D 经费支出增长率 指企业 R&D 经费支出与基期相比增加的百分比,反映企业增加研发经费投入情况。

科技企业孵化器内累计毕业企业增长率 指科技企业孵化器内累计毕业企业数量与基期相比增加的百分比,反映政府和市场在扶持科技企业发展和促进科技成果转化方面的成效。

每万名 R&D 人员专利授权数 指按 R&D 人员全时当量平均的专利授权数量，反映研发人员的产出效率。

技术市场交易额增长率 指技术市场成交额与基期相比增加的百分比，反映科技成果转化成效。

风险投资增长率 指风险投资额与基期相比增加的百分比，反映对创新创业企业前景的信心和对成长型企业的实际投入。

固定互联网宽带接入用户增长率 指固定互联网宽带接入用户数量与基期相比增加的百分比，从固定宽带普及角度反映信息化程度。

移动互联网用户增长率 指移动互联网用户数量与基期相比增加的百分比，从移动互联网普及角度反映信息化程度。

固定宽带平均接入速率 指接入固定宽带的平均信息传送速率，从网速角度反映网络基础设施情况。

移动互联网接入流量增长率 指移动互联网接入流量与基期相比增加的百分比，反映移动互联网使用规模。

电子政务服务企业营业收入增长率 指电子政务服务企业营业收入与基期相比增加的百分比，从供给侧反映政府信息化情况。

电子商务交易额增长率 指电子商务交易额与基期相比增加的百分比，反映电子商务等新型业态的发展水平。

跨境电子商务交易额增长率 指跨境电子商务交易额与基期相比增加的百分比，反映跨境电子商务新型业态的发展水平。

实物商品网上零售额占社会消费品零售总额的比重 指实物商品网上零售额在社会消费品零售总额中所占的比例，反映电子商务等新型业态的发展情况。

农业信息化率 是一个综合评价农业信息化水平的复合指数，反映农业农村信息化发展的过程和程度。

互联网支付交易金额增长率 指互联网支付交易金额与基期相比增加的百分比，通过互联网支付规模来反映新型消费模式的发展情况。

战略性新兴产业增加值占 GDP 比重 指战略性新兴产业增加值与国内生产总值之比，反映"三新"经济中战略性新兴产业的发展水平。

高技术制造业增加值占规模以上工业总产值比重 指高技术制造业增加值在规模以上工业总产值中所占的比例，反映在新技术的推动下高技术制造业的发展规模和结构。

新服务企业营业收入增长率 指新服务企业营业收入与基期相比增加的百分比，反映新兴服务业的发展水平。

农业产业化经营组织数量增长率 指农业产业化经营组织数量与基期相比增加的百分比，通过农业产业化发展情况反映农业现代化，以及结构调整优化的进展。

通过电子商务交易平台销售商品或服务的四上企业占比 指通过电子商务交易平台销售商品或服务的四上企业在所有四上企业中所占的比例，反映企业营销中电子商务的普及程度。

城市商业综合体商户数增长率 指城市商业综合体中商户数量与基期相比增加的百分比，反映城市商业综合体等新商业模式的发展情况。

高技术产品出口增长率 指高技术产品出口额与基期相比增加的百分比，通过对外贸易中高技术产品出口的增长反映出口结构优化升级情况。

单位 GDP 能源消耗降低率 指一定时期内每生产万元国内生产总值所消耗的全社会能源消费总量的降低程度，反映能源节约集约利用的效率。

主要污染物排放总量减少率 指一定时期内化学需氧量、二氧化硫、氨氮、氮氧化物等主要污染物排放量的降低程度，通过主要污染物排放降低程度反映减排和环保方面的成效。

科技进步贡献率 指扣除了资本和劳动生产要素后，科技等要素对经济增长的贡献份额。

"三新"经济增加值占 GDP 比重 指新产业、新业态、新商业模式增加值与国内生产总值之比，反映"三新"经济在经济总量中的份额。

（二）新兴现代农业

现代设施农业种植 指利用特定的设施（连栋温室、日光温室等），人为创造适用于作物生长的环境，以生产优质、高产、稳产的蔬菜、花卉、水果等农产品的一种环境可控的种植活动，包括滴灌节水技术农业、测土配方施肥、先进的农业机械等高技术、精细、高效的农业，不包括仅提供大棚，无其他光照、保温、栽培、灌溉、施肥等技术措施的设施种植。

现代设施畜牧养殖 指以自动化养殖设施、饲料散装配送设备等为重点，配备栏舍智能化环境控制、饲喂、性能测定和防疫消毒、畜禽排泄物处理等设施设备，大力推行饲料散装配送，加快散装饲料运输、储存、检验检测等设施的饲养、养殖活动。

现代设施水产养殖 指利用特定的设施（循环水、工厂化、网箱等），在人为创造的适合水生动物生长的环境中，开展的一种环境可控的水产养殖活动。

农业循环利用 指农业废弃物的循环利用，主要包括利用畜禽粪便、农作物秸秆、谷壳、饼粕、蔬菜和瓜果的副产品、藤蔓等制作成有机肥料、饲料、燃料、食用菌基料和工业原料等综合利用活动。

农业托管 指农户将具有完成承包经营权的土地，在不放弃土地经营权的情况下，将土地的经营过程委托他人或组织代为管理的活动。

农业设施 指人工建造的光照、温度、水分等条件可控的设施，可为农业生产提供适宜条件。农业设施面积主要包括工厂化种植、温室、大棚、中小棚的占地面积。

生物育种 指利用现代手段进行种植育苗、制种、动物配种、良种繁殖以及建成鱼苗及鱼种场、水产良种场、水产增殖场等。

秸秆还田 指将农作物秸秆通过粉碎后直接还田。

农民合作社 指有合作社的名称，符合《农民专业合作社法》中关于合作社性质、设立条件和程序、成员权利与义务、组织机构、财务管理等要求的名称为"农民专业合作社"的农民互助性经济组织，包括已在工商部门登记和虽未登记但符合上述要求的农民专业合作社，不包括以公司等名称登记注册的股份合作制企业、社区经济合作社、供销合作社、农村信用社等。

专业大户 从事某种农产品的专业化、集约化生产，种养规模明显大于传统农户或一般农户，需要雇佣家庭成员以外的劳动力从事农业生产活动。专业大户以当地行政主管部门所定标准进行认定。

家庭农场 以家庭成员为主要劳动力，从事农业规模化、集约化、商品化生产经营，并以农业为主要收入来源的新型农业经营主体。

龙头企业 以农产品生产、加工或流通为主业，通过各种利益联结机制与农户相联系，带动农户进入市场，使农产品生产、加工、销售有机结合、相互促进，在规模和经营指标上达到了规定标准，并经县级及县级以上农业产业化部门认定的农业产业化企业。

农业产业园 指现代农业在空间地域上的聚集区，是在具有一定资源、产业和区位等优势的农区内划定相对较大的地域范围优先发展现代农业。

开展餐饮住宿的农户和单位 指以农业生产过程、农村风情风貌、农民居家生活、乡村民俗文化为基础，开展餐饮住宿经营活动的农户和单位。

开展采摘的农户和单位 指以农作物收获为基础，开展农事体验活动的农户和单位。

开展垂钓的农户和单位 指经营钓鱼等休闲娱乐活动的农户和单位。

开展农事体验的农户和单位 指以农业生产过程为基础，吸引游人体验农业生产活动的农户和单位。

开展乡村旅游的村和农户 以乡村文化和农村景观等为基础，开展旅游经营活动的村和农户。

开展网上销售农产品的农户 指通过互联网方式销售（包括网上联络、线下结算和线上直接结算）农产品的农户。

（三）战略性新兴产业、高技术产业

战略性新兴产业 按照《战略性新兴产业分类（2012）（试行）》，包括节能环保产业、新一代信息技术产业、生物产业、高端装备制造产业、新能源产业、新材料产业、新能源汽车产业七大产业。

高技术制造业 按照《高技术产业（制造业）分类（2013）》，包括医药制造业、航空航天器及设备制造业、电子及通信设备制造业、计算机及办公设备制造业、医疗仪器设备及仪器仪表制造业、信息化学品制造业等六大类。

研究与试验发展指在科学技术领域，为增加知识总量以及运用这些知识去创造新的应用而进行的系统的、创造性的活动，包括基础研究、应用研究、试验发展三类活动。

基础研究 指为了获得关于现象和可观察事实的基本原理的新知识（揭示客观事物的本质、运动规律，获得新发现、新学说）而进行的实验性或理论性研究，它不以任何专门或特定的应用或使用为目的。其成果以科学论文和科学著作为主要形式。

应用研究　指为获得新知识而进行的创造性研究，主要针对某一特定的目的或目标。应用研究是为了确定基础研究成果可能的用途，或是为达到预定的目标探索应采取的新方法（原理性）或新途径。其成果形式以科学论文、专著、原理性模型或发明专利为主。

试验发展　指利用从基础研究、应用研究和实际经验所获得的现有知识，为产生新的产品、材料和装置，建立新的工艺、系统和服务，以及对已产生和建立的上述各项作实质性的改进而进行的系统性工作。其成果形式主要是专利、专有技术、具有新产品基本特征的产品原型或具有新装置基本特征的原始样机等。在社会科学领域，试验发展是指把通过基础研究、应用研究获得的知识转变成可以实施的计划（包括为进行检验和评估实施示范项目）的过程。人文科学领域没有对应的试验发展活动。

R&D 经费内部支出　指调查单位在报告年度用于内部开展 R&D 活动的实际支出。包括用于 R&D 项目（课题）活动的直接支出，以及间接用于 R&D 活动的管理费、服务费、与 R&D 有关的基本建设支出以及外协加工费等。不包括生产性活动支出、归还贷款支出以及与外单位合作或委托外单位进行 R&D 活动而转拨给对方的经费支出。

R&D 人员折合全时当量　指报告期企业 R&D 全时人员（全年从事 R&D 活动累积工作时间占全部工作时间的 90% 及以上人员）的工作量与非全时人员按实际工作时间折算的工作量之和。例如：有 2 个 R&D 全时人员（工作时间分别为 0.9 年和 1 年）和 3 个 R&D 非全时人员（工作时间分别为 0.2 年、0.3 年和 0.7 年），则 R&D 人员全时当量 = 1 + 1 + 0.2 + 0.3 + 0.7 = 3.2（人年）。

R&D 项目　指报告期企业在当年立项并开展研究工作、以前年份立项仍继续进行研究的研究开发项目或课题，包括当年完成和年内研究工作已告失败的研发项目或课题。

R&D 机构数　指报告期末企业办研发机构的数量。企业办研发机构指企业自办（或与外单位合办），管理上同生产系统相对独立（或单独核算）的专门研发活动机构，如企业办的技术中心、研究院所、开发中心、开发部、实验室、中试车间、试验基地等。企业办研发活动机构经过资源整合，被国家或省级有关部门认定为国家级或省级技术中心的，应按一个机构填报。与外单位合办的研发活动机构若主要由本企业出资兴办，则由本企业统计，否则应由合办方统计。企业研发管理职能处（科）室（如科研处、技术科等）一般不统计在内。若科研处、技术科等同时挂有研发活动机构的牌子，视其报告期内主要工作任务而定，主要任务是从事研发活动的可以统计，否则不予统计。本指标不含企业在国外或港澳台地区设立的研发活动机构数。

新产品　指采用新技术原理、新设计构思研制、生产的全新产品，或在结构、材质、工艺等某一方面比原有产品有明显改进，从而显著提高了产品性能或扩大了使用功能的产品。

专利申请数　指报告期内企业作为第一申请人向境内外知识产权行政部门提出专利申请并被受理的件数。

有效发明专利数　指报告期末企业作为第一专利权人拥有的、经境内外知识产权行政部门授权且在有效期内的发明专利件数。

（四）科技企业孵化器

国家级孵化器　指经科技部批准认定的国家级科技企业孵化器。

孵化器使用总面积　指本统计年度内，科技企业孵化器内实际占用的场地面积，以及与相关单位以合同方式确立的可自主支配的孵化场地面积之和。其中包括用于孵化器办公场地、在孵企业使用场地、公共服务平台场地（包括会议室、复印室、餐厅、活动室、实验室等）、与孵化器具有关联的其他企业、机构等占用的场地面积之和。

在孵企业用房　指本统计年度内，在科技企业孵化器中在孵企业所使用的房屋建筑面积。

孵化器内企业总数　指本统计年度内，科技企业孵化器可使用面积内所有企业总数。

在孵企业　指本统计年度末，科技企业孵化器内在孵企业的总数。

留学人员企业　留学人员企业是指企业的法人代表应为留学人员，或企业主要股东为留学人员，或企业的核心技术、项目牵头人为留学人员。其中，留学人员是指我国公派或自费出国留学一年以上并已于近期回国，具备以下条件之一者：（1）在国外取得硕士及以上学位或具有国外毕业研究生学历；（2）出国前已具有中级及以上专业技术职务；（3）出国前已获得博士学位，出国进行博士后研究或进修。

大学生科技企业　大学生科技企业是指由大学生独自创办或大学生团队合作创办的科技型小企业，具备独立企业法人资格。大学生本人应是本企业的专职人员，负责本企业主要的技术研发或经营管理，承担主要职责。

高新技术企业　根据科技部、财政部、国家税务总局 2008 年联合颁布的《高新技术企业认定管理办法》认定的高新技术企业。

当年新增在孵企业　指本统计年度内，新进入科技企业孵化器进行在孵的企业数。

在孵企业从业人员　指本统计年度内，在在孵企业工作的各类人员总和。

大专以上人员　指本统计年度内，科技企业孵化器在孵企业从业人员中大专以上学历人员数。

留学人员　指以学习和进修为主要目的，到境外正式高等院校、科研机构求学、攻读学位、进修业务或从事科学研究及进行学术交流，连续居留 6 个月以上的人员，不包括在境外公、私企业工作的研修生。

累计毕业企业　指科技企业孵化器成立后累计毕业企业总数。

毕业企业平均孵化时限（月）　指到统计年度，科技企业孵化器毕业企业平均在孵时间（按月计算）。

当年毕业企业　指在本统计年度内，科技企业孵化器内毕业企业的总数。

在孵企业总收入　指在本统计年度内，由科技企业孵化器内在孵企业所实现的技、工、贸等各种收入之和。

在孵企业累计获得财政资助额　指在孵企业从成立之日起到本统计年度内所获得的各级政府资助的资金总额。

在孵企业累计获得风险投资额　指在孵企业从成立之日起到本统计年度所获得的风险投资金额。

当年获得风险投资额　指在本统计年度内，科技企业孵化器内在孵企业所获得的风险投资金额之和。

累计获得投融资的企业数量　指科技企业孵化器成立后累计获得投融资的企业数量。

当年获得投融资的企业数量　指在本统计年度内，科技企业孵化器中获得投融资的企业数量。

孵化器孵化基金总额 指到本统计年度，在政府、开发区、民间的拨款、捐款、周转金、股资入股等多种形式支持下，由孵化器建立起来用于扶持在孵企业发展的专项基金总额。

当年获得孵化基金投资的在孵企业数量 指本统计年度内，获得孵化基金投资的在孵企业数量。

在孵企业 R&D 投入 指在本统计年度内，在孵企业科技活动经费的支出中用于基础研究、应用研究和实验发展三类项目以及这三类项目的管理和服务费用的总支出。不论何种经费来源，只要实际用于上述三类项目经费的支出都应计算在内。

当年知识产权申请数 指在本统计年度内，科技企业孵化器内在孵企业申请的各类知识产权保护的总数。

累计购买国外技术专利 指在孵企业累计购买的全部国外的技术专利数。

（五）企业创新

创新活动 指为实现创新而进行的科学、技术、组织、商业等各种活动的总称。具体包括开展了产品或工艺创新活动或实现了组织、营销创新。

产品创新 指企业推出了全新的或有重大改进的产品。产品创新的"新"要体现在产品的功能或特性上，包括技术规范、材料、组件、用户友好性等方面的重大改进。不包括产品仅有外观变化或其他微小改变的情况，也不包括直接转销。此处的"新"是指该产品对本企业而言必须是新的，但对于其他企业或整个市场而言不一定是新的。

这里的产品既包括货物，也包括服务。对工业企业而言，货物方面产品创新的例子有新能源汽车、新功能手机等；服务方面产品创新的例子有新的保修服务，如显著延长的新产品保修期限等。对建筑业企业而言，货物方面产品创新的例子有功能或特性有重大改进的房屋、桥梁或配套的建筑构配件、建筑制品等；服务方面产品创新的例子有新形式的装修售后服务等。对服务业企业而言，货物方面产品创新的例子有新面世的盒装或下载版软件等；服务方面产品创新的例子有显著改进的咨询服务、有突破进展的设计方案等。

工艺创新 指企业采用了全新的或有重大改进的生产方法、工艺设备或辅助性活动。工艺创新的"新"要体现在技术、设备或流程上，不包括单纯的组织管理方式的变化。它对本企业而言必须是新的，但对于其他企业或整个市场而言不一定是新的。此处的辅助性活动指企业的采购、物流、财务、信息化等活动。

对工业企业而言，生产工艺方面工艺创新的例子有采用新型自动化包装生产线替代人工包装等；对建筑业企业而言，施工工艺方面工艺创新的例子有新工法、显著改进的工具等；对服务业企业而言，推出服务或产品的方法方面工艺创新的例子有采用新型自动控制系统调配交通工具等。辅助性活动方面工艺创新的例子有首次采用条形码追踪原材料走向、开发新的软件进行财务管理等。

产品创新和工艺创新统称为技术创新。

产品或工艺创新活动　是研发活动以及为实现产品创新或工艺创新而进行的各种活动的总称。主要的产品或工艺创新活动包括内部研发活动、外部研发活动、获得机器设备和软件、从外部获取相关技术，以及相关的培训、设计、市场推介、可行性研究、测试、工装准备等活动。产品或工艺创新活动不仅包括成功的，也包括正在进行的和中止的；它本身可能具有新颖性，也可能并不新颖却是实现创新所必需的。

组织（管理）创新　指企业采取了此前从未使用过的全新的组织管理方式，主要涉及企业的经营模式、组织结构或外部关系等方面，不包括单纯的合并或收购。组织（管理）创新应是企业管理层战略决策的结果。此处的"新"是指它对本企业而言必须是新的，但对于其他企业而言不一定是新的。

经营模式方面组织（管理）创新的例子有首次使用供应链管理、质量管理、信息共享制度等；组织结构方面组织（管理）创新的例子有首次使用机构设置、职责划分、权限管理、决策方式等；外部关系方面组织（管理）创新的例子有首次使用商业联盟、新式合作、外包或分包等。

营销创新　指企业采用了此前从未使用过的全新的营销概念或营销策略，主要涉及产品设计或包装、产品推广、产品销售渠道、产品定价等方面，不包括季节性、周期性变化和其他常规的营销方式变化。此处的"新"是指它对本企业而言必须是新的，但对于其他企业或整个市场而言不一定是新的。

产品设计或包装方面营销创新的例子有对现有产品的创意设计、为特定消费群体推出饮料新口味等；产品推广方面营销创新的例子有首次使用新型广告媒体、全新品牌形象、推出会员卡等；产品销售渠道方面营销创新的例子有首次使用电子商务、直销、特许经营、独家零售等；产品定价方面营销创新的例子有首次使用自动调价、折扣系统等。

新颖度类别 指产品或工艺的新颖程度，按照从低到高依次分为无创新、本企业新、国内市场新、国际市场新。其中无创新是指未推出新的产品或工艺，或原有的产品或工艺未发生重大改进；本企业新是指产品或工艺对于本企业而言是全新的或有重大改进的，但对于其他企业或整个市场而言并不是；国内市场新是指产品或工艺对于国内市场而言是全新的或有重大改进的，但对于国际市场而言并不是；国际市场新是指产品或工艺在世界范围内是全新的或有重大改进的。

国内市场新与国际市场新合称为市场新，指产品或工艺不仅对于本企业而言是全新的或有重大改进的，对于国际或国内市场及其他企业而言同样也是。

创新合作 指企业与其他企业或机构共同开展产品或工艺创新活动。创新合作要求企业必须是积极主动参与的，不包括纯外包项目，双方不一定要取得商业利益。

（六）互联网平台

众创 指通过创新创业服务平台聚集全社会各类创新资源，降低创新创业成本。主要形式有创客空间、创业咖啡、创新工场，大型互联网企业、行业领军企业通过网络平台向各类创新创业主体开放技术、开发、营销、推广等资源，以及企业通过内部资源平台开展的创新活动。

众包 指借助互联网等手段，将传统由特定企业和机构完成的任务向自愿参与的所有企业和个人进行分工。主要形式有大中型制造企业通过互联网众包平台聚集跨区域标准化产能，来满足大规模标准化产品订单的制造需求，以及以社区生活服务业为核心的电子商务服务平台。

众扶 指通过政府和公益机构支持、企业帮扶援助、个人互助互扶等多种方式，共助小微企业和创业者成长。主要形式有开源社区、开发者社群、资源共享平台、捐赠平台、创业沙龙等各类互助平台。

众筹 指通过互联网平台向社会募集资金，更灵活高效满足产品开发、企业成长和个人创业的融资需求。主要形式有消费电子、智能家居、健康设备、特色农产品等创新产品开展的实物众筹，小微企业等创业者的股权众筹，以及互联网企业依法合规设立的网络借贷平台。

（七）电子商务

电子商务销售金额 指报告期内企业（单位）借助网络订单而销售的商品和服务总额。借助网络订单指通过网络接受订单，付款和配送可以不借助于网络。

电子商务采购金额 指报告期内企业（单位）借助网络订单而采购的商品和服务总额。借助网络订单指通过网络发送订单，付款和配送可以不借助于网络。

电子商务交易平台 指在电子商务活动中为交易双方或多方提供交易撮合及相关服务的信息网络系统总和。

平台销售商品或提供服务的金额 指电子商务交易平台上所有销售商品和服务的金额。包括自营电子商务销售额和非自营电子商务交易金额。

非自营电子商务交易平台 指为其他单位或个人开展电子商务交易活动提供服务的平台。

非自营电子商务交易额 指在非自营电子商务交易平台上实现的交易金额，不包括拥有平台的企业作为销售方或采购方参与的交易额。

对国（境）外销售商品或提供服务的金额 指销售给大陆以外国家或地区商品或服务的金额。

网上零售额 指通过公共网络交易平台（包括自建网站和第三方平台）实现的商品和服务零售额之和。商品和服务包括实物商品和非实物商品（如虚拟商品、服务类商品等）。

网购替代率 指网购用户线上消费对线下消费的替代比率。

（八）城市商业综合体

商户数 指报告期末商业综合体内实际经营的商户个数。

商户从业人员期末人数 指报告期末最后一日 24 小时在各类型商户工作的实有从业人数。

营业面积　指商户承租的对外营业的实有建筑面积，不包括办公面积、仓库及加工场地的面积。

（九）开发园区

研发机构　指在高新区登记注册及办公地址在高新区实际控制管理区域以内的，从事研究开发活动的机构，包括研究院所、省级及及以上重点实验室、省级及以上企业技术中心、省级及以上产业技术研究院、省级及以上博士后科研工作站、各类大学、国家工程研究中心、国家工程技术研究中心、国家工程实验室等。

重点实验室　一般是指依托大学、科研院所和其他具有原始创新能力的机构建设的科研实体。省级及以上重点实验室是指由省级及以上科技管理部门依据相关管理办法认定的重点实验室。

创新服务机构　指高新区内建设或认定的省级和国家级创新服务机构（包括生产力促进中心、技术转移机构、产业技术创新战略联盟、产品检验检测机构）。

科技企业孵化器　指以科技型创业企业为服务对象，以促进科技成果转化、培养高新技术企业和企业家为宗旨的科技创业服务载体。

金融服务机构　指填报创业风险投资机构、担保公司、小额贷款公司、科技融资租赁公司、科技金融服务机构的总数。

（1）创业风险投资机构：也可称为"创业风险投资基金"，为主要从事创业投资业务的投资性机构。创业风险投资机构是指通过向处于创建和重建过程中的未上市企业进行股权投资，并为其提供管理和经营服务，以期在企业发展成熟或相对成熟后，通过股权转让获取资本增值收益的投资机构。

（2）担保公司：是担负个人或中小企业信用担保职能的专业机构，担保公司通过有偿出借自身信用资源、防控信用风险来获取经济与社会效益。

（3）小额贷款公司：是指由自然人、企业法人与其他社会组织投资设立，不吸收公众存款，经营小额贷款业务，自主经营、自负盈亏、自我约束、自担风险的有限责任公司或股份有限公司。

（4）融资租赁公司：是指经央行批准以经营融资租赁业务为主的非银行融资机构，融资租赁公司作为租赁资产的购置、投资和管理机构，可以是金融机构，也可以是非金融机构。融资租赁公司的经营定位为服务于金融、贸易、产业的资产管理机构。虽然也涉及资金，主线是为出资人服务，而不是把自有资金全部占压、套牢在项目中的风险投资业务。因此租赁公司既不是银行，也不是贷款公司，更不是投资公司，而是一个知识服务性的技术公司。

（5）科技金融服务机构：作为科技金融综合服务平台的依托单位，集成科技金融资源为科技型中小企业融资提供综合服务，通过创业投资、银行贷款、多层次资本市场、信托、保险、债券等多种金融工具的组合运用，优化科技型中小企业资金供应链，改善投融资环境。

技术服务出口额 指报告期内企业出口创汇总额中的技术和服务的部分，不包括产品的出口部分。

在园区内工商注册企业 指截至报告期末在园区工商局登记注册的所有企业个数。

当年新注册企业 指报告期内在高新区工商局新登记注册的所有企业个数。

营业收入 指企业经营主要业务和其他业务所确认的收入总额。营业收入合计包括"主营业务收入"和"其他业务收入"。

出口总额 指报告期内企业出售给外贸部门或直接出售给外商的产品、商品、技术或者为外商提供服务获得收益的总金额。包括来料加工装配出口、境外技术合同或者服务实现金额及在国内以外汇计价的商品出售额等。

资产总计 指企业过去的交易或者事项形成的、由企业拥有或者控制的、预期会给企业带来经济利益的资源。资产一般按流动性（资产的变现或耗用时间长短）分为流动资产和非流动资产。其中流动资产可分为货币资金、交易性金融资产、应收票据、应收账款、预付款项、其他应收款、存货等；非流动资产可分为长期股权投资、固定资产、无形资产及其他非流动资产等。

负债总计 指企业过去的交易或者事项形成的，预期会导致经济利益流出企业的现时义务。负债一般按偿还期长短分为流动负债和非流动负债。

净利润 是指在利润总额中按规定缴纳了所得税后公司的利润留成，一般也称为税后利润或净利润。净利润的计算公式为：净利润＝利润总额－所得税费用。

年末从业人员 指报告期末最后一日24小时在企业工作，并取得工资或其他形式劳动报酬的人员数。该指标为时点指标，不包括最后一日当天及以前已经与单位解除劳动合同关系的人员，是在岗职工、劳务派遣人员及其他从业人员之和。

——摘自国家统计局《新产业新业态新商业
模式统计监测制度（试行)》

后 记

　　将课题研究成果改写成一本书原本不难，但呈现在大家面前的这本书却来之不易。

　　纵观后危机时代的全球经济，一个事实让人印象深刻：旧动能消失得快，新动能成长得快。新旧动能如何转换？答案只能到实践中去寻找。

　　课题组先后到十二个省市调研，访问了近百个政府部门和一百多家相关企业。最直接的感受是中国新旧动能转换的实践很丰富，故事很精彩，要想用一本书讲好故事、理出思路、找出路径仍然面临诸多困难。在初步调研结束后，课题组的同志们又用了半年多的努力，才有了今天的这本书。

　　对本书作出巨大贡献的人员有：

徐宪平　国务院参事、北京大学光华管理学院特聘教授；

杜　平　国家信息中心原常务副主任；

张新红　国家信息中心首席信息师、分享经济研究中心主任；

于凤霞　国家信息中心信息化研究部综合处处长；

李红升　国家信息中心信息化研究部信息社会研究室处长；

刘厉兵　国家信息中心信息化研究部信息社会研究室副处长；

胡拥军　国家信息中心信息化研究部信息社会研究室副研究员；

高太山　国家信息中心信息化研究部信息社会研究室助理研究员；

郝　凯　国家信息中心信息化研究部信息社会研究室研究实习员；

蔡丹旦　国家信息中心信息化研究部信息社会研究室研究实习员；

徐清源　国家信息中心信息化研究部信息社会研究室研究实习员；

阎豫桂　国家发改委办公厅干部、中国人民大学经济学院在读博士；

邱凌云　北京大学光华管理学院副教授；

梁　宇　北京大学光华管理学院在读博士。

该课题研究和本书的编写，要特别感谢国务院参事室给予的有力指导，感谢国家发改委高技术司给予的许多支持，感谢国家统计局在数据收集方面给予的积极帮助。在调研过程中，相关省市政府部门精心准备，认真回答我们提出的问题；到访的一百多家企业密切配合，用他们的创新实践讲述新动能的故事。中国财富出版社为本书顺利出版作出了重要贡献。还有很多机构和个人给予的指导、支持和帮助，不能一一列举，在此一并表示感谢。

新动能还在成长中，一路前行中不会一帆风顺，需要更多的观察和研究。感谢您关注和阅读本书，也欢迎您随时将意见和建议通过以下邮箱反馈给我们：xuqy@cei.gov.cn；caidandan@cei.gov.cn。

作　者

2017 年 9 月